KB069654

복잡계 교육 총서 ❶

학교 리더십과
복잡계 이론

Keith Morrison 저

신현석 · 주영효 · 엄준용 · 이경호 · 홍세영 공역

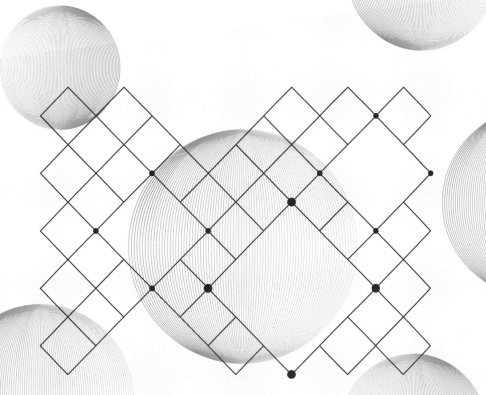

School Leadership and Complexity Theory

학지사

[역자 서문]

이 책은 교육학 분야에서 복잡계 이론을 적용한 흔치 않은 책 중의 하나이다. 주지하다시피 복잡계 이론은 복잡다기한 현실 속에서 기존의 선형적이고 환원주의적인 사고만으로 해결할 수 없는 모순과 한계가 여러 영역에서 발견됨에 따라 복잡하고 역동적인 현상을 있는 그대로 보려는 목적으로 출현하였다. 복잡계 이론은 기존 뉴턴식의 기계적인 메커니즘에 대한 반발에서 패러다임 전환을 도모하고 이론과 실제의 정합성을 확보하려는 시도이다. 패러다임 전환이라는 수식어에 걸맞게 복잡계 이론은 기존 패러다임과 구별되는 인식론과 존재론을 바탕으로 연구를 수행하는 방법론 측면에서도 은유와 모형화를 위한 다양한 방법을 취한다. 어떻게 보면 기존의 양적·질적 연구방법에 익숙해 있던 우리에게는 이해하기 쉽지 않은 도전일 수 있다.

그런데도 복잡계 이론에 대한 관심은 한국 교육행정학 탐구의 취약점을 보완하는 데 중요한 출발점이 될 수 있을 것이다. 교육현상이 가지고 있는 특수성을 반영하고, 현상이 가진 역동적인 본질을 필연적으로 포함하며, 다양한 변수를 통제하기보다는 전체를 볼 수 있는 이론의 적용에 대한 필요성은 모든 교육행정학 연구자가 공감하는 바라고 할 수 있다. 그런 점에서 이 책은 실무 행정과 현실 사이에 존재하는 괴리를 좁혀 더욱 현실 적합성 있는 연구와 정합성 있는 행정을 구현하는 데 관심이 있는 전문가들에게 신선한 자극이 될 것으로 기대한다.

이 책은 Keith Morrison이 저술한 『School Leadership and Complexity Theory』를 번역한 것이다. Keith Morrison은 이 책을 저술할 당시 Inter-University Institute of Macau의 교육학 교수로 재직하고 있었으며, 그 이전에는 영국의 University of Durham에서 교육학을 가르치는 Senior Lecturer로 근무한 바 있다. Keith Morrison은 이 책을 저술하게 된 계기로, 최근 들어 복잡계 이론에 대한 비즈니스계와 학계에서의 관심이 증폭되고 있는 가운데, 사회의 모든 시스템이 역동적인 환경에 놓이면서 예측 가능하지 않은 상호작용으로 인해 복잡하게 된 조직 상황 인식을 들고 있다. 이러한 상황은 학교에서도 예외 없이 나타나고 있다. 저자는 수년간의 초·중등학교 경험을 바탕으로 학교 리더십의 문제를 복잡계 관점의 주요 개념과 분석 틀을 적용하여 풀어내고, 이에 걸맞은 개선방안을 책에서 제시하고 있다.

구체적으로 이 책은 학교가 복잡하고 비선형적이며 예측할 수 없는 시스템이라고 하면서, 이러한 특성이 학교 리더십과 의사소통에 의미심장하게 영향을 미치고 있다고 여러 실증적인 증거를 통해 이를 보여 준다. 저자는 학교가 명령이나 통제 없이도 질서를 구축할 수 있으며, 강제력 없이도 학교를 이끌어 갈 수 있다고 주장한다. 이러한 내용이 이 책의 주요 장들인 학교와 자기조직화, 자기조직화를 위한 리더십, 학습조직을 통한 창발 지원, 학교와 학교환경, 의사소통, 적합도 지형 등을 통해 소개된다. 또한 책의 구성으로 볼 때, 이 책은 단위학교의 행정 실무자와 교육청의 행정가, 더 나아가 교육부의 행정 관료들에게 현장을 좀 더 체계적으로 이해하고 현장 문제의 본질을 파악하여 이에 적합한 방안을 설계하는 데 도움을 줄 수 있을 것이다. 또한 교육 연구자들에게는 현장성 있는 연구에 초점을 맞출 수 있는 계기를 줄 뿐만 아니라 새로운 관점과 사고의 틀을 형성하는 데 도움을 줄 것으로 기대된다.

　이 책은 실로 오랜 시간을 두고 역자들이 사전 학습과 논의를 하여 발간된 것으로 '게으르지만 의미 있는 결실'로 여기고 싶다. 이 책의 내용 중에도 언급되었지만, 지지부진을 변화를 위한 출발점으로 해석하고 궁극적인 목적을 달성한 것은 리더와 구성원의 상호 간 배려와 함축적 소통과 합의된 절차에 따른 자기주도력이 있었기 때문이다. 이것은 감성을 바탕으로 한 팀이기에 가능하다. 이런 점에서 이 자리를 빌려 이 책의 출간을 간절히 바라면서 오랜 시간 기다려 준 학지사 편집팀에 감사의 말씀을 드린다. 팀 내 구성원 간 신뢰뿐 아니라 팀 간에도 두터운 신뢰가 있었기에 이 책의 출간이 가능했다고 감히 말씀드리고 싶다.

2020년 2월
역자들을 대표하여 신현석 씀

[저자 서문]

변화는 어디에서건 일어나고, 미래는 예측하기 힘들다. 학교가 운영되고 학교의 리더들이 조직을 이끌어 가는 환경은 안정적이라기보다는 혼란스러운 것으로 특징지어진다. 왜 그럴까? 우리는 이것을 어떻게 이해할 수 있을까? 이런 풍토에서 우리는 어떻게 학교를 이끌어 갈 수 있을까? 학교의 리더들은 무엇을 해야 할까?

복잡계 이론(complexity theory)은 1990년대 초부터 기하급수적으로 성장해 왔다. 현재 복잡계 이론은 경제체제, 생물학적 · 진화론적 체제, 뇌 기반 연구, 인공지능, 자연과학과 사회과학, 공공의료 서비스 및 경영 실제의 밑바탕에 깔린 주요 이론적인 원리로 여겨지고 있다. 오늘날 복잡계 이론은 전 세계적으로 노벨상 수상자들과 과학자들의 주목을 받고 있다. 복잡계 이론은 실제 장면에서 경험 많은 직장 상사들에 대한 이야기 혹은 그들에 의해 쓰인 처방전 성격의 경영 이론 이상의 자격을 제대로 갖춘 이론이다. 이처럼 복잡계 이론은 이론이 갖추어야 할 정합성, 일관성, 포괄성, 단순성, 설명력과 일반화 가능성, 다산성(fecundity) 등을 갖추고 있다. 잠시 유행처럼 왔다가 사라지는 일시적인 관리의 요행이 아니다.

　　이 책은 복잡계 이론에 대한 이해가 교육 리더십에 왜 그리고 어떻게 중요
한지를 밝히고자 한다. 이 책은 교육 리더십이 눈에 띄게 성장하는 영역으로
주목받고 있는 요즘, 복잡계 이론에 대한 경영 및 다른 분야의 문헌들로부터
얻은 아이디어들을 교육 분야에 적용하려고 한다.

　　경영 분야의 많은 서적과 달리 이 책은 입증된 증거에 기반하여 기술하고
있고, 그 과정은 엄격하다. 이 책에서 채택하고 있는 증거의 출처는 매우 다
양하다. 예를 들어, 이 책에서는 이미 출간된 경험적 연구물들이 그 증거로
광범위하게 활용되었다. 이 책에 수록된 모든 예는 저자가 대학에서 일했던
수년 동안 접촉한 학교들에서 일어났던 실제 상황에 근거하고 있다. 그리고
그러한 상황들은 저자가 고등교육기관의 관리 및 리더십 과정, 대학 밖의 전
문성 개발 프로그램 등에서 같이 일해 왔던 많은 집단과 함께 협동적으로 탐
구되었다. 즉, 이 책을 통해 학구적인 접근과 현장의 실제를 연결해 보려고
노력하였다. 이 책에서 채택된 이러한 접근은 조직행동과 리더십에 대한 경
험적 문헌들을 냉정하게 볼 수 있도록 해 주었다. 또한 단순한 주장, 논쟁거
리, 일화 등이 경영학 분야 저술의 한 부분으로 혹은 관련 이슈들의 입문적
내용을 폭넓게 제시하는 방식에 의해 학술적인 것으로 포장되는 것을 방지해
주었다. 이 책은 매우 심사숙고하면서 참고문헌을 인용하였기 때문에, 독자
들은 이 분야의 주요 교재들과 쉽게 분간해 낼 수 있을 것이다.

　　이 책은 크게 두 파트로 나뉜다. 제1부(제1장)는 새로운 독자들로 하여금
이 분야에 쉽게 입문할 수 있도록 복잡계 이론의 주요 구성 요소와 내용을 알
려 주고 있다. 제2부(이 책의 나머지 부분)는 "복잡계 이론이 학교 리더십에 주
는 함축성은 무엇인가?"(예를 들어, 복잡계 이론에 무엇이 뒤따라야 하는가?)라는
질문에 대한 내용으로 구성되어 있다. 각 장은 학교 리더십에서 복잡계 이론
을 채택하는 데 있어서 함축하고 있는 일곱 가지 시사점을 기술하고 있다. 이
러한 시사점들은 이론 그 자체가 아니라 이론의 결과에 해당된다. 이러한 이
슈들을 이해하기 위하여 독자들은 각 장을 마음대로 취사선택해서 읽을 수

있다. 그러나 복잡계 이론의 주창자들이 한결같이 말하는 것처럼 이 책을 전체적으로 이해하기 위해서는 각 장이 서로 어떻게 관련되어 있는지를 이해하는 것이 중요하다.

Keith Morrison

[차례]

제1부 복잡성의 이론

제2부 학교 복잡성의 실제

제1부 | **복잡성의 이론**

제1장 **복잡계 이론**

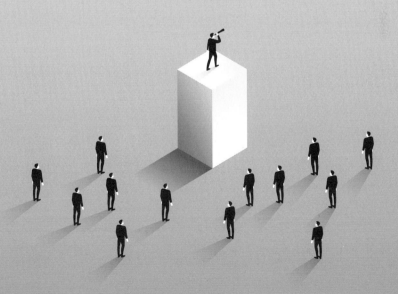

제1장 복잡계 이론

복잡계 이론 소개

우리들 중 어느 누구도 서로 독립적으로 존재할 수 없다. '복잡성(complexity)'은 '뒤엉켜 있는(to entwine)' 상태를 의미하는 라틴어에서 기원한다. 이 용어는 유기체가 역동적으로 그것의 환경과 상호작용하며, 그 다음으로 그 환경에 의해 영향을 받게 된다는 것을 의미한다. 이러한 개념이 복잡성 과학의 출현에 있어서 가장 기본이 되는 원리이다. 복잡계 분야에서 등장하고 있는 관심들은 인간의 삶의 영역들, 예를 들어 인류학, 생물학, 생태학과 깊은 관련을 맺고 있다. 1970년대와 1980년대 이후 복잡계 이론은 경영 및 기업관리 실천 분야(예: McMaster, 1996; Conner, 1998; Kelly and Allison, 1999), 포스트모더니즘(예: Cilliers, 1998), 교육 분야(예: Morrison, 1998) 등에서 함께 발전해 왔다. 실제로 Fullan(2001: 70)은 모든 학교들이 생존을 원한다면 복잡성 과학을 이해해야 한다는 점을 분명히 제시하고 있다.

한 가지 예를 생각해 보자. 영국에 한 초등학교가 있는데, 이 학교는 농촌 지역에 위치한 학교로 네 명의 교사가 재직하고 있는 작은 학교이며, 교장도 수업을 하고 있는 곳이다. 이 지역은 외진 곳이기 때문에 성인들은 농업 이외에는 일거리가 없다. 이 학교는 학부모들과 좋은 관계를 유지하고 있지만, 정기적 모임과 특별행사를 위한 방문 외에는 그 관계를 확대하지 못하고 있다. 교장은 정부가 시행하고 있는 최근의 교육개혁에 환멸을 느끼고 있다. 교장은 학생들을 가르쳐 왔던 업무, 수업지도성, 전문적인 자율성, 교육에서의 자유, 교육의 인본주의적 · 인문학적 전통 등과 같은 가치가 정부의 교육개혁안으로 퇴색되고 있다고 생각한다. 정부의 교육개혁안이 변화를 유발하지 못할 것이라고 생각하고 있는 교장은 명예퇴직을 결심한다.

새로 부임한 교장은 기껏 해 봐야 아이들이 농업에 종사하는 것에 불과하겠지만, 노동시장에 참여할 수 있도록 준비가 되어 있어야 한다고 보았다. 그녀는 지역 인구가 늘어나고, 학교 커리큘럼이 ICT에 더 강조점을 두어야 하며, 학교가 예전보다 지역사회 발전을 위한 토대가 되어야 한다고 믿었다. 이 같은 목적을 달성하기 위해 새로 부임한 교장은 학교 발전 방안에 대해 학교 선생님들과 논의를 하고 학부모들과 여러 차례 공개 모임을 가졌다. 이러한 노력으로 인해 성인들을 위한 다양한 시간 외(out-of-hours) 강좌를 개설하게 되었고, 학교는 구인광고와 인터넷 링크의 구심체 역할을 하게 되었다. 또한 세 명의 교사들과 함께 교육 변화를 위해 합심하여 교육과정의 상당 부분이 학습자 중심, ICT를 지향할 수 있도록 했다. 작은 건물 프로그램(small building program)으로 학교 교실은 학습자들이 자료를 검색할 수 있는 공간이 되었고, 학부모들은 학교에 정례적으로 참여하게 되었다.

일 년 만에 학교는 졸리고 무료한 곳에서 지역사회와 연결된 역동적인 공간으로 탈바꿈했다. 학교 선생님들은 수업을 함께 하며 보다 긴밀히 협력하고, 학부모들과 함께 교육과정, 교육 문제에 관한 의사결정을 논의하게 되었다. 학교는 결국 선의독재형(benevolent autocracy)에서 참여를 통한 민주주의를 실천하는 공간으로 변모하게 되었다. 아이들과 학부모들은 포부

(aspirations)를 가지게 되었다.

　이 학교에서 무슨 일들이 일어난 것일까? 학교는 전임 교장이 진행을 고려했거나 진행이 중단된 일들이 쌓여 가던 중요한 지점(critical point)에 도달해 있었다. 이 지점은 복잡계 이론에서 논의하는 자기조직화된 임계성(self-organized criticality)에서의 분기점이며 이와 관련하여서는 다음 제2장에서 논의한다. 새로 부임한 학교장은 학교가 주변 환경과 단계적으로 벗어난(out-of-step) 단계에 있다고 보았다. 다시 말해, 학교가 훨씬 더 발전된 관계와 외부 환경과 훨씬 더 밀접하게 연결하기 위해서는 환경과 연결된 네트워크를 만들고(외부 연결성, 제5장과 제7장), 또한 학교가 성공적으로 운영되기 위해서는 내부적인 변화가 필요하다고 생각했다(내부 연결성, 제7장). 교장의 리더십은 새로운 연결 관계(connection)와 광범위한 의사소통을 전제(제6장 참고)하면서 대내외적으로 훨씬 더 발전된 관계(relations)를 조성하는 촉진적 리더십(facilitatory leadership)이다(제3장 참고). 이 학교는 자기조직화(제2장)를 통해 지원적 리더십(supportive leadership)으로 변화해 왔고, 새로운 조직은 팀 기반 교수 형태로 나타났다(제1장과 제2장). 더군다나 이 학교는 개방체제가 되어 지역의 환경에 영향을 끼쳤다. 다시 말해, 지역 환경에 영향을 받고, 순차적으로 지역 환경에 영향을 미쳤다(제5장 참고). 즉 모든 구성원들은 피드백을 통해 학습을 했다(제4장). 복잡계 이론은 이러한 일들이 발생한 방식을 설명하는 데 유용한 방법을 제공해 준다.

　복잡계 이론은 생존, 진화, 발전, 적응과 관련된 이론을 다룬다.[1] 복잡계 이론은 다양한 이론에서 파생된 이론이지만, 이들 이론의 경계를 깨뜨리는 이론이다. Hodgson(2000)은 19세기 철학자 Lewes의 창발(emergence)[2] 개념

---

1) 생존 이론(적응하지 않으면 죽음)이 학교를 분석하는 데 적합한지 여부는 논란의 여지가 있다(Schultz, 1994). 실패한 학교가 폐쇄되어야 한다는 경쟁적이고 시장 지향적인 관점에서는 생존 이론이 적절할 수 있다. 하지만 대부분의 학교가 폐쇄되지 않는 현실 세계에서 복잡계 이론은 적응 또는 폐쇄의 문제보다는 개선을 위한 적응 문제를 더 많이 다루게 된다.

과 철학자 Morgan(1927: 112)의 비예측성 개념 근원을 추적하였으며, 1930년대 뉴질랜드 경제학자 Souter와 영국의 경제학자 Hodgson은 창발과 비예측성의 중요성에 대해 논의하였다. 가장 최근에 Hodgson은 자연과학과 사회과학에서 다루는 창발의 개념에 관해 1960년대 Polyani의 저술 내용을 인용했다. Lewin(1935, 1938, 1951)은 개인과 집단의 행동은 성격, 개인과 그들의 환경 사이의 상호작용의 결과로 다루어져야 한다고 생각했다. 이들 각각이 촉진 및 제한적인 압력으로 작용하게 된다. 그는 시스템이라고 하는 것은 정체된 것이라기보다는 끊임없이 유동적인 것이라고 주장했다.

복잡계 이론의 선구자라고 할 수 있는 개방체제 이론(open system theory)의 토대는 1930년대 생물학자 Von Bertalanffy(1968)로부터 형성되었고, Allport(1954, 1962)의 저술에 기반하여 Katz와 Kahn(1966, 1978)에 의해 개방체제 이론으로 발전되었다. 여기에서 개방체제는 역동적이고, 체제 내 구성요소는 살아 움직이면서 활동하는 주체이고, 체제의 변화는 거역할 수 없을 뿐만 아니라 자체적으로 통제된다. 불확실하고 예측할 수 없는 미래에 대한 변화는 매 순간 환경과 상호작용하는 유기체의 상호작용을 통해 나타나게 된다.

이러한 관점은 분절적, 환원론적인 관점이라기보다는 개인과 환경이 상호작용을 강조하는 전체론적(holistic)이면서 연결주의적(connectionist)이고, 통합론적(integrationist)인 관점이다(Youngblood, 1997: 34). 개방체제의 관점에서는 피드백이 발전과 변화, 유기체의 상호의존성에 있어서 필수적인 것이고, 아울러 체제의 환경이 강조된다. 개방체제 이론에서 강조되는 역동성은 난류 행동(turbulent behavior)의 연구에 있어서 특히 적합하다(Malhotra, 1999: 3). 여기서 인간과 환경은 상호 변화한다. Katz와 Kahn(1978)은 개방체제가

---

2) 역자 주: 발현으로도 번역될 수 있는 창발은 "환원된 부분들에서는 유추하기 어려운 특성이 거시적으로 나타나는 현상"(윤영수, 채승병, 2008: 537)을 의미한다.

외부 에너지와 정보를 흡수, 저장, 활용하여 체제 환경에 적응할 수 있게 된다고 본다. 다시 말해서 Katz와 Kahn은 체제가 본질적으로 그 크기와 복잡성이 증가하는 속성을 가지게 된다는 점을 제시한다(De Smet, 1998: 8). 복잡계 이론은 개방체제 이론보다 발전된 이론인데, 그 이유는 개방체제 이론이 궁극적으로 결정론적이고 비선형적인 시스템(nonlinear system)에 대한 고려는 미미한 반면에, 복잡계 이론은 개방체제 이론의 한계를 뛰어넘기 때문이다(Stacey, 2000: 296; Stacey et al., 2000: 92).

복잡계 이론은 카오스 이론(chaos theory)의 후손이라고 할 수 있다. 하지만 개방체제 이론처럼 카오스 이론을 한 단계 뛰어넘는 이론이라고 할 수 있다. 카오스 이론은 미래의 비예측성을 강조하기는 하지만, 초기 상태의 시스템 민감성과 비선형체제 감시의 중요성이 개방체제 이론과 동일한 합리주의적 결정론을 전제한다(Stacey, 2000: 296; Stacey et al., 2000:142). 즉, 카오스 이론은 투입의 결과가 다음 단계의 결과에 영향을 주는 반복적인 재귀(recursive) 프로세스의 아이디어에 기초하고 있다(Gleick, 1987; Stacey, 2000: 322).

반면, 복잡계 이론은 변화와 발전, 새로움을 설명하기 위해 자기조직화를 통한 예측할 수 없는 요동(fluctuation)[3]과 비평균적인 행동(non-average behavior)[4]을 포함한다(이에 대해서는 이후에 자세히 논의하도록 한다). Stacey(2000: 296)와 Stacey 등(2000: 89-96)이 제안하는 카오스 이론에서는 하나의 '이상한 끌개(strange attractor)'에서 다른 것으로 이동시키는 자발적 변화를 위한 내부 능력이 거의 없는 반면, 복잡계 이론은 요소들 간의 상호작용에서 파생되는 자발적 재편성을 인정한다. Stacey 등(2000: 90)이 주장한 것

---

3) 역자 주: "일정한 값을 유지하지 못하고 끊임없는 변화"를 뜻하는 요동(fluctuation)은 "시스템 내부의 구성 요소로 인해 발생하는 변동"을 의미하며, 반대로 섭동(perturbation)은 "시스템 외부에서 가해지는 변동"을 의미한다(윤영수, 채승병, 2008: 110, 538).

4) 역자 주: 기존 자연과학의 패러다임은 기계론적, 선형적 세계관에 의존하였다. 복잡계 이론의 이론적 특성을 보여 주는 용어 중 하나인 "비평균적 행동"은 안정적인 평균 또는 평형 상태를 벗어나 새로운 질서가 만들어지는 과정을 설명할 수 있는 개념이다.

처럼, 다른 체제이론과 마찬가지로 카오스 이론은 새로움과 창의성에 대한 고려가 거의 없다. 즉, 카오스 이론에서 제시하는 체제 모형은 시간이 지남에 따라 의미가 점차적으로 드러나게 된다. 카오스 이론은 인간 간의 상호작용에 쉽게 적용될 수 없는데, 그 이유는 인간의 행동은 그렇게 쉽게 결정되지 않기 때문이다(Stacey et al., 2000: 91).

복잡계 이론은 1980년대부터 완벽한 이론으로 발전되어 왔고, 특히 미국의 싼타페 연구소가 그 중심적인 역할을 담당했다. 어떤 점에서 카오스 이론이라는 과거 권력(régime)은 '혼돈의 가장자리에서의 삶(life at the edge of chaos)'과 같이 복잡계 이론 연구에 그 영역을 내주었다. 복잡계 이론의 등장은 전체론적인 안경을 통해 볼 수 있듯이 개방체제가 어떻게 작동되는지를 설명하기 위한 시도이다. 복잡계 이론에서 체제(system)는 경계와 속성을 지니며 상호작용하는 부분들의 집합이고, 이와 함께 이러한 부분들은 전체로서 기능한다(Lucas, 2000: 3). 이러한 상호작용은 복잡하게 엉켜 있어서(intricate) 선형적인 등식으로는 예측될 수가 없다. 즉, 상호작용에 연관된 변수는 수없이 많은데, 체제 행동은 구성 요소들 합의 나타난 결과로서만 이해되고 있을 뿐이다(Levy, 1992: 7). 복잡계 이론의 핵심 구성 요소는 [그림 1-1]에 제시되어 있다.

복잡계 이론은 세상을 바라보고 현상을 이해하는 데 인과적 모형, 선형적인 예측성과 해부적인 접근(a dissection approach)을 배격하며, 이러한 접근법들을 상호연결된 네트워크 내 관계들이 현재의 질서가 되는(Youngblood, 1997: 27; Wheatley, 1999: 10) 유기적이고 비선형적이며 전체론적인(Santonus, 1998: 3) 접근 방식으로 전환되어야 한다고 본다.

물리학에서는 보편적 우주 법칙에 관한 라플라스(Laplacian)[5] 이론과 뉴턴

---

5) 역자 주: 18세기 프랑스 수학자 및 물리학자인 피에르 라플라스(Pierre Laplace)는 우주에 존재하는 물질의 위치와 속도를 알 수 있으면, 미래 시점에서도 해당 물질의 위치와 속도가 예측 가능하다고 하였다.

이론이 자연적 과정과 현상을 설명하는 카오스 이론과 복잡계 이론으로 대체되어 왔고, 그 영향은 사회과학 분야에까지 미치게 되었다(McPherson, 1995). 라플라스와 뉴턴에게 우주는 합리적이며 결정적이고, 시계열적인 순서를 의미하였다. 다시 말해, 어떤 효과는 원인의 결과물이고, 작은 원인(초기의 극소 조건)은 작은 효과(최소한의 예측 가능한)를 파생시키며, 아주 큰 원인(초기의 다양한 조건들)은 거대하고 다양한 효과를 가져온다고 보았다.

체제가 복잡한 평형 상태에 있음에도 불구하고, 예측 가능성, 인관관계, 보편성 및 '거대' 이론, 선형성, 연속성, 안정성, 객관성 등의 개념들은 질서 있고 내부적으로 조화로운 메커니즘으로서 우주를 보는 데 기여했다. 즉, 이 같은 개념들은 비교적 직선적인 과학적 발견과 법칙에 근거하여 우주를 합리적이고, 폐쇄적이며 결정론적인 체제로 인식하는 기초가 된다. 전통적 통념과 복잡계 이론의 원리들 간 차이점은 〈표 1-1〉에 제시되어 있다.

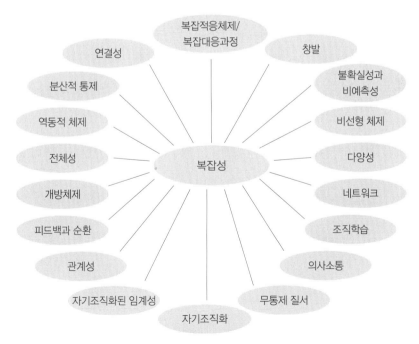

[그림 1-1] 복잡계 이론의 구성 요소

〈표 1-1〉 전통적 통념과 복잡계 이론 비교

전통적 통념	복잡계 이론
작은 변화는 작은 효과를 가져온다.	작은 변화는 큰 효과를 낼 수 있다.
효과는 원인의 직접적인 기능이다.	효과는 원인의 직접적인 기능이 아니다.
비슷한 초기 조건들은 비슷한 결과를 낳는다.	비슷한 초기 조건은 다른 결과를 낳는다.
확실성과 폐쇄를 할 수 있다.	불확실성과 개방성이 우세하다.
우주는 규칙적이고 균일하며 통제 가능하고 예측할 수 있다.	우주는 불규칙하고 다양하며 통제할 수 없고 예측할 수 없다.
시스템은 결정적이고 선형적이며 안정적이다.	시스템은 불확실하고 비선형적이며 불안정하다.
시스템은 고정되어 있고 유한하다.	시스템은 진화하고 창발하며 무한하다.
보편적이고 모든 것을 포괄하는 이론들은 현상을 설명할 수 있다.	지역적이고 상황적으로 특정한 이론들이 현상을 설명한다.
시스템은 구성 요소(단편화와 원자화)를 분석하여 이해할 수 있다.	시스템은 정의된 환경과의 관계를 분석함으로써 전체론으로만 이해할 수 있다.
변화는 가역적이다.	일방향의 시간의 화살처럼 변화는 돌이킬 수 없다.

〈표 1-1〉은 복잡계 이론에 의해 예고된 패러다임 변화를 보여 준다. 우주에 대한 결정론적 견해와 근대성(modernity) 담론 사이의 연관성은 구별하기가 어렵지 않다. 두 가지 모두 발전을 위한 동일한 원리에 기초하고 있으며, 두 가지 모두 학교의 변화를 설명하는 데 있어서 빈약하다(Riley, 2000: 35). 복잡계 이론의 등장은 20세기 초에 시작된 변화, 불확실성, 영속성, 개방성, 예측 불가능성[Hisenberg의 불확정성 원리(uncertainty principle)[6], 양자물리학(quantum physics)[7], 상대성 이론]의 현대 정신을 담고 있다.

복잡계 이론(Waldrop, 1992; Lewin, 1993; Kauffman, 1995)은 어떤 한 수준의 구성 요소가 다른 수준의 구성 요소의 구성 요소 역할을 하는 '복잡적응체제

---

6) 역자 주: 입자의 운동량과 위치, 에너지와 시간을 동시에 정확하게 알 수 없다는 원리.
7) 역자 주: 물리량의 최소 단위인 양자를 기본 단위로 하는 물리학 이론.

(complex adaptive system)'의 현상을 연구한다. 유사한 초기 조건들은 대체로 다른 결과를 양산할 수 있는데, 예를 들어, 유사한 조건을 가진 두 이웃 국가들은 완전히 다르게 진화한다(Merry, 1995: 27). 복잡계는 독립된 요소들, 즉 그 자체가 복잡계를 구성하는 요소들로 구성되며, 이러한 요소들은 조직 안에서 상호작용하면서 조직적인 행동을 유발하게 된다(예: Am, 1994). 질서는 미리 완전하게 결정되고 고정되어 있지는 않지만, 우주는 창조적이고, 반복, 학습 및 재귀(recursion)를 통해 창발적이며, 진화하고, 변화하고, 변형하면서 요동을 친다. 복잡계 시스템에서는 상호 작용하는 유기체라는 간단한 규칙에 기초하여 질서가 나타난다(Kauffman, 1995: 24). 생명은 전체론적이며, 예측 불가능하다.

시스템은 오랜 시간이 지난 결과로 출현하기 때문에 창발의 결과를 미리 결정할 수는 없다. 공룡은 그들의 시대가 얼마 남지 않았다는 것을 알지 못했고, 페루의 잉카인들은 그들의 죽음을 예상할 수 없었지만 문명에서 분명히 사라졌다! 우리는 어린 아이의 뇌가 40세에 도달하면 어떻게 발달할지를 미리 알 수가 없다. 오랜 시간에 걸친 창발을 통해 새로운 상태가 나타난다. 오래된 형태는 사라지고 새로운 형태가 번성한다.

피드백, 회귀, 섭동(perturbance), 뒤에서 정의할 자동 촉매 작용(auto-catalysis), 연결성 및 자기조직화, 더 높은 수준의 복잡성과 차별화를 통해서 낮은 수준의 복잡성과 기존 형태로부터 새로운 형태의 삶, 행동, 시스템 및 조직이 발생하게 된다. 이러한 복잡한 형태는 종종 비교적 단순한 규칙의 집합에서 파생된다. 즉, 지역적인 규칙과 행동이 복잡한 글로벌 질서와 다양성을 생성한다(Waldrop, 1992: 16-7; Lewin, 1993: 38; Am, 1994). 역동적인 시스템(dynamic system)은 초기 조건들의 산물이며(Peak and Frame, 1994: 122), 종종 변화의 역학(dynamics of change)이라는 단순 규칙에 의해 지배 및 통제된다. 창발적 질서라는 일반 법칙은 적응적이고 역동적인 과정을 지배할 수 있다(Kauffman, 1995: 27). 기본 규칙과 구성 요소는 단순할 수 있으며, 상호작용을 통해 동시에 창발적인 복잡성을 유발할 수 있다(Waldrop, 1992: 86).

Waldrop(1992: 241-2)은 Reynolds의 컴퓨터 프로그램인 Boids[8]에서 이 같은 흥미롭고 놀라운 사례를 보여 주고 있다. 이 프로그램은 새 떼의 비행을 재현하는 수학적 공식으로 세 가지 초기 조건들을 내장하고 있다. 그 조건들은 "첫째, boids(새)는 다른 물체(다른 boids 포함)로부터 최소 거리를 유지하기 위해 노력한다. 둘째, boids는 다른 boids와 같은 속도를 유지하기 위해 노력한다. 셋째, 각 boid는 새 무리의 중심을 향해 움직이기 위해 노력한다." 등이다. boids의 예는 매우 적합한데, 그 이유는 새가 어떻게 날아가야 하는지 결정하는 우주론적 또는 목적론적 측면에서는 '기계 속에 유령(ghost in the machine)'[9]이 존재하지 않는다. 새 혹은 boids 무리는 자기조직화하며, 그 같은 군집성은 단순함(Hartwell, 1995: 8)에서 나온다. 즉, 단일 리더 또는 중앙 통제가 없고, 오히려 분산된 통제가 존재한다(Lewin and Regine, 2000: 30). 이런 측면에서 학교가 효과적이고 창의적으로 운영되기 위해 필요한 최소한의 규칙이 무엇인지 묻는 것은 흥미로운 질문이 될 것이다.[10] 따라서 복잡계에서는 다음과 같은 과정을 거쳐 창발이 일어나게 된다([그림 1-2]).

[그림 1-2]에서는 개인의 상호작용이 더 넓은 환경으로 공급되며, 다음으로 그 환경은 네트워크 속의 개인들에게 영향을 주게 된다. Bar-Yam(1997)은 복잡한 시스템이 여러 요소로부터 형성되고, 복잡한 시스템의 행동은 구성 요소들의 행동으로부터 단순하게 추론될 수 없다고 한다. 즉, 전체가 부분

---

8) 역자 주: Reynolds가 1986년에 조류 무리의 행동을 시뮬레이션하기 위해 만든 프로그램.

9) 역자 주: 잘못된 범주의 오류처럼 마음과 물질의 범주를 같은 실체로 보는 것.

10) Stacey(2000: 330)는 Boids의 예제의 경우 목적론적 예이기 때문에 사용에는 한계가 있음을 지적한다. 즉 외부 컨트롤러, 컴퓨터 관리자가 최소한의 규칙을 설정한 다음 시스템이 미리 결정한 목표[혼돈 이론의 '이상한 끌개(strange attractor)']에 스스로 조직하는 것을 지켜봐야하는 것과 같기 때문이라는 것이다. 관리자가 컨트롤러를 변경할 때만 목표가 바뀔 것이다. 목적론은 전통적인 전략 관리 방식과 통제 정신으로 이루어지지만, 복잡계 이론은 자발적으로 생성되는 새롭고 예측할 수 없는 목표를 의미한다.

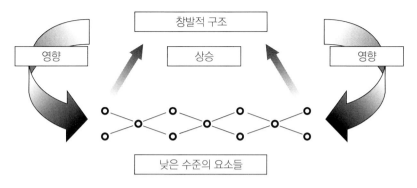

[그림 1-2] 복잡계 이론에서 창발의 등장

의 합보다 큰 것을 의미한다(Goodwin, 2000: 42). Bar-Yam(1997)은 복잡계 시스템의 핵심적인 속성은 다음과 같다고 한다. 첫째, 복잡계 시스템 구성 요소 수의 무한함과 요소들의 상호작용, 이러한 상호작용의 강도. 둘째, 상호작용의 형성과 운영. 셋째, 상호작용의 다양성과 가변성, 마지막으로 시스템이 작동하는 환경과 환경의 활동 등이다. 조직은 더 높은 정도의 복잡성을 향해 움직이고 조직이 진화함에 따라 더 높은 질서를 향해 나아가게 된다. 그리고 새로운 속성이 각 창발의 단계에서 나타나게 된다(Lissack, 1999: 4). 이러한 단계를 구체적으로 설명하면 다음과 같은 내용을 예로 제시할 수 있다.

낮은 질서	➜	창발하는 높은 수준의 질서
조직화	➜	자기조직화
기계적	➜	인본주의적
지시	➜	권한부여
위계 또는 서열	➜	네트워크 관계
단일의 리더	➜	분산적 리더십
폐쇄적이고 낭비적인 시스템	➜	개방적이고 진화하는 시스템
비인격적	➜	관계 지향
경계가 명확하고 분리됨	➜	연결됨
경직됨	➜	적응가능

폐쇄체제	➜	개방체제
제한된 의사소통	➜	열린 의사소통
법적 조직	➜	학습조직
거래적 리더십	➜	변혁적인 퀀텀 리더십
수동적	➜	능동적
낮은 질서 사고	➜	고등질서의 창조적 사고
견책과 책임추궁	➜	피드백
척박한 환경	➜	풍족한 환경
개인의 지식	➜	분산된 지식

다수의 팀과 매트릭스 구조, 분산적 리더십 및 사람 중심 기관 형태로 운영되는 내·외부로 네트워크화된 학교는 수평적 경영 방식을 특징으로 하며, 이 같은 특징을 지니는 학교는 교사의 분열과 고립, 저차원적인 리더십의 명령-통제 시스템으로부터 등장하게 된다. 이는 학교의 내부 및 외부 환경이 발전한 결과이다.

그러나 시스템의 본질은 복잡, 불안정하고, 창발적이면서 적응적이며, 또한 다이내믹하다. 더 중요한 것은 끊임없이 변화하고 있다는 것이다. 사람들이 흔히 사용하는 용어인 불균형은 의도성, 경쟁(예: Am, 1994), 지능, 창의성, 활동하는 개인들의 독립적인 행동으로 설명될 수 있다. 하지만, 개미 군집에서 경제 관행에 이르기까지 이렇게 단순하게 정의내릴 수 없을 만큼 시스템은 끊임없이 균형을 상실한다. 시스템이 성취할 수 없는 평형 또는 항상성(homeostasis)을 향해 나아가는 노력을 하게 됨으로써 질서가 창발하게 된다. 복잡적응체제들(complex adaptive system)은 예측, 경험 및 학습에 비추어 구성 단위(building blocks)를 끊임없이 수정하고 재정렬한다(Waldrop, 1992: 146, 177). 그들은 '영구적인 참신함(perpetual novelty)'(Waldrop, 1992: 147)을 지속적으로 보여 주게 된다. 자기조직화는 일상적으로 일어난다. 학교는 환경에 대응하고, 환경 속에서 제대로 자리 잡기 위해 부서 단위 구조에서 교수

단위 구조로 변모함으로써 공동체의 자원을 전문가 집단에 집중한다.

지금까지 복잡계 이론에서는 복잡적응체제라는 용어가 사용되어 왔다. 가장 최근에 Stacey(2000: 368), Stacey 등(2000)은 시스템 지향, 사이버네틱, 기계적 표현 등으로 인해 이 용어에 의문을 제기해 왔다. 이들은 복잡적응체제라는 용어보다는 '복잡반응과정(complex responsive process)'이라는 용어를 선호하고 있는데, 그 이유는 이 용어가 훨씬 더 인간관계의 중요성을 부각시키고 있으며, 특히 조직과 경영에 있어서 복잡계 이론의 중심에는 이러한 관계의 중요성이 자리 잡고 있기 때문이다. 또한 이 용어는 이행당사자와 개인과 집단의 상호 영향이라고 하는 의미를 함께 결합하고 있다는 장점이 있다. 실제로 Stacey 등(2000: 188)은 조직을 하나의 체제로 생각하는 방식은 복잡계 이론의 체제 이해 방식으로 바뀌어야 한다고 주장한다. 다시 말해서, 조직을 시간에 걸쳐 상호 영향을 주고받는 인간관계의 과정으로 보아야 한다는 것이다. 이러한 상호작용은 의사소통을 핵심으로 하며, 제6장에서 이와 관련된 몇 가지 이슈들을 소개한다.

요소들 간의 역동적인 상호작용

복잡적응체제는 상호작용의 많은 요소들이 전체적으로 함께 고려되어야 한다고 본다. 요소들의 상호작용으로 인해 이들 요소들은 새로운 요소들이 형성되고 새로운 현상과 구조 그리고 새로운 행동 규칙을 만드는 데 있어서 결정적 요인이 된다. 각각의 요소는 시스템의 다른 요소에 영향을 주고, 그런 다음 동일 체제 내 다른 요소들에 의해 영향을 받기도 한다. 이와 함께 이들 요소들은 창발적인 새로운 형태들이 발생되도록 한다. 이러한 새로운 형태의 본질과 구조는 예측하는 것이 쉽지가 않다. 제도와 이행당사자들, 시스템은 함께 공진화한다(Cohen and Stewart, 1995: 331; Stewart, 2001).

예를 들어, 학교교육의 시장화가 증대되고 있는 영국에서는 학교가 비즈니스 기반 조직으로 변모하고 있다. 영국 정부의 정책 기조에 따른 학교 재정 지원 정책은 시립테크놀로지대학(city technology colleges), 특성화학교(specialist schools) 등과 같은 학교 진흥으로 이어진다. 이 같은 정책 환경은 자원이 부족한 상황에서 경쟁의 과열로 이어지기 때문에 많은 노동자들의 사기를 떨어뜨리는 결과를 낳게 된다. 시장의 힘이 대중들에게 작동되기 위해서는 학교 성적에 관한 정보가 필요하며, 이로 인해 공공 평가, 평가표(league tables), 감사와 대규모 감사 시스템, 그리고 교사의 많은 서류작업을 야기한다. 이에 대처하고 학교 재설계를 위해, 최근에 유행하고 있는 총체적 질 관리(total quality management), 품질 개발, 조직 신뢰 향상과 같은 경영적 사고 방식이 학교에 유입되고 있다.

이 같은 압박들이 결합되면서 교사들은 교직을 떠나게 된다. 지금 일어나고 있는 일들의 대부분 이유는 교사들이 가르치는 일 때문이 아니라 스트레스 때문인지도 모른다. 이로 인해 교사 채용과 유지에서 위기가 초래되고 있다. 즉, 경험 있는 교사들은 명예퇴직하고, 일류 학위를 가진 높은 수준의 예비 교사들은 교직 진출을 주저하고 있다. 선배 교사들은 교실에서 학생들을 가르치는 일을 멈추고 학교관리자가 되거나 결원이 생긴 교사 업무들을 대신하고 있다. 교사들의 결원과 열악한 수준을 가진 교사들이 결합된 결과, 학생들의 학업 성취도 하락으로 이어지고, 이는 교사 채용과 유지의 문제를 가중시켜 결국 효용을 감소시킨다.

이러한 문제들은 효과가 미미한 대규모 정부 광고 캠페인으로 이어지고 있으며, 그에 따라 정부 기관에서는 경제적 투자 수익률 등에 대한 의문이 제기되고 있다. 여러 요인이 뒤섞인 '문제들(soup)'은 수없이 많은 예상하지 못한 결과를 야기한다. 그 과정은 선형적인 원인과 결과라기보다는 격동(fermentation)의 과정으로 비춰질 수 있다.

여기서 문제는 뉴턴의 우주를 특징짓는 원인과 효과 관계 설정이 불가능하게 된다는 것이다. 문제는 끊임없이 변화하는 형태, 예를 들어 모닥불의 연기 움직임, 폭포의 물 움직임, 사막에서 모래의 움직임 등과 같은 형태를 이해하는 것이다. 모닥불에서 나오는 연기가 주변 바람의 영향을 받고, 결국 환경에 영향을 미친다. 폭포의 물 흐름은 물길에 놓인 암석에 의해 영향을 받고, 결국 암석에 영향을 미친다. 사막의 모래는 지역의 바람에 반응하여 쌓이고, 그 환경의 풍경을 변화시키고, 새로운 바람의 형태를 야기한다. 또 다른 예는 교실에서 일어난 단순 사건이 학부모, 교육감, 심지어 사법부까지 문제가 확산되는 경우이다. 이러한 현상을 시스템을 구성하는 많은 구성 요소로 확대해 보면, 예측 가능성이 실제로 존재하지 않는 망상(chimera)이라는 것을 알 수 있게 된다.

환경과 그 구성 요소 간의 고정성은 존재하지 않고, 안정성은 영안실에서 목도되는 일순간의 안정성처럼 사라져 버리고 만다. Stacey(1992: 40)가 우리에게 상기시켜 준 것처럼, 안정된 조직은 궁극적으로 실패한다. 실제로 April(1997: 26)은 조직이 생존하려면 변화와 예측 불가능성이 필수조건이라고 말하였다. April은 '지그재그 없이 직선으로 날아다니는 나비는 매우 빨리 먹이가 될 것이다'라는 사례를 제시하였다. 심장 박동은 심장 마비 직전에는 안정적으로 표시된다. 조직은 생존을 위해 변화해야 한다.

불균형은 생존에 필수적이다. 애벌레가 생존하려면, 애벌레 구조가 나비 구조로 바뀌어야 한다. 생존하려면 시스템이 개방되어야 한다. 이러한 개방성으로 인하여 외부 환경으로부터 에너지를 흡수하여 보다 복잡한 창발적 구조로 전환할 수 있게 되고, 균형을 통해 엔트로피(부정적인 에너지)[11]를 환경으로 내보낼 가능성을 높일 수 있게 된다. 이것이 바로 음의 엔트로피(negentropy)[12] 과정이다(Johnson, 1999). 열화(deterioration)와 붕괴(엔트로

---

11) 역자 주: 어떤 시스템의 무질서한 정도를 의미하며, 열역학 제2법칙이다.

12) 역자 주: Negative Entropy의 약자로 엔트로피와 반대되는 개념이다.

피)는 환경 내 긍정적인 에너지로 바뀔 수 있다(Wheatley, 1999: 79). 실제로 Johnson(1999: 3)은 시스템이 지속 가능하려면 에너지를 점점 더 복잡한 구조로 전환할 수 있어야 하며 폐에너지를 제거할 수 있어야 한다고 하였다. 이것이 진행 중인 역동적 과정(ongoing dynamic process)이다.

연결된 네트워크에서의 자기조직화

영국의 한 유아학교는 부지를 공유하고 있는 초등학교와 좋은 관계를 유지하고 있다. 이들 학교 간에는 광범위하게 의사소통이 이루어지고 있으며, 교육과정, 교육, 평가는 연속성이 강하다. 이들 두 학교는 빠르게 성장하는 신도시 주거 지역에 위치하고 있다. 각 학교는 재학생이 증가하고 있기 때문에, 이동 교실 수 확대만으로는 현재의 상황을 해결할 수 없다는 점을 인식하고 있다. 따라서 이들 두 학교는 상호 협약을 함으로써 영구적인 교실을 만들기 위한 건설 프로그램을 통해 하나의 새로운 학교로 합병한다. 규모의 경제란 학습 환경의 질이 모든 학생들을 위해 개선된다는 의미이다. 섭동(perturbation)의 시점에서 새로운 시스템은 그것의 내 · 외부 요소들의 상호작용을 통해 등장한다. 의사소통은 강하고, 학교는 새로운 내부 구조로 스스로 재조직된다. 영국에서 학교 통합을 논의한 Wallace(1996: 264)는 학교 통합은 종종 혼란한 환경에서 일어나고, 그러한 개혁안(예: 지방, 중앙 정부와 제도적 행위자들)에서 각기 다른 단계별로 행위자들의 상호작용은 복잡하고, 예측할 수 없고 종종 반대된다는 구체적인 요지를 제시하고 있다. Wallace는 선형적인 통제보다는 '역동적인 복잡성'(p. 264)의 패러다임이 맥락 요인들 간 복잡한 상호작용의 특징이라고 밝히고 있다. 그는 외부에서 촉발된 정책들은 새롭고 예측되지 않은 실제를 만들어 내기 위해 지역적인 맥락들과 상호작용한다고 하였다.

복잡적응계의 중요한 특징은 질서가 상호작용하는 요소들의 자기조직화와 시스템의 지속적인 자기재조정(self-readjustment)을 통해 나타난다는 점이다(Coveney and Highfield, 1995: 85). 얼음에 열을 가하게 되면 얼음은 자연스럽게 물로 재구조화된다. 물에 열을 가하면 자연스럽게 수증기로 자기조직화한다. 카오스 이론과 소산구조(dissipative structures)[13]로부터 핵심적인 이론을 차용하면(Gleick, 1987; Prigogine and Stengers, 1985), 재구조화 또는 재자기조직화(re-self-organization)는 기존의 유기체가 불안정해져 여러 방식으로 발전할 가능성이 있고, 새로운 형태가 예측될 수 없는 분기점(bifurcation points)에서 일어난다(Capra, 1997). 결정의 순간은 문제, 상황, 참여자와 선택의 기회가 일치하는(concurrence) 경우에 나타나며(April et al., 2000: 84), 이것이 바로 분기점(bifurcation points)(Hartwell, 1995: 11)이다.

경영의 관점에서 Stacey(1992: 183-4)는 자기조직화란 참여자들 자신들(관리자가 아니라)이 경계가 무엇이 될지를 결정하면서 문제를 중심으로 팀과 집단이 자발적으로 형성되는 과정이라고 하였다. 실제로 Stacey는 자기조직화하는 네트워크가 경영 위계들(management hierarchies)에 반하여 작동되는 경우가 있다는 점을 제시한다. Marsick(2000: 10)가 논의하고 있는 자기조직화는 피드백과 의사소통을 통해 일어난다.

질서는 외부적 제약 없이 파생되거나 혹은 외부적 제약으로 생성되지 않는다. 질서는 내부에서 일어난다. 즉, 질서는 자발적인 방식대로 생겨나는 자기촉진적(autho-catalytic) 작용이다(Cohen and Stewart, 1995: 265). 자기촉진은 요소들이 상호 촉진하여 내부로부터 새로운 형태를 생성할 수 있는 능력을 설명한다. 따라서 질서와 자유는 경쟁자이라기보다는 파트너이다(Wheatley, 1999: 87). 반면, 통제와 질서는 개념적으로 분리된다.

복잡적응체제는 발전, 확대, 대체, 적응, 재구성, 혹은 내부구조를 변화시킬 수 있는 자기조직화 역량을 갖추게 되며, 그 결과 복잡적응체제는 주위 환

---

13) 역자 주: 복잡하지만 거시적으로는 안정적인 구조를 의미한다.

경에 대응하고 영향을 줄 수 있게 된다. 환경에 대응하는 학교는 학교 내 활동을 재구성할 수 있다. 즉, 학교는 지역 사회의 자원이 될 수 있게 된다. 예를 들어, 학교는 전보다 훨씬 광범위하게 학부모를 정책 의사결정과정에 참여시키고, 학생회를 설립할 수 있다. 또한 일반 대중을 위한 프로그램 운영으로 마련된 기금은 거대한 IT 하드웨어 투입을 통해 학생중심 학습을 실시할 수 있다.

Prigogine과 Stengers(1985: 156-9)는 아크라시알레스(Acrasiales) 아메바라는 균류(菌類, slime mould) 사례를 통해 자기조직화의 흥미로운 예를 보여 주고 있다. 이 균류는 생존을 유지하는 데 필요한 필수 영양소가 부족해지는 환경이 되면, 화학적 감각기를 통해 이를 감지하고 번식을 중단한다.[14] 이 아메바는 함께 뭉쳐서 전체 세포의 3분의 1에 해당하는 발(foot)을 만드는데, 이것이 포자 덩어리(spores)를 지탱한다. 포자는 발에서 분리되어 생존에 적합한 새로운 환경을 찾아 나가고 새로운 아메바 군집을 형성하게 된다.

여기서 무슨 일이 발생하고 있는 것인가? 이 유기체는 환경에 대응하고 생존하기 위해 스스로 개조해 나가면서 탈바꿈해 나가고 있다. 즉, 유기체는 환경에 대응해 나가는 개방체제인 것이다. 그 과정은 자기조직화를 수반하고, 활성화된 균류가 다시 생기면서 생존할 수 있게 된다. 이러한 전체 과정은 역동적이다.[15] 균류는 자기조직화(self-organization)의 핵심적인 특징으로 볼 수

---

14) 이번 장에서는 교육 분야 외 자연과학, 경제학, 수학 분야에서 파생된 이론들을 살펴볼 수 있다. 이 이론들을 교육 분야에 적용하는 것이 불합리하게 비쳐질 수도 있다. 하지만, Wheatley(1999: 15)는 전통적인 학문 분야의 경계를 넘어서기 위해서는 다른 학문 분야 이론의 활용이 필요하다고 하였다. 또한, 다른 학문 분야 이론을 새로운 맥락에 적용해 볼 경우 관점의 전환을 가져올 수 있다고 하였다. Merry(1995, 1998)는 학문 분야를 넘어서는 프로젝트를 진행하여 인간 조직과 자연의 복잡적응체제 간의 아홉 가지 차이점을 다음과 같이 제시하였다. 1. 조직과 사람들은 자연의 복잡적응체제보다 인지 능력이 더 크다. 2. 인간은 자연계보다 더 큰 자유 의지를 행사하며, 의도성을 가지고 있다. 3. 의사소통과 협력은 자연계에서보다는 이질적이고 다양하게 구성되는 사람 사이에서 더욱 강력하게 발전한다. 4. 인간은 개별적이면서도 사회적으로 적응한다. 인간은 적응하면서 시너지를 통해 발전하며, 많은 자연의 유기체보다 혁신적이다. 5. 인간은 창의적 능력

있는 자기촉진(auto-catalysis)을 보여 준다. 자기촉진은 내부에서 스스로 진화할 수 있는 능력을 의미한다. 이러한 과정에서 지역 환경(local circumstances)은 창발하는 자기조직화의 성격을 좌우하게 되며, 아래로부터 위로 향하는 과정의 특성을 지니게 된다(Marion, 1999: 31). 이것은 복잡계 이론에서 핵심적인 내용으로 볼 수 있는 자기조직화를 보여 주는 매우 단순한 예인데, 여기에는 적응성(adaptability), 개방체제, 학습, 피드백, 의사소통, 창발 등과 같은 여러 특징들이 포함된다. 이에 대해 조금 더 살펴보도록 하자.

균류가 생존하려면 환경을 인식하고 개방해야 한다. 이렇게 하지 않으면 균류는 굶어 죽고 만다. 공룡 멸종에 대한 한 가지 이론은 지구 기후에 미치는 거대 운석 충돌의 영향에 따라서 공룡 스스로 조직화하지 못했다는 것이다. 변화에 민첩하지 못하고, 적응할 수 없는 시스템은 지속될 수 없다(Belasco, 1990). 다시 말해, 시스템은 빠르게 변화하거나 소멸할 수밖에 없는 두 가지 운명 중 하나를 지니게 된다. 시스템이 생존하려면 내부 검사와 폐쇄에 의존할 수 없으므로 환경에 개방적이어야 한다. 그것을 감지하고, 이에 대응하면서 순차적으로 시스템이 형성되어 나가야 한다. 균형 상태에서 폐쇄 시스템은 소멸하고, 시스템이 생존하기 위해서는 시스템의 불균형이 필요하다(April, 1997: 9).

을 제공하는 여러 복잡적응체제의 구성원인 반면, 자연은 훨씬 규모가 작은 체제에 속한다. 6. 조직은 사회적으로 구성된 규칙과 절차에 의해 구성되고 조정되는 반면, 자연은 자연법칙에 따른다. 7. 인간은 자연 환경보다는 사회적으로 구성된 환경에 영향을 받으면서 일하게 되는 경향이 크다. 8. 조직은 인공물과 기술로 진화하는 반면, 자연 체제는 자연과 함께 진화한다. 9. 조직은 구성원들에게 가치를 창출하고 확산해야 하지만 자연은 그렇지 않다. 이 중 처음 여섯 개는 인간과 인간 조직이 자연의 복잡적응체제보다 더 큰 진화 능력이 있다는 것을 시사하는 반면, 나머지 세 개는 인간 적응 능력에 부가될 수 있는 요소들을 보여 준다. 지속가능성은 복잡계의 창발에서 하나의 표어가 된다. 이 같은 내용들이 학교에 주는 강력한 메시지는 "생존은 변화를 의미한다"는 것이다. 학교의 구조는 자체적인 소멸과 교체를 촉진해야 한다. 복잡성이 유발되면 변화가 수반된다.

15) 역자 주: 이들을 "걸어 다니는 곰팡이(the 'fungus' that 'walks')"로 표현했던 창조과학자인 Rodney McQueen과 David Catchpoole은 균류는 창조주 간에 균류로 종류대로 번식하도록 창조되었다고 말했다.

자기조직화하는 시스템은 자기촉매적(auto-catalytic)인 특성을 지닐 뿐만 아니라 자기형성적(autopoiesis)인 특성도 지닌다. 이는 각 생체 시스템이 고유한 특성과 자율적 정체성(Kelly and Allison, 1999: 28)을 소유하고 있으며, 시간이 지남에 따라 시스템이 영구히 지속되고, 새로워질 수 있도록 하면서 자체적으로 지속성이 유지될 수 있는 조건을 만든다(Gaines, 1997: 4). 예를 들어, 학교는 예술이나 과학 분야에서 우수성을 보여 주는 센터가 될 수 있다. 자기형성(Autopoiesis)은 자체 생산 또는 자체 제작(Wheatley, 1999: 20)을 의미하는 그리스어에서 유래하며, 이러한 창조는 한 시스템에서 다른 사람들의 참여를 통해 이루어진다. 시스템은 자기참조성(self-referenced, 자신의 정체성과 핵심 속성을 인식함), 자기재생성(self-regenerating, 예: 학교의 직원 이직 등 시스템이 변경될 수 있지만, 그 정체성을 지속할 수 있음) 및 자기보존성(self-perpetuating, 예: 시스템이 개인에게 제공하는 강력한 문화 또는 정신을 개발할 수 있음)을 지닌다. Wheatly(1996: 11)는 학교가 지역적 맥락과 지역 사회에서 자신만의 정체성을 창조할 필요가 있다고 말한다. 조직이 정체성을 분명하게 할 때, 환경에 지능적으로 대응할 수 있는 유리한 위치에 놓일 수 있다.

더 이상 선형적인 경영 모델에 의존할 수 없다. 계층적이고, 관료적인 조직의 명령-통제 정신의 단순한 선형 인과관계를 뒷받침하는 선형 관리 모델은 네트워크화되고 비선형적이며 창발적인 상호 정보 집단과 이들의 관리로 대체되어야 한다. 집단과 기관은 고위 관리자가 조직하고 관리하는 것이 아니라 자기조직화 및 자기관리화(self-managing)되어야 한다. 이러한 생각이 아래에서 논의되는 내용의 원칙들이다. 경영 분야에서 복잡계 이론은 관리, 리더십 및 조직에 대한 모더니즘적 개념에서 탈피하여 포스트모더니즘적인 개념으로 이동하고 있다(Jameson, 1991; Morrison, 1998). 이를 조직 용어로 표현하여 〈표 1-2〉에 제시하였다

변화는 생존에 필수적이다. 게다가, 학습은 이처럼 끊임없이 변화하는 환경에서 중요한 요소이다. 환경으로부터 무엇인가를 학습하지 않는 시스템 또

는 유기체들, 그리고 구성 요소들을 통해 무엇인가를 학습하지 않는 환경은 단지 소멸하기 마련이다. 조직 내 요구들(local demands)을 충족시키지 못하고, 전통만을 고수(traditionalism)하는 학교는 사멸하게 된다. 갓 태어난 아기의 뇌는 백지장과 같아서 삶을 통해 깨닫고, 학습하고, 적응해 나가야 한다.

아기는 뇌 난쟁이(homunculus)가 아니다. 끊임없이 변화하는 환경에서 최근의 교육 정설이 학습사회, 학습조직, 평생교육, 학습하는 네트워크, 학습자

〈표 1-2〉 현대 조직과 복잡한 조직의 특성

현대 조직	복잡한 포스트모던의 조직
거대	약소
계층적	수평적 관리
관료적	팀워크와 매트릭스 구조
부서 운영	팀별 운영
폐쇄	개방
구획적	유동적인 경계
전문화	다양한 능력과 지능
기계적	유기적/융통적/변화
표준화	융통적/적소중심
고정적	융통적/적응적
포드주의	포스트 포드주의
기술중심/비인간적	사람중심
생산자포획	소비자중심
거대 계획	반 거대담론
유사성과 지속성	차이와 비지속성
전제적 가치	공유된 가치와 상대적 가치
통제	자기조직화와 자율
명령과 통제에 기반한 관리	권한부여와 촉진적 경영
예측성	비예측성
결정론적	불확실성

중심 교육과 뇌기반 교육을 강조하는 것은 놀라운 일이 아니다. Fullan(1991), Dalin과 Rolff(1993)가 말한 것처럼 변화는 학습과 동등한 것이다. 만약 자기조직화가 효과적인 결과 또는 그러한 결과를 이끌어 내게 된다면, 자기조직화하는 시스템은 끊임없이 학습하는 체제가 되어야 한다. 이는 시스템에서 구성원들에 의한 지속적인 개선과 점진적이고 협력을 강조하는 일본 기업의 Kaizen[16]과 유사하다.

조직 수준에서 McMaster(1996: 10)가 제시하는 조직학습은 다음과 같은 특성들을 가진다.

- 조직 구조 내에서 다양한 방식으로 외부 환경 신호를 수용하고, 이해하고, 해석하는 능력을 지닌다.
- 새로운 내부 구조와 조직의 다양한 방식으로 외부 환경 신호에 대응하는 능력을 지닌다.
- 사전에 외부 환경에 대응하여 외부 환경에 영향을 주는 능력을 지닌다.

학교는 자체적으로 학습조직이 되는 것이 필요할 뿐만 아니라 학생들의 학습 잠재력을 개발할 수 있어야 한다.

앞서 제시한 학습에 대한 요점은 자명하다. 필요한 것은 그러한 학습과 관련된 과정의 본질, 구성 요소 및 과정에 대해 언급하는 것이다. 여기서 핵심 요소는 시스템의 상호작용하는 요소 간에 피드백이 발생해야 한다는 점이다. 복잡계 이론가들(Waldrop, 1992; Cilliers, 1998)은 여기서 학습에 대한 Hebb(1949)의 견해로 입장을 바꾸었다. Hebb의 학습 관점은 연합주의적(associationist) 또는 '연결성 원칙(connectedness principle)' '결합된 사고(jointed-up thinking)'에 기반을 두고 있다. X와 Y가 함께 발생하면 X와 Y 사

---

16) 역자 주: 회사 경영의 지속적인 개선을 의미함.

이의 연관성이 강해지고, 그 연결의 강도가 강력한 세포군들(cell assemblies)로 증가되는 결과를 낳게 된다. 만약 이 같은 재발의 과정(recurrence)이 최소화되거나 소멸되면 세포 간 연결은 붕괴되거나 사라지게 된다. 만약 나 자신이 교장 선생님을 만날 때마다 고통을 경험한다면, 당연히 나는 그런 고통을 연관시키는 경향을 낳게 되며, 이것은 내 행동을 형성해 나가게 된다. 교장 선생님을 피하거나 의도적으로 내 입장을 고수하거나, 외치거나, 불평하거나, 고통을 줄이기 위한 조치를 취할 수도 있고, 결근할 수도 있다. 다시 말해, 나는 무언가를 학습하게 되고, 그것이 내 행동에 영향을 주게 된다.

부정적인 피드백(negative feedback)은 수익의 감소를 가져오고(Marion, 1999: 75), 긍정적인 피드백(positive feedback)은 수익 증대로 이어진다(아래에서 논의). 부정적인 피드백은 규제력을 지니는데, 자동 온도 조절기(thermostat)와 같이 표준에서 벗어나 많은 편차가 발생할 때마다 개입을 가져온다. 자동 온도 조절기는 방의 공기 온도를 감지함으로써 끊임없이 자체적으로 켜고 끄는 작동을 하면서 실내 온도를 일정하게 유지한다. 이러한 사례가 학교에 주는 시사점은 자동 온도 조절기와 같은 역할을 할 수 있는 적절한 시스템, 사람 또는 자원을 찾고, 환경을 감지하고 내부 조정을 해야 한다는 것이다.

긍정적인 피드백은 정보를 규제하기 위해서 뿐만 아니라 변화, 성장, 발전하기 위해 작동한다(Wheatley, 1999: 78). 긍정적인 피드백은 작은 변화를 증폭시킨다(Stacey, 1992: 53; Youngblood, 1997: 54). Senge 등(2000: 84)은 식성이 왕성하고, 더 많이 먹을수록 더 빨리 자라는 아기 동물의 예를 인용하고 있다. 일단 아이가 읽기 시작하면 독서에 사로잡히게 되는데 더 많이 읽을수록 기하급수적인 속도로 배우게 된다.

피드백은 긍정적일 뿐만 아니라 풍부해야 한다. 내가 단순히 학생의 학업 결과에 점수만 부여한다면, 학생은 성공이나 실패, 또는 그 중간에 있다는 것을 제외하고는 많은 것을 배울 수 없다. 반면에 내가 더 풍부한 피드백을 제공한다면, 그 학생은 더 많은 것을 배울 수 있다. 만약 내가 피드백을 통해 두 가지 문제만을 지적한다면, 학생은 그 두 가지 문제에 대해서만 배울 수 있다. 내가 열 가지 문제를 지적하면, 학생은 열 가지 문제를 배울 수 있다. 우리는 '피드백'의 뿌리가 단순 정보라기보다는 성장을 도울 수 있는 '지양분(nourishment)'이 될 수 있다는 사실을 기억해야 한다.

시스템 자체와 환경에 보조를 맞춰야 한다면 피드백은 필수적이다(Marion, 1999: 74-5). 학습에는 기억이 필요하고, 자기조직화도 마찬가지로 기억이 필요하다. 만약 어떤 생물체가 경험에서 배우려면, 심지어 대리 경험(vicarious experience)에서 배우기 위해서는 기억이 필요하다. 과거의 중요성, 학교의 정신과 문화가 기여하는 부분을 무시하면서 학교 변화를 꾀하는 주체나 지도자는 학교 경영의 성공에서 중요한 핵심적인 변수를 간과할 위험성이 있다. 유기체나 시스템이 그 기억을 끌어내야 한다. Hebb의 연합주의 원리(associationist principle)에 따르면, 그러한 연합, 즉 축적된 기억은 사라질 것이다. 엔트로피는 끊임없이 작용한다. Cilliers(1998: 93)는 기억을 언급하며 "사용하거나 잊어버리거나" 하라고 하였다.

비록 잠정적이고 불확실하며 실용적일지라도 조직의 집단 기억은 미래를 예측하고, 예측할 수 있도록 하기 위해 생산적으로 사용된다. 미래에 대한 결정은 과거 경험의 결정을 통해 알 수가 있다. 복잡적응체제는 미래를 예측해야 한다. 학교는 지평선에서 볼 수 있는 것을 준비해야 한다. 다만, 안타까운 일은 관료주의가 종종 이것을 방해한다는 점이다. 황소는 그들이 당기는 쟁기가 너무 무거운 나머지 고개를 들어 멀리 내다보기 어렵다(Bottery, 1992).

복잡계 이론의 핵심적인 특징 중 하나인 연결 관계(Connectedness)는 모든 곳에 상존한다. 학교에서 학생들은 가족, 교사, 또래, 사회와 집단들과 연결되어 있다. 교사들은 전문적 협의체, 동료교사, 또 다른 교육 제공자, 심리 서비스와 사회봉사 같은 지원 단체, 정책결정체, 기금단체, 법원과 경찰 등과 연결되어 있다. 학교는 섬이 아니라 외부적으로 다양한 방식으로 연결된다.

많은 학교들은 문서, 회의, 문서업무, 평가 데이터, 감사 데이터, 업무단체, 정책과 커리큘럼 개발 집단, 이메일, 인트라넷과 전화를 통한 대화, 보이스 메일 등의 다양한 형태를 통해 내부 의사소통과 연결 관계를 형성하고 있다.

우림에서 개미들은 나뭇잎을 먹고, 새들은 개미들을 먹고, 나무와 잎이 생존할 토양을 비옥하게 할 배설물을 다시 떨어뜨린다. April 등(2000: 34)이 말한 것처럼, 자연은 융통성, 다양성, 적응성, 복잡성, 연결 관계 등과 같이 조직이 구성되는 것과 같은 많은 특징을 가진다. 연결 관계는 조직이 생존하는데 있어서 필수적이다. 연결에서 하나의 요소를 방해 또는 교란하고, 특정 종이나 시스템은 적응하거나 소멸해야 한다(제7장의 적합도 지형 논의 참고). 여기서 전하고 있는 메시지는 무자비하기만 하다. 의사소통을 통한 연결 관계가 중요하다. 이는 지식이 명령통제 센터 중심에 자리 잡거나 핵심적인 행위자에 의해 제한적으로 소유되는 형태가 아닌 분산된 지식 체제가 필요하다는 의미이다. 즉, 분산적 지식 체제하에서 지식은 조직과 구성원을 통해서 사방으로 흩어지고(dispersed) 공유되고 순환된다.

오늘날 고립된 섬보다는 연결된 네트워크가 필요하다. Wheatley(1999: 145)가 말한 것처럼, 우리는 거미와 거미줄의 존재에서 많은 것을 배울 수 있다. 만약 거미줄(web)이 끊어지는 일이 발생하게 된다면, 이것은 외부적인 과정에 의해서라기보다는 내부적인 과정에 의해 유발된 것이다. 뇌는 기능을 감독하는 단일 제어 센터가 없는 신경 네트워크 덩어리이다. 학습을 위한 정보와 피드백 처리는 중앙 제어 메커니즘을 통해 전달되지 않고, 그것은 시스템 전체에 분산되며 정보, 지식, 의미와 통제도 시스템 전체에 분산된다(Waldrop, 1992: 145-7).

학교는 분산된 지식의 저장고이다. 학교는 종종 조직의 미세 정치를 지배한다. Morrison(1998)은 학교가 성공적으로 변화되기 위해서는 지도자들이 미시 정치(micro-politics)를 자세히 이해해야 한다고 주장한다. 보다 공식적인 수준에서 우리는 개별 리더가 조직에 저장된 모든 지식을 소유하지 않는

다는 점을 알아야 한다. 리더는 분산된 지식에 의존하고 그것을 활용할 수 있
다. 리더가 조직에 존재하는 모든 지식을 가지고 있다고 믿는 것은 어리석은
짓이다. Wheatley(1996: 5)가 말했듯이, 연결 관계(connectedness)를 통한 자
기조직화는 민주적 과정을 필요로 하며, 그것은 불가피하다. 그녀가 말했듯
이 "사람 간의 관계를 반드시 포함시켜야 한다."(Goldstein, 2000: 15).

연결성 또는 연결 관계는 개인과 팀, 팀 간, 하위 시스템 사이, 그리고 기관
과 환경 간의 관계(relationship) 등을 의미한다(Lewin and Regine, 2000: 19). 이
런 관계는 일방적인 것이 아니라 상호적인 관계이다. 대인 관계 수준에서 이
것은 동등한 파트너 간의 신뢰에 대한 요구와 필요성이 증가함을 시사하며,
경쟁적 사고방식보다는 협력적 관계가 필요함을 의미한다. 이것은 '둘 중 하
나'(Lewin and Regine, 2000: 168)가 아닌 '둘 다'의 상생(win-win)하는 상황을
만들어 낸다.

기관의 집단 기억은 어느 곳에서든 확인할 수 있다. 따라서 집단 기억은 신
중한 저장(storage), 접근, 탐색이 필요하다. 학교에서 집단 기억은 개인 중심
성을 지니게 된다. 학교의 모든 참가자들은 학교 지식 창출에 기여할 수 있
다. 리더십은 널리 흩어져 있기 때문에 분산적 리더십과 동일한 형식을 취하
게 된다. Yeats(1962)가 말했듯이, 상황은 붕괴되고 중심은 유지되어 지탱할
수 없다.

또한 조직 측면에서 분산적 지능과 정보 개념은 큰 의미를 지닌다. 왜냐하
면 이 용어들은 관리와 리더십에 대한 계층적, 관료적 명령－통제 접근에 반
대하고, 대신에 뇌가 일련의 신경망인 것처럼 시스템이 네트워크로 더 적합
하게 인식되어야 한다는 점을 보여 준다. 이러한 네트워크는 느슨하게 결합
(loosely coupled)되거나 훨씬 더 단단하게 결합된(tightly coupled)다.

이 같은 분산의 결과는 리더십이 학교 고위 인사의 전유물(preserve)이 아
니라는 것을 보여 준다. 학교의 모든 구성원이 리더십을 행사할 수 있다. 리
더는 단순히 먼저 길을 가고, 보여 주는 사람이지 상사가 반드시 리더는 아니

다. 리더십은 더 이상 문지기나 감독 활동이 아니라 조직을 활성화하고, 권한을 부여하는 활동이다. 통제 권한의 분산은 유연하고, 적응 가능한 시스템을 필요로 하며, 이 시스템 자체는 살아남기 위해 조율(co-ordinated)된다. 이것은 경계를 한정하고 통제되며 유연하지 않은 경직된 시스템 및 조직과 반대된다. 통제 권한이 분산된 학교에서 학교장은 정보 변화의 촉진자가 된다.

효과적인 의사소통 체계는 피드백을 통한 학습이 이루어고, 연결 관계가 성공적으로 작동하며, 분산된 시스템에서 지식을 수집하기 위한 필수 요건이다(제6장 참조). 학교에서 의사소통은 학교의 성공과 인간 중심성의 특성을 갖추기 위한 핵심 변수이다(Peters, 1989; Cilliers, 1998). 피드백과 의사소통의 양은 종종 예측 능력과 반비례하는 경우가 많다. 데이터, 정보 또는 지식으로 주어진 피드백 양이 많을수록, 고급 정보 내용의 결과가 무엇일지를 예측할 가능성은 적어진다. 예측 가능성과 통제를 위한 선택적이고 부적절한 정보, 자기조직화가 일어나기 위해서는 필요한 많은 양의 정보 간에 균형이 맞아야 한다.

의사소통은 복잡계 이론에서 핵심을 차지하고 있고, 조직이론과 리더십이론은 복잡계 이론에서 영감을 얻고 있다. 명령과 결정, 지시가 위계적인 관료제에서 위로부터 내려오고, 정보가 상층으로 올라가는 수직적 형태의 의사소통은 의사소통의 본질 또는 내용이 상이한 개방적이고 수평적인 의사소통으로 대체되어야 한다. 복잡계 이론은 자기조직화를 위한 네트워크화된 구조 속에서 의사소통이 다양한 채널을 통해 다채로운 형태를 띠어야 하고 개방적이어야 한다는 점을 강조한다.

네트워크에 대한 강조는 끊임없는 변화 요구를 충족하기 위해서는 조직이 특정한 '적합도 지형(fitness landscape)'(Kauffman, 1993, 1995)을 가져야 한다는 주장으로 나타나고 있다. 여기서 조직 요소들의 윤곽들은 적응성을 위한 최적의 영역으로 구성될 수 있다. Weick(1976)는 적합한 조직들은 이완결합 체제로 특징지어지고, 다음과 같은 일곱 가지의 주요 이점들이 있다고 하였다.

- 조직의 각 부분들이 개별적으로 계속 진화할 수 있도록 한다.
- 환경의 요구에 훨씬 더 민감하다.
- 조직의 각 부분들이 개별적인 환경의 요구에 대응할 수 있도록 해 준다.
- 조직 부문들이 새로운 틀로 실험할 수 있도록 허용한다.
- 직면하는 문제들을 서로 격리함으로써 조직 전체가 와해되거나 조직이 도미노 효과로 붕괴되는 현상을 예방할 수 있다(Community Intelligence Labs, 1999: 4)
- 유연하고 부문 별로 이루어진 자기결정들이 예측하기 힘든 환경과 상황에 대처할 수 있도록 한다.
- 타이트하게 결합된 조직(tightly coupled organizations)들보다 훨씬 적은 비용으로 운영된다.

몇몇 측면에서 학교는 조직의 다른 부분과 완전히 일치하지 않을 수 있는 요소를 포함하고 있기 때문에 느슨하게 결합되어 있다(Dalin, 1998: 45). 학교는 조율되지 않고 규칙이 거의 없을 수도 있으며, 사람들이 동의하지 않는 장소일 수도 있다(Weick, 1976). 혁신과 성장에 해롭기보다는, 이것이 가져다주는 상대적 자유가 실제로 혁신, 유연성, 적응력 및 성장을 촉진할 수 있다(Peters and Waterman, 1982; Fullan, 2001). 한 부서는 다른 부서가 안정적일수록 발전을 이루게 되어 전체 시스템이 혁신의 피로로부터 해방될 수도 있다. 다양한 집단들이 해석하고 있는 학교의 핵심적 가치라고 볼 수 있는 느슨하게 결합된 조직(loosley coupled)으로 학교를 조직하려는 움직임은 변화의 개방성과 관련하여 지지를 받고 있다(예: Hargreaves and Hopkins, 1991; Dalin and Rolff, 1993; Dalin, 1998).

자기조직화하는 시스템이 적합도를 설명하려고 한다면, 이완결합되어 있더라도 내부적 연결 관계의 원리를 준수할 필요가 있다. 조직의 개별 요소들은 전체적인 틀 내에서 참여적인 방식으로 자체 조직할 자유와 자율성을 가지고 있다. 조직의 목표, 인센티브, 조직의 가치 내에서 조직은 학습하고 변화할 수 있게 된다(Johnson, 1999: 32). 이런 점에서 조직학습은 적합도를 탐색하는 것과 유사하게 된다(Marion, 1999: 174).

Stacey(2000: 333-4)는 자기조직화를 개인주의(individualism), 완전한 민주주의(complete democracy), 무정부 상태(anarchy), 하급 모든 직원들에게 권한부여 및 선임 직원들의 권력약화(disempowerment)와 동일시해서는 안 된다고 경고한다. 오히려 자기조직화는 '무제한 형태의 행동(constraint-free of behavior)'을 띄는 것이 아니라(Stacey, 2000: 334) 권력, 영향, 제약, 완성, 제한적 합의, 차별적 능력과 대응 역량을 고려해야 한다고 제시하였다. 따라서 선임 관리자는 행위와 활동을 제약하거나 활성화할 수 있다(Stacey, 2000: 335-6). 이러한 요인들의 상호작용이 자기조직화를 만들어 낸다. Stacey 등(2000:124)은 분명히 권력구조 내에서 개인 선택의 한계를 명시하고, 진짜 새로움(genuine novelty)이 창발되기 위해서는 상충되는 제약들(conflicting constraints, 권력관계)(Stacey et al., 2000: 155)이 필수적이라고 주장한다. 권력은 핵심적인 주제이고, 사람들은 권력이 존재하지 않는 것처럼 행동할 수 없다(Stacey, 1992: 189). 복잡계 이론은 허가증(license)이 아니다. 이 이론은 어떤 한계 내에서 작동하는 이론이라고 할 수 있다.

창발

영국의 한 초등학교는 여러모로 궁핍한 도심지역에 위치해 있다. 약물 관련 범죄가 만연하고 편부모 가정이 대다수이고 밤마다 학교 운동장을 매춘부와 약물중독자가 독차지하고 있다. 공공기물파손 행위와 폭력이 만연하고 실업률은 매우 높으며 인종 갈등은 자주 물리적 폭력으로 비화되고 있다. 학교 감사 결과는 보잘것없다. 학교는 실패한 학교로 간주되고 있으며, 특별한 조치가 필요한 곳이다. 감사원은 공공평가에서 아이들의 낮은 학업성취도, 교직원들의 낮은 기대 수준, 불필요한 교육과정(an undemanding curriculum), 통제에 의존하는 과도한 설명식 수업(didactic teaching) 의존도를 확인했다.

　학교 교직원들은 뿔뿔이 흩어져 개인적으로 활동한다. 교사들은 쉼 없이 일해 왔기 때문에 과도하게 스트레스를 받고 있는데, 이제는 무감각한 상태로 큰 부담감만 가지고 있다. 그 결과 학교 교직원들의 사기는 저하되고, 집단으로 학교를 그만두고 있다. 교사들을 대체할 수 없는 상황인데, 실패하고 있는 학교라는 꼬리표가 잠재적인 교사 지원자들을 쫓아 버리고 있는 형국이다. 새로 부임한 임시 교장의 업무 스타일이 적극적이고, 공격적이었음에도 불구하고, 인지할 수 있는 변화는 거의 없다. 마침내 학교는 폐쇄되었다. 대규모 자금 투입, 시설(premises) 확충, 교사 수당 확대, 지원체제의 재구축, 학부모와 아동의 사회적 심리적 요구를 충족시키기 위한 인력의 추가 투입, 장애아동을 위한 다수의 소집단 그룹 구성 등을 통해 학교는 다시 개교하였다. 새로운 조직은 모든 구성원에 의해 구성된 것이고, 새로 부임한 교장의 과업은 가능한 한 모든 지원을 함으로써 '일이 가능하도록' 촉진하는 것이다. 새로 부임한 교직원은 상호 협의하면서 어려움에 처한 아동을 다루는 데 있어서 접근의 일관성을 유지하기 위해 공동의 노력을 기울이고 있다. 또한 이들 아동을 지원하기 위해 광범위한 팀워크를 구축하고 있다. 교육과정은 교사 중심의 교수법보다는 학생 중심 학습으로 재설계되었으며, 많은 교실들은 학습활동을 위한 공간으로 설계되었다. 개선의 결과들을 학교 여러 곳에서 살펴볼 수 있다.

　이것이 창발의 예이다. 기존 체제는 적응할 수 없어 소멸하게 되고, 새로운 시스템은 직면한 상황에 맞추어 등장한다. 단순히 새로운 통제 형태를 취하는 리더십만으로는 시스템을 변화시키기 어렵다. 자기조직화는 위임될 수 없으며, 자발적이고 원만한 합의로 나타난다. 새로운 시스템은 내부적으로 제한되어 있으며 상당히 효과가 있는데 그 이유는 인간관계, 분산적 리더십,

교장의 서번트 리더십(제3장에서 논의) 및 적절한 지원 메커니즘과 함께 팀 기반 접근법에 의존하기 때문이다. 이 학교는 자기조직화하고 있다.

창발은 자기조직화와 함께한다. 시스템은 자기조직화하는 능력을 가지고 있다. 이는 '선험적인 웅장한 담론(priori grand design)', 즉 우주론적 논증에 근거하지 않으며, 의도적으로 선택된 궤도 또는 일련의 목적에 따르지 않는다. 오히려 자기조직은 유기체와 환경 사이의 상호작용(Casti, 1997)의 결과로 자체적으로 나타나고, 처음에는 상상할 수 없었던 새로운 구조가 등장하게 된다(Merry, 1998).

변화는 돌이킬 수 없다. 나비는 단순히 '더 애벌레'가 아니라 완전히 다른 생명체이다. 개구리는 단순히 올챙이가 아니며 올챙이로 되돌아갈 수도 없다. 새롭고 더 높은 수준으로 진화된 형태는 선행 사건의 결과로 나타난다. V자 형태로 날아다니는 새 무리는 개별 조류보다 더 멀리, 더 빠르게 날 수 있다(Santonus, 1998: 1; Jacobson, 2000: 1). 울부짖음은 부분의 합보다 크다(Lucas, 2000: 3; Cilliers, 1998). 새로운 속성은 각각의 창발적 복잡성의 연속으로부터 나타난다. 각각의 연속적인 수준은 자체의 규칙, 핵심 구조, 개념 및 일반성을 가지고 있다(Waldrop, 1992: 82). 개인 교사가 부서가 되고 부서는 교사 또는 또 다른 부서를, 교사들은 조직이나 기관을 구성하기 위해 결합하며 기관들은 상호 파트너십을 형성하게 된다. 각 수준에서 새로운 상황을 수용하기 위해 지속적인 변화가 발생하고 각 수준마다 새로운 규칙, 절차 및 구조가 나타난다.

리더의 역할은 상황 인식을 변화시키는 것이며, 이는 복잡계 이론과 밀접한 관련이 있다. 아인슈타인은 "우리의 사고는 동일 수준의 사고로는 풀 수 없는 문제를 만들어 낸다."라고 하였다. 이는 종전과 동일한 의식 혹은 기준(references)으로는 문제를 해결할 수 없다는 점을 보여 주는 것이다(Sherman and Schultz, 1998: 9; Lissack, 2000: 10). 우리는 새로운 시각으로 우리가 마주하는 상황을 직시할 필요가 있다.

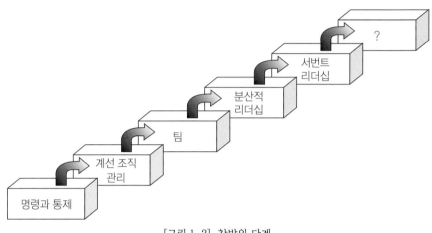

[그림 1-3] 창발의 단계

　시스템은 복잡하고 적응적일 뿐만 아니라, 체제 내에는 한층 더 복잡한 상태를 향하는 자연스럽고도 내재된 움직임이 존재한다(Lewin, 1993: 132). 이러한 시스템은 자연스럽게 자발적으로 혼돈의 가장자리에서 가장 다양하고 창조적인 임계성을 향해 진화하며(Goodwin, 2000: 46-7), 이 지점에서 혼돈의 상태로 전락하기 전에 연결 관계, 네트워킹, 정보 공유는 극도로 풍부해진다. Hock의 말을 인용한다면 이것이 혼돈과 질서의 가장자리에 위치하게 되는 '카오딕(chaordic)'이다(Youngblood, 1997: 35; Stewart, 2001: 3).

　Youngblood(1997: 29), Brown과 Eisenhardt(1998)는 혼돈의 가장자리 (edge of chaos)[17]에 있는 조직들은 환경에 대한 다양성과 반응을 억제하는 많은 구조와 혼돈을 향해 움직이고 환경에 민감한 적은 구조를 균형 있게 유지해야 한다고 하였다. 구조의 균형은 자체적으로 일어난다. Kauffman(1995: 제4장)이 말했듯이, 질서는 자연스럽게 찾아온다.

　한층 더 복잡한 정도로 향하는 이 같은 움직임은 '자기조직화된 임계성

_____

17) 역자 주: 혼돈이 극도의 상태로 접어든 시점이지만, 시스템은 안정성이 유지되며, 새로운 구조가 나타날 가능성이 커진다.

(self-organizaed criticality)[18]'을 향한 움직임으로 표현할 수 있으며(Bak and Chen, 1991) 시스템이 자기조직화를 통해 혼돈의 가장자리로 진화해 가는 전이의 과정을 의미한다(Kauffman, 1995). 모래 더미를 예로 들어 보자. 한 번에 모래를 한 알씩 떨어뜨리면 모래 피라미드가 나타난다. 다른 모래 조각을 계속 떨어뜨리면, 작은 모래 폭포가 피라미드 아래로 흐른다. 계속해서 모래 더미가 약간씩 다른 모양으로 쌓여 나간다. 피라미드 전체가 카드 집처럼 무너져 내린다. 이것은 혼란이며 복잡계 이론은 모래의 피라미드가 붕괴되기 직전 상태, 즉 기계론적 예측 가능성과 완전한 예측 불가능성 사이가 혼재되는 혼돈의 가장자리에서 존재하게 된다(Karr, 1995: 3).

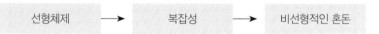

선형체제 ⟶ 복잡성 ⟶ 비선형적인 혼돈

　Stacey(2000: 395, 399)는 시스템은 다양성과 일탈(deviance)이 존재하는 곳에서 진화할 수 있고 이러한 진화는 자연스럽게 진행된다고 하였다. Fullan(2001: 42)은 반대론자와 저항론자들의 이야기를 주의 깊게 들을 것을 조언하였다. 왜냐하면 이들이 중요한 메시지를 전달해 줄 수 있고, 변화를 위해 효과적인 경우가 많으며, 차이를 만드는 데 있어서도 중요하기 때문이라는 것이다. 지도자들은 생각이 비슷한 혁신가(innovators)를 곁에 두어서는 안 된다.

　앞에서 언급한 모래 더미의 움직임과 재구성, 그로 인한 치명적인 파괴 결과를 정확하게 예측하기 어렵다. 자기조직화된 임계성의 시점에서 단일 사건의 효과는 작은 원인이 작은 효과를 만들어 낸다는 뉴튼식의 선형적인 추론을 깨뜨린다. 이는 낙타의 등을 부수는 빨대 또는 거대한 효과를 일으키는

---

18) 역자 주: 윤영수, 채승병(2008, 105)은 복잡계가 외부의 조절 없이도 내부의 자체적인 조절을 통계 임계 상태로 스스로 이동할 수 있다는 의미로 해석하고 있다.

작은 원인을 생각할 수 있다. 피라미드를 파괴하는 아주 작은 모래 알맹이도 뉴튼식의 선형적인 추론에 어긋나는 예이다. 그러므로 변화는 자기조직화된 임계성을 향한 움직임을 의미하게 된다.

여기서 중요한 사실은 어떤 것이 혼돈의 가장자리에 가까워짐에 따라 훨씬 더 창의적이고, 개방적이면서 상상력이 풍부하게 되고, 참여자들 간의 연결성, 네트워킹, 정보 공유(내용과 흐름의 속도)가 더 커지게 된다는 것이다(제7장의 적합도 지형 논의를 참고)(Stacey et al., 2000: 146). 이러한 메시지는 한 개인이나 조직이 생존을 위해 창의적이고 상상력이 풍부해지기를 바란다면, 자기조직화된 임계성을 향해 압력을 받을 수도 있음을 나타낸다. 이것은 끝없는 스트레스와 압력에 대한 완곡한 표현이 아니다. 오히려 그것은 사람들이 발전하고 변화하고 창의적이고 상상력이 풍부해지기 위해서는 지원과 공간을 필요로 한다는 점을 시사한다. 단순히 사람들에게 압력을 가하는 방법으로는 원하는 결과를 얻지 못하게 된다.

또한 자기조직화된 임계성은 시스템과 조직들이 역동적인 상호작용을 통해 완전한 혼돈의 난파 직전까지 임계 상황으로 모는 고유의(inherent) 속성을 가지고 있음을 보여 준다. 교육 분야에서 이는 강화 이론(intensification thesis)으로 설명될 수 있으며(Hargreaves, 1992, 1994), 시스템이 폭발하기까지 압력이 가해지는 많은 학교들의 사례를 예로 들 수 있다. 다시 말해, 스트레스로 휴직하거나 결근하는 교사들이 증가하고 선임 관리자들이 학교를 떠나며 새로운 관리 구조가 도입되고 새로운 실천이 이어지는 학교들이 여기에 해당된다. 분기점에서 재난이 예상될 수도 있지만 그것이 어떤 것인지 예측하는 것은 불가능할 수도 있다. 하나의 예는 교장선생님이 심장 마비를 일으켜 학교가 문을 닫고 거액의 자금을 학교에 투입하고 학부모들이 정부에 항의하며 언론은 학교 문을 닫게 만드는 상황 등이다.

연결 관계와 자기조직화된 임계성은 Lewin(1993)의 소설에서 보여 준 붉은 여왕 효과(Red Queen effect)를 초래할 수 있다. 붉은 여왕 효과[19](캐럴의 거울

나라의 앨리스)는 제자리에 머무르기 위해서는 더 빨리 달려야 한다는 의미이다. 붉은 여왕 효과의 예는 토끼가 여우를 피하기 위해 더 빨리 달려야 하고, 여우는 토끼를 잡기 위해 더 빨리 달려야 하며, 토끼는 그 여우를 피하기 위해 더 빨리 달려야 하는 상황이다.[20] 이 예는 본질적으로 자연의 강화 이론에 해당한다. 학교에서 증가된 서류 작업에 대한 유일한 보상이 더 많은 서류 작업인 것과 같다. 일을 많이 할수록 더 많은 일을 해야 한다. 그것은 마치 서류 작업이 더 많은 서류 작업에 대한 갈증을 불러일으키는 것과 같다. 서류 작업을 요구하는 사람들에게는 더 많은 '탄약(ammunition)'을 제공한다. 붉은 여왕 효과는 사람들이 고립된 삶을 영위하는 것이 아니라 다른 사람들과 불가분의 관계에 있다는 것을 우리에게 상기시켜 준다(Lewin, 1993: 58). 이것은 피드백이 필요하다는 주장을 강조해 주는 내용이다(제7장의 적합도 지형에서 구체적으로 논의함). 자기조직화된 임계성에 대해 논의한 모래 더미의 예(Bak and Chen, 1991)에서 Michaels(1995)는 모래알이 서로 관계가 없이 존재한다면, 모래 더미는 아무것도 아닐 것이라고 하였다. 다시 말해, 관계와 상호 지원이 모래 더미가 성공적으로 유지될 수 있는 열쇠이다.

시스템이 더 복잡성을 띠게 됨에 따라 시스템 요소들 간의 경쟁과 협력을 통해 새로운 구조가 등장한다(Waldrop, 1992; McMaster, 1996; Cilliers, 1998). 한편, 한정된 자원을 위한 경쟁은 적자생존만이 살아남는 새로운 자기조직 체계로 이어진다. 학습에는 경쟁이 필수이다. 반면에, 협력은 살아남기 위해서 시스템의 필수 조건이 되는 경우가 많다. 만일 소수의 요소만이 경쟁에서 살아남는다면, 시스템의 결과적인 구조는 진화를 위해 새로운 형태의 자기조

---

19) 역자 주: 어떤 생물보다도 환경이나 경쟁자가 빠른 속도로 진화하기 때문에 적자생존에서 뒤처질 수 있음을 의미한다.

20) 이외 Cohen & Stewart(1995: 188), Ridgway(1998: 8)는 스라소니와 토끼 개체군 사이의 연결성에 대해 언급하였다. Kauffman(1996: 8)은 개구리가 점점 끈적끈적한 혀를 발달시키게 되면서 파리는 점점 더 미끄러운 발을 발달시키는 관계를 제시하였다.

직화가 이루어지기에는 지나치게 단순할 수도 있다(Cilliers, 1998: 95).

앞서 언급한 Hebb의 학습 내용을 상기해 보면, 연관성을 강화하기 위해서는 협력이 필요하다. 가장 긴급한 사항을 학습 및 강화하고, 가장 덜 긴급한 사항을 소멸(Kauffman, 1993)시키기 위해 학습은 경쟁을 필요로 하며, 협업은 신경 네트워크와 세포군(또는 거시적 등가물)을 강화시키기 위해 필요하다. 복잡한 시스템은 시스템과 구조가 특정 환경 요소의 선택 압력을 받음으로써 진화한다. 학교들 간의 치열한 경쟁은 '마그넷' 스쿨 설립과 학교 황폐화(sink school)를 가져왔으며, 학교와 학부모, 학교와 지역사회, 학교와 지역 교육당국, 학교들과 기업 간의 협력을 강화하는 결과를 초래했다.

새로운 시스템과 구조들이 출현할 때, 종종 예상치 못한 방식으로 나타나기 때문에 스스로 새로운 환경을 만들어 내기도 한다. 여기서 창발의 요점은 혁신과 변화가 서로 별개로 일어나는 경우는 드물지만 동시에 일어난다는 것이다. 예를 들어, 자동차가 등장함에 따라 마차가 대체된 사례를 보자. 마력(horse power)의 소멸과 함께 마구간 관리, 먹이 주기, 물 주기, 승마 관리 업종은 쇠퇴했다. 그 대신에 새로운 네트워크와 함께 단단한 도로, 정비, 도심 쇼핑, 모텔, 교통 범죄 및 새로운 고용 전망 등 완전히 새로운 구조 또는 기술 시스템을 구축하게 되었다. 이것은 산업사회에서 정보사회, 육체노동자에서 지식노동자로의 급속한 변화에서 가장 분명하게 드러난다(Sivanadan, 1979). 학교에서 새로운 시설을 제공하게 되면, 장소에 대한 수요를 증가시킬 수 있다(Senge et al., 2000: 84-5).

창발적 시스템은 다양성, 다중성, 이질성을 갖춘 복잡성을 만들어 낸다. 여기서 말하고자 하는 것은 창발적 시스템이 새로운 기회, 즉 수확체증(increasing returns)을 창출할 수 있다는 것이다(Arthur, 1990). 그 결과, 그들에게 하나의 작은 변화가 주어질 것이고, 하나의 작은 변화가 카오스 이론의 나비 효과와 비슷한 거대한 변화와 수익을 가져올 수 있다(Gleick, 1987; Stewart, 1995: 130, 143). 이것은 긍정적인 피드백의 증폭 효과이다.

수확체증은 공진화를 의미한다(Kauffman, 1996: 12; Stewart, 2001). 즉, 시스템은 환경에 영향을 미치고, 환경은 시스템에 영향을 미친다. 자동차의 등장은 마구 제작자, 대장간, 합승 마차(stage coaches) 및 여관의 종식을 가져왔고, 차고, 모텔, 패스트푸드 서비스, 신호등, 포장 도로 등으로 대체되는 계기가 되었다. 수확체증은 어디에서나 살펴볼 수 있다. 예를 들어, 실리콘 밸리는 스탠포드와 버클리의 주요 연구 센터와 근접하여 고도로 숙련된 노동자들을 공급받을 수 있었기 때문에 생겨났다. 어떤 사람도 의도하지 않게 실리콘 밸리가 등장하게 되었다(Tetenbaum, 1998).

학교에서 수확체증을 보여 주는 사례는 학교 선택이 이루어지는 과정이다. 부유한 가정에서 자란 아이들은 다양한 이점을 누린다. 예를 들어, 부모들은 자녀들이 다른 긍정적 동기를 가진 학생들, 선생님들과 함께 교육받을 기회가 있는 '더 나은' 학교가 있는 부유한 지역에 위치한 집으로 옮길 수 있다. 그곳에서 학생들은 교육적으로 가치 있는 다양한 과외 활동을 수행할 수 있는 기회가 증가함으로써 학생들의 학업 능력이 증가된다. 더 많은 교육 자원에 접근할 수 있는 기회가 더 많아지게 된다. 즉, 학교에서 제공하는 학문적 지식을 더 많이 습득할 수 있는 기회가 생겨난다.

이는 학생들의 경제적, 사회적 자본을 문화자본으로 해석하는 Bourdieu (1976)의 문화자본론(1976)으로 잘 입증되었다. 즉, 문화자본론은 학교가 원칙적으로 모든 사람들에게 공식적으로 제공하는 지식의 차이를 용인한다고 주장한다. 이미 특권을 가진 학생들은 학교가 제공하는 것들을 수용할 수 있을 정도의 돈, 문화적 자본과 하비투스(예: 학교에 대한 긍정적인 태도, 지원적이면서 교육을 잘 받은 부모, 학습을 강조하는 가정환경, 책에 접근할 가능성과, 교육적 자극)를 소유하므로 이질적인 문화를 가진 학생들과 비교하여 유리한 위치에 놓이게 된다. 수확체증은 또한 성공적인 학교가 '황폐화된 학교'보다 더 나은 교사, 더 나은 학생, 더 나은 자원을 유치하는 '마그넷 스쿨'의 개념을 뒷받침한다.

복잡적응체제로서의 학교조직

학교는 다음과 같은 복잡적응체제로서의 다양한 특징들을 보여 준다.[21]

- 학교는 조직이 필요하고, 장기간에 걸친 변화는 고유한 구조와 기능들이 있다.
- 학교는 역동적이고 예측할 수 없는 조직들이다.
- 학교는 원인이 항상 직접적으로 효과를 만들어 내지 못하는 비선형적인 조직이다. 산업학자인 Senge(1990: 57)는 어제의 해결책이 오늘날에는 문제가 된다고 논평했다. 즉, 효과나 결과로부터 원인을 유추하기가 어렵다.
- 작은 변화가 거대한 효과를 일으킬 수 있다.
- 학교는 복잡하며, 끊임없이 변화한다.
- 학교는 사람들에게 서비스를 제공하는 조직이고 사람들에게 의존한다.
- 관계가 직무수행에서 정말로 중요하다.
- 학교는 거시적이고 미시적인 사회변화에 맞추어 변화해야 한다.
- 내외부의 환경 속에서 예측할 수 없거나 변덕스럽다.
- 학교는 보다 큰 단위의 사회로부터 상대적 자율성을 유지해야 한다. 특히 사회와의 관계 속에서 나름의 입장을 고수해야 한다.
- 학교는 구성원들에게 압력을 행사한다.
- 학교는 다양한 의사소통 수단을 가지고 있고 의사소통과 효과적인 네트워킹에 의존한다.

---

21) 이 같은 예시들은 복잡계 이론이 의도하지 않게 규범적으로 보일 수도 있는 위험이 있다. 다시 말해 '−다'에서 '−해야 한다'를 도출하는 하는 것과 같다. 여기서 언급하는 내용들이 반드시 적용되어야 한다거나 그러해야 한다는 의미가 아니라는 점을 주의해야 한다.

- 부서 간 시너지 효과가 개인의 작은 결합 혹은 어떤 개인의 노력보다 크다.
- 새로운 속성이 조직의 모든 수준에서 나타나게 된다.
- 학교는 학습조직이다.
- 학교는 불안정하고 혼돈의 가장자리에서 운영되려는 경향이 있다.

문제는 많은 학교들이 탁월한(parexcellence) 면을 가진 현대적인 조직들의 모든 특징들을 가지고 있다는 점이다. 심지어 토론의 언어들도 과거의 은유들로 가득 차 있다(Hartwell, 1995: 2). 우리는 거버넌스의 기계적 구조, 학교 경영혁신(West-Burnham and Davies, 1996), 그리고 통제, 질서, 구조, 일관성과 균일성과 관련된 은유들에 대해 이야기를 한다(Morrison, 1989). Wheatley(1999)는 전체적으로 기계적이고 반인륜적인 것처럼 조직의 경영혁신이라고 하는 전체적인 개념이 기본적으로 오도되고 있다고 논평한다. 다시 말해서, 그녀는 조직은 반공학적이어야 하고, 인간중심적이어야 한다고 했다.

공학(engineering)의 은유들은 사람들이 비정하고(insentient) 창조적이지 않다고 가정한다(April, 1997: 63; Katz, 1997: 20). 당연히 사람들은 이러한 가정에 반대할 것이다. 조직들은 기계적이고 공학적인 모형을 벗어 버려야 한다(Fisher and Fisher, 1998: 105; April et al., 2000: 54-5). 이상적인 조직은 기계에 최적화되는 것이 아니라, 유기적이면서 역동적이고 인간적이고 정이 있어야 한다. 즉, 가슴을 가진 조직이 되어야 한다. Youngblood(1998: 2)가 관찰한 것처럼, 사람들은 창조적으로 진화하는 동안 기계는 고장이 나 버리고 만다. 재설계, 구조, 운전, 기계, 조정 및 재설계자 등으로 구성된 기계적인 언어(Fisher and Fisher, 1998 : 112)는 양육, 적응, 성장, 배양, 유기체 등과 같은 인간 중심의 언어로 대체되어야 한다.

아마도 새로운 세계로 떠오르는 학교의 새로운 형태를 받아들이기 위한 패러다임 전환이 필요할 것이다. 이러한 움직임은 리더십에 큰 책임을 부여한다. 학교 지도자들은 학교를 복잡적응체제 또는 복잡 반응 과정으로 변화시킬 선봉에 서 있다. 이 책의 나머지 부분은 리더십의 과제를 제시하고자 한다.

지금까지 확인된 복잡계 이론이 학교지도성에 주는 핵심 영역은 다음과 같다.

- 복잡한 자기조직화 학습체제로서 학교의 요소들
- 학교와 환경
- 창발
- 학교에서 긍정적인 적합도 지형
- 자기조직화된 임계성
- 의사소통과 정보
- 관계, 연결성 및 네트워크 구조
- 리더십의 새로운 형태

다음 장에서는 이러한 핵심 요소들을 살펴보도록 한다. 이들 요소들의 시사점을 살펴보고 요약함으로써 독자들은 복잡계 이론과 리더십의 핵심들의 각각의 요소들과 관련하여 몇 가지 이슈들을 제기할 수 있을 것이다. 예를 들어 다음과 같은 질문들이다.

복잡한 자기조직화 학습체제로서 학교의 요소들

- 자기조직화에 기여하는 학교의 주요 요소들과 구조, 학교 내 집단(cell assemblies)은 무엇인가?
- 학교에서 불균형 상태는 새로운 형태의 조직을 양산하기 위해 도입, 지원되고, 관리되고, 작용할 수 있는가?

- 불균형 상태를 만들고 처리하는 과정에서 정보관리의 역할은 무엇인가?
- 만약 불균형과 그에 따른 학습이 일어나려면, 무엇이 균형에서 제외되어야 하는가?
- 학교는 어떻게 조직적으로 지능화할 수 있을 것인가?
- 학교에서 자기조직화와 창발을 위해 중요한 기존/새로운 구조들은 어떻게 식별할 수 있을 것인가?
- 조직이 학습하기 위해서는 학교에서 무엇과 경쟁하고 협력해야 하는가?
- 조직학습이 촉진되기 위해서는 학교에서 협력과 경쟁의 어떠한 요소들이 관리되고 주도되어야 하는가?
- 조직학습을 위해서 학교 내 집단들이 어떻게 강화될 수 있는가?
- 학교는 어떻게 민첩하고, 유연하며, 적응력 있게 변화할 수 있는가?
- 학교에서 새로운 구조, 형태, 기술이 미치는 영향은 무엇인가?
- 학교는 어떻게 자기조직화될 수 있는가? 특히 자기 정체성과 최적화 지형을 발전, 관리, 유지할 수 있는가?
- 이 과정에서 리더십 과업, 역할, 유형, 과정은 무엇인가?

학교와 환경

- 학교가 상호작용하기 위해서는 어떤 내부적, 외부적 환경이 필요한가?
- 조직의 내부구조는 환경에 대응하고, 그러한 환경에 영향을 미치기 위해서 어떻게 변화될 수 있는가?
- 학교는 환경에 어떻게 더욱 개방될 수 있고, 이러한 조건들은 어떻게 관리되고 이끌 수 있는가?
- 변화하는 환경에 적응하고, 환경을 변화시키기 위해 학교를 어떻게 활성화하고, 지원할 수 있는가?
- 학교는 어떻게 환경을 감지 및 탐지하여 미래를 예상할 수 있는가?

- 학교는 어떻게 변화에 민첩하고, 능숙하게 대처할 수 있는가?
- 학교는 어떻게 메시지, 신호를 환경으로부터 수신, 처리하고, 해석할 수 있는가?
- 학교는 어떻게 환경으로부터 받은 정보를 고려하면서 재구조화할 수 있는가?
- 학교는 변화, 융통성, 적응성을 처리하기 위해 적합한가?
- 이 분야에서 리더십 과업, 역할, 유형, 과정은 무엇인가?

창발

- 학교는 기존 구조를 창발 촉진에 활용할 수 있는가?
- 창발을 촉진하기 위해서 어떠한 새로운 구조가 만들어져야 하는가?
- 창발은 학교에서 어떻게 관리되고, 이끌어 낼 수 있는가?
- 새로운 자기조직화된 체제를 창조하기 위해서 학교에서 상호작용해야 할 단순 요소들은 무엇인가?
- 새로운 학교를 위해 무엇이 바뀌어야 하는가?
- 학교에 있어서 새로운 형태/구조/내용/절차가 일어날 수 있는 단순한 지역 규칙/프로토콜/절차/구조는 무엇인가?
- 학교에서 너무 적게 상호작용하거나 너무 많이 상호작용하는 요소들 사이에 균형이 어떻게 맞추어질 수 있는가?
- 예측할 수 없는 미래를 대비하기 위한 전략적 계획의 본질은 무엇인가?
- 학교는 어떻게 새로운 정보에 비추어 예측불가능성에 대처하고, 계획을 수정할 수 있는가?
- 학교는 어떻게 미래를 예측할 수 있는가?
- 학교에서 창발을 위한 전제 조건은 무엇인가, 어떻게 이러한 것들이 확인, 발전, 지원, 유지될 수 있는가?

- 학교에서 창발을 위한 기반은 무엇이고, 이들을 개발하는 데 있어서 리더십의 역할은 무엇인가?
- 학교는 어떻게 학습할 수 있는가?
- 학습조직으로 학교를 육성하고 유지하기 위해 필요한 것은 무엇인가?
- 학교를 자기촉진시키는 것은 무엇인가?
- 리더는 어떻게 변화와 혁신을 촉진시킬 수 있는가?
- 수확체증(increasing returns)이 어떻게 개발되고 관리될 수 있는가?
- 이 분야에서 리더십 과업, 역할, 유형, 과정은 무엇인가?

학교에서 긍정적인 적합도 지형

- 학교의 적합도 지형은 무엇인가?
- 학교 조직에서 봉우리를 구성하는 요소(예: 부서, 개인, 과목, 성과)는 무엇인가?
- 이들 봉우리들은 상호 얼마나 밀접한가(예: 강결합 혹은 이완결합)?
- 학교에서 가장 높은 봉우리는 무엇인가?
- 학교에서 로드/패스/의사소통은 얼마나 효과적인가?
- 봉우리들의 크기를 관리하기 위한 학교 내 지원 구조는 무엇인가?
- 지형 지역의 구성원들(inhabitants)이 그들의 지형 지역에 얼마나 잘 부합하는가?
- 이 분야에서 리더십 과업, 역할, 유형, 과정은 무엇인가?

자기조직화된 임계성

- 자기조직화된 임계성으로의 전환을 유도할 수 있는 방법은 무엇인가?
- 학교에서 자기조직화된 임계성을 어떻게 식별할 수 있을까? 그 징후는

무엇인가?

- 학교 교직원들은 어떻게 자기조직화된 임계성 수준으로 유지될 수 있는가?
- 자기조직화된 임계성이 학교에서 어떻게 다양한 가능성을 상상하고 실현시킬 수 있는 원동력이 될 수 있는가?
- 어떻게 자기조직화된 임계성은 혼란에 빠지거나 학교에서 과도하게 강화되는 것을 막을 수 있을까?
- 이 분야에서 리더십 과업, 역할, 유형, 과정은 무엇인가?

의사소통과 정보

- 조직 내 누구에게 어떤 피드백을 줄 수 있는가?
- 학교 내 존재하는 피드백은 무엇이고, 어떻게 확장되고 활용될 수 있는가?
- 의사소통은 어떻게 경로가 다양화되고, 다양한 방향으로 이루어지며, 개방되고 있는가?
- 의사소통의 내용을 어떻게, 누구에게 전파할 수 있는가?
- 학교에서는 어떻게 의사소통 시스템을 관리할 수 있는가?
- 너무 적고 너무 많은 피드백 간에 어떻게 균형을 맞출 수 있는가?
- 학교의 기억/지식/정보는 어떻게 생성, 배포, 저장, 접근, 검색, 공유되고 사용될 수 있는가? 효율성은 어떻게 보장될 수 있는가?
- 학교의 기억은 어떻게 관리될 수 있는가(즉, 학교는 무엇을 기억해야 하며, 무엇을 잊거나 무시해야 하는가)?
- 이 분야에서 리더십 과업, 역할, 유형, 과정은 무엇인가?

관계, 연결성 및 네트워크 구조

- 사람, 집단 및 부서 간 관계 및 상호작용을 어떻게 개발 및 촉진하고, 지원할 수 있는가?
- 학교는 내부와 외부에 걸쳐 네트워크화된 조직 또는 매트릭스 조직이 어떻게 될 수 있는가?
- 네트워킹이 학교와 예측 불가능한 환경을 어떻게 유지할 수 있는가?
- 학교는 어떻게 더 인간 중심이 될 수 있을까?
- 자기조직화를 촉진하기 위해 학교에서 만들어야 하는 연결 고리는 무엇인가? 이것을 어떻게 이끌어 낼 수 있을까?
- 이 분야에서 리더십 과업, 역할, 유형, 과정은 무엇인가?

리더십의 새로운 형태

- 복잡한 적응 시스템으로서 창발적이고, 자기조직화하는 학교를 위한 새로운 리더십 과업, 역할, 행동, 유형은 무엇인가?
- 리더가 조직 전체에 걸쳐 있도록 리더십을 어떻게 분산시킬 수 있는가?
- 리더들은 어떻게 에너지를 학교에 불어넣을 수 있을까?
- 리더는 어떻게 복잡하고, 적응력 있으며, 자기조직화하는 새로운 시스템의 출현을 촉진할 수 있을까?
- 분산되고 권한을 갖춘 조직에서 리더십의 본질은 무엇인가?
- 어떻게 리더가 등장하고 새로운 리더십 모델이 등장할 수 있는가?
- 이 분야에서 리더십 과업, 역할, 유형, 과정은 무엇인가?

여기서 각 섹션의 마지막 질문은 동일한데, 그것은 리더십 문제와 리더십에 대한 중요성을 제기하는 것으로 볼 수 있다. 이 같은 문제들은 나머지 장

〈표 1-3〉 학교 복잡성의 적합도를 판단하기 위한 자기 평가 설문지

1=전혀 아니다, 2=아니다, 3=다소 그렇다, 4=그렇다, 5=매우 그렇다

질문	1	2	3	4	5
1. 학교는 복잡적응체제인가?					
2. 학교가 예기치 못한 변화나 예측할 수 없는 변화에 대처할 수 있는가?					
3. 학교에서 대인관계는 긍정적인가?					
4. 학교는 집단들이 스스로 조직화할 수 있도록 하는가?					
5. 변화에 학교의 반응은 민첩한가?					
6. 예측불가능성에서도 학교는 안정적인가?					
7. 외부 환경에 학교는 개방적인가?					
8. 학교는 지휘통제방식의 경영과 거리가 있는가?					
9. 학교는 위계적 경영 모델과 거리가 있는가?					
10. 학교는 네트워크와 집단에 의존하는가?					
11. 학교에서는 명령이 부여되고 있는가?					
12. 학교에서 질서는 창발적인가?					
13. 학교는 내외부 피드백에 의존하는가?					
14. 학교는 자기조직화하는가?					
15. 학교는 외부 환경에 영향을 미칠 수 있는가?					
16. 학교가 외부 환경으로부터 받는 피드백은 풍부한가?					
17. 학교는 외부 환경에 풍부한 피드백을 주는가?					
18. 학교는 경험을 통해 성공적으로 학습하고 있는가?					
19. 학교는 다양한 외부 환경과 연결되어 있는가?					
20. 학교는 통제 및 의사결정이 분산되어 있는가?					
21. 학교는 교원부서와 원활하게 업무를 진행하는가?					
22. 현재의 학교 업무 방식대로 새 교직원 채용이 용이한가?					
23. 학교는 정체되지 않고 변화하고 있는가?					
24. 학교는 내부 및 외부 환경에서 문제를 파악하고 해결할 수 있는 능력이 있는가?					
25. 학교 내외 집단 및 네트워크와 협력적인가?					

에서 자세히 다루어지며, 전체적인 초점은 리더십 문제들이 효과적인 학교 리더십에 미치는 영향을 다루는 데 중점을 둘 것이다. 위의 질문들은 문제들을 다루기 위한 시작이며, 나머지 장에서는 각 주제의 주요 요소를 제시하게 된다.

〈표 1-3〉은 이러한 요소들을 포함하며, 리더와 학교가 복잡계 이론의 핵심 요소를 구현하는 정도를 판단할 때 활용될 수 있는 자기 평가 질문이다. 분명히 자기 평가 질문들은 높은 수준의 일반성을 지닌다. 각 질문들은 5점 척도로 구성되기 때문에 간단한 빈도 분석으로 리더와 학교의 강점과 약점을 파악할 수 있다.

복잡계 이론을 통해 우리는 다음과 같은 내용을 수행할 수 있게 해 준다: (a) 정적 관점보다는 역동적인 관점에서 학교를 바라볼 수 있도록 해 준다. (b) 학교가 외부 및 내부 상황에 어떻게 적응하는지 이해할 수 있도록 해 준다. (c) 학교 전체의 틀 안에서 개인의 창의성과 혁신의 혜택을 얻을 수 있는 효과적인 방법을 찾도록 해 준다(Santa Fe Center for Emergent Strategies, 1999).

제2부 | # 학교 복잡성의 실제

제2장 복잡계로서의 학교와 자기조직화

제1장에서는 복잡계 이론이 자기조직화를 강조한다는 점을 밝혔다. 자기조직화는 구성 요소 간 상호작용을 통해 자기촉매적으로 나타난다. 제2장에서는 학교에서 이러한 원리들이 가지는 의미들을 살펴보도록 한다. 예를 들면, 다음과 같다.

- 자기조직화와 창발을 어떻게 개발하고 유지하며, 학교의 구성 요소들이 서로를 상호촉진하며 재생시키는 방법
- 학교를 적응하는 유동적이고 개방적이고 차별화되는 체제로 만드는 방법
- 학교를 수평적인 경영과 유동적인 내부 경계를 채택할 수 있도록 하는 방법
- 사람이 중심이 되는 학교를 개발하는 방법
- 학교 내 네트워킹과 연결 관계(connectedness)를 개발하는 방법
- 학교에서 창발이 이루어지기 위해 자기조직화된 집단과 팀을 개발하는 방법

- 자기조직화하는 집단에 참여하는 사람들의 동기를 유발시키는 방법
- 자기조직화하는 학교에서 이러한 이슈들을 다루는 리더의 역할을 개발하는 방법

제2장에서는 자기조직화의 내부적 측면에 초점을 맞추도록 한다. 자기조직화에 대한 외부적 압력과 그에 대한 내부적 대응의 본질에 대해서는 제5장에서 다루도록 남겨 둔다. 또한 제6장은 학교에서 이루어지는 환류의 문제들을 다룰 것이다.

제2장에서는 복잡계 이론으로 알 수 있는 것처럼, 학교는 다양한 형태의 차별화가 발생하는 (수평, 수직, 공간)자기조직화 조직이며, 복잡하고 창발적인 비선형 조직으로 간주해야 한다는 점을 세부적으로 논의하고자 한다. 수평적 네트워크가 복잡계 이론을 구현한다 하더라도, 구조를 만들고, 미리 계획된 미래로 '풀어 나가는' 것을 지켜보는 일 등과 같이 학교 리더들에게 이 문제는 단순히 구조적 차원의 문제만은 아니다. 오히려 복잡계 이론은 미래를 불확실하고 창발적인 것으로 보고, 학교는 발전 방향에 영향을 미치는 복잡하게 얽힌 미시 정치로 간주한다.

리더십 과제는 미시 정치를 관리하고, 학교 구성원을 경쟁적이고 비밀스럽고 고립적이며 절차 중심적인 사고에서 의사결정의 위임과 그에 수반되는 책임과 책무를 지닌 협력적이고 상호의존적인 그룹 및 팀 기반의 네트워크로 바꾸는 것이 된다. 이를 달성한다는 것은 동기부여, 인센티브 및 보상이 중요한 역할을 하는 헌신 및 집단 발전의 문제이다. 이 같은 의제는 학교의 리더십이 전문교사 및 일반 교사의 균형, 학교 내에서 느슨하거나 강한 결합의 정도를 고려하도록 한다. 논의의 저변에는 상호 의존성을 키우고 증대하기 위한 의사소통 필요성이 내포되어 있다.

학교에서 자기조직화의 토대

제1장에서는 자기조직화가 어떤 기관 내부에서 출현한다고 설명했는데, 자기조직화는 부과되거나 강요되는 것이 아니다. 각 시스템은 이미 조직되어 있다(Kelly and Allison, 1999: 33). 따라서 자기조직화의 관리는 그것이 효과적이기 위해서 기존의 자기조직화의 확인으로부터 시작해야 한다(적합도 지형에 관한 제7장 참조).

자기조직화의 구성 요소로 볼 수 있는 학교 구성원, 공식 및 비공식 조직, 부서와 그 기능, 학교 간 집단, 상호 의존성의 본질 및 원칙, 모형, 규칙 및 행동(Sherman and Schultz, 1998: 7) 등을 파악하는 것은 매우 중요하다. 이는 후자의 변화가 조직의 기반구조에 미치는 영향이 크기 때문이다.

그래서 학교에 존재하는 집단들의 수를 파악할 필요가 있다(Wickens, 1995; Kauffman, 1993, 1995; Marion, 1999: 105). 조직에서 집단의 수는 구성원 수의 제곱근으로 계산하기도 하는데, 일례로 80명의 교직원이 근무하는 학교의 경우, 자연스럽게 형성되는 집단의 수는 9개로 예상할 수도 있다. 자기조직화를 위한 접근은 보다 공식적으로 구조화된 그룹이나 하위 시스템뿐만 아니라 자연스럽게 형성되는 집단도 존중해야 한다. West(1999: 191)가 말했듯이, 조직은 비공식적인 집단을 지향하는 자연스러운 경향이 있으며, 실제로 학교는 좋든 싫든 비공식적인 집단의 형성을 막을 수 없다.

학교의 미시 정치를 고려하고, 계획하는 데 있어서 그것에 반대하기보다는 미시 정치 상황을 고려하는 것이 중요하다. 사람들이 함께 일할 수 없다면 왜 그들에게 불필요한 강요를 하는가? 신중한 리더십은 공식 집단뿐만 아니라 비공식 집단을 절실하게 인식하고, 비공식 집단이 공식 집단보다 더 강력한 효과를 발휘할 수 있음을 알고 있다(Hoyle, 1986). 실제로 Wheatley(1999: 45)는 '공식 조직의 전체 규모(critical mass)'보다는 '의미 있는 연결(critical connection)'이 더 중요하다고 주장한다.

미시 정치는 학교에서 불가피하고 바람직한 고려 사항이다(Lindle, 1999: 177). 학교의 미시 정치는 학교 내와 학교와 외부 환경 사이의 비공식 네트워크를 수용한다(Iannaccone, 1975). 미시 정치학(Micropolitics)은 복잡계 이론의 주요 특징으로 볼 수 있는 관계, 상호작용 및 대화(Mawhinney, 1999: 162)와 관련이 있다. 다음과 같이 학교의 공식적인 면을 비공식적인 면과 대조할 수 있다(Hoyle, 1986).

공식적인 면	비공식적인 면/미시 정치
목적	이해
권위	영향력
부서	연합
제도	집단
절차	전략
행위	동원

Mawhinney(1999: 168)는 미시 정치가 합의보다는 갈등, 협력, 협상 및 설득, 영향력, 연합보다는 경쟁에 더 많은 관심이 있으며, 조직 내 미시 정치의 힘이 학교의 공식 권력보다 훨씬 클 수 있다고 주장한다. West(1999: 193)는 비공식 집단은 억제, 좌절 또는 저항의 목적을 수행하는 경향이 있는 반면, 공식 집단은 시작 또는 발전에 이용된다고 하였다. 제1장에서 논의했듯이, 저항, 일탈, 의견 불일치는 변화, 섭동, 자기조직화, 창발을 위한 중요 자극이다(Fullan, 2001).

Marion(1999: 88-9)은 자기조직화하는 기관도 분화(differentiation)의 형태를 고려할 필요가 있다고 주장한다. 공간적 분화(spatial differentiation)는 조직 내의 지리적 상황, 즉 단위, 건물 및 방 배치를 말한다. 대부분의 학교는 전문적인 시설과 개인 공간(교장실, 학교 기능직 공간, 행정실과 교직원실)을 함께 공유한다. 다시 말해, 공간 분화와 과업 사이에 명확한 연관성을 찾기 어렵다.

이는 학교 공간과 교육 자원의 배치에 대한 전반적인 공간 사용 감사(audit)가 필요함을 보여 준다. 마찬가지로 중요한 것은, 공간 사용 및 공간 이동을 위한 일정표에 주의를 기울일 필요가 있다는 것을 시사한다. 이것은 학교 부지가 분산되고 분할된 경우에 특히 중요한 문제이다. 이는 새로운 현상이 아니다. 오랫동안 학교 기획자들은 일반적인 공간과 전문적인 공간(예: 실험실, 체육관, 음악실, IT실) 사이의 균형을 맞추는 일을 고민해 왔다.

수직적 분화(vertical differentiation)는 계층 또는 관리 계층의 수를 의미한다. 다시 말해, 수직적 분화는 관료제(bureaucracy)를 네트워크 단위의 '수평제(flatocracy)[1]'로 대체하면서 그 수를 최소로 줄이자는 것이다. 수평제의 잠재력은 이미 부서 구조로 인해 학교에 존재하고 있다. 학교의 규모가 클수록 관료제 형태를 띠게 될 가능성이 더 커진다. 1990년 Jaques는 경영 능력, 책임, 책무성과 효율성을 이유로 관료제가 바람직하다고 주장했다. 아마도 규모가 큰 조직에서 관료제는 불가피하게 될 것이다.

조직의 계층 수는 규모에 비례해 증가되어 최대 7개에 이를 수 있기 때문에(Blau and Schoenherr, 1971) 조직 계층 수의 축소는 어려운 문제이다. 학교는 조직 수준을 최소한으로 줄이기 위해 조직 수준(예: 부서장, 교사 대표, 목회 책임자, 고위 관리자 등)을 재검토해야 할 뿐만 아니라 승진 단계, 경력 개발 구조 및 보상체제의 필요성과 균형을 이룰 필요가 있다. 또한 학교에서 책무의 계선(lines of accountability)에 세심한 주의를 기울여야 한다.

관료제가 네트워크로 연결된 매트릭스(matrix) 조직보다 더 빠르게 학교를 전진시킬 수 있기 때문에 관료제를 반드시 해체할 필요는 없다(제7장과 Stewart, 2001 참조). 비록 관료제와 명령−통제 사고방식의 결합이 복잡계 이론과는 상반되지만, 본질적으로 복잡계 이론은 계층적 구조에 반대하지 않는

---

1) 역자 주: 관료제와 대비되는 공유된 목적과 가치에 따라 움직이는 조직을 의미함.

다(Stacey, 1992 : 180). Stacey(2001)는 권력과 제약이라는 용어가 관료제와 복잡계 이론의 경계를 구분 짓는 현실적인 용어(boundary delimiters)라고 주장한다. 비공식 네트워크가 변화와 발전에 더 필요한 반면, 계층 구조는 단기적인 효율성과 안정성 추구에 필수적이다.

수평적 분화(horizontal differentiation)는 과업 분담 방법, 과업 수행에 관여하는 인원과 운영 수에 대한 구성 방법을 말한다. 교사는 교육학, 교육과정 기획 및 평가, 아동 발달, 심리학, 다양한 사람들과의 관계, 정책 및 의사결정, 학급 및 조직 관리, 복지 문제에 대한 전문적 지식을 포함하여 전체적인 관점에서 자신의 업무를 이해하고 수행하기 때문에 학교에서는 수평적 분화가 어렵다. 이것이 의미하는 것은 업무와 교사 간에 직접적인 일치가 없다는 것이며, 현실의 학교에서는 한 명의 교사가 많은 과업을 수행하고 있다는 것이다.

수평적 분화는 과업을 분할하고 분리하는 경향이 있지만, 수직적 분화는 과업을 조정하거나 통합해야 한다. 실제로 수직적인 조직을 늘리는 장점의 하나는 조직의 모든 네트워크와 구성원들이 한 방향으로 움직이는 '동맹 조직(aligned organization)'(Wickens, 1995; Coleman, 1999)을 만들 수 있는 능력이다. 이러한 의미에서 수직적 조직은 네트워크의 개별 요소들이 비록 축소판이기는 하지만, 서로의 특징을 재현하는 카오스 이론(Stewart, 1990)으로부터 프랙탈 자기유사성(Self-Similarity)을 생성하는 데 도움이 될 수 있다. 예를 들어, 양치식물 각각의 잎 모양은 전체 양치식물의 소형 복제품이며, 각 양치식물 잎 부분의 모양은 전체 잎 모양의 작은 복제품이다. Wheatley(1999)는 프랙탈 조직은 네트워크의 여러 단위에 걸쳐 공통의 지침 원칙들을 고수하는 것이 특징이라고 제안한다. 물론 이것이 복잡계 이론이 뒷받침하는 것보다 훨씬 더 폐쇄적이고, 목적론적이고, 통제적이고 결정론적일 수도 있다.

여기서 팀워크는 학교 내에서 같은 일을 하는 단위에 대한 것이 아니라, 같은 방향으로 움직이는 것에 대한 단위를 의미한다. 팀워크는 공통의 목적이나 임무의 필요성이 명백해졌음을 암시한다. Lewin과 Regine(2000: 253-

4)은 팀워크가 작동하는 과정을 설명하기 위해 '버터컵(미나리아재비) 효과 (buttercup effect)'라는 표현을 사용한다. 미나리아재비는 땅 위로 뻗어 가며 줄기를 내보내고, 그 줄기는 다시 뿌리를 내려 꽃을 피우게 되는데, 이전의 미나리아재비에 붙어 있는 한 이 과정이 교대로 반복된다. 미나리아재비는 자기유사성(self-similarity)이 존재하지만 한편으로는 자율성과 자신만의 삶이 공존하게 된다. 다시 말해서 복잡한 조직은 연결된 미나리아재비 같은 전체 형태로 존재하는 것이다. 이는 프랙탈 학교의 본질이다. 그 속에서 학교내 팀들은 자신의 업무가 어떻게 작용하는지, 팀 외적인 업무와 공유된 가치에 기여하는지를 목격하게 된다. 개별 팀은 조직을 이끌어 가는 가치를 명확하게 표현해야 하는 전체 조직의 특징을 가지고 있다. Merry(1998)는 프랙탈네트워크 구조의 조직에서 혼돈의 가장자리 기능이 훨씬 더 잘 성취된다는점을 제시한다. 즉, 집단의 자기유사성은 복잡계 이론의 다양성에 반론을 펴는 것이다.

　수평적인 분화와 관련된 논의에서 핵심적인 이슈는 아마도 학교를 네트워크화된 기관으로 간주하는 것이 필요하다는 점이다. 만약 복잡하고, 자기조직화하는 학교에서 유연성이 필요하다면, 이는 분권화, 분산적 의사결정과

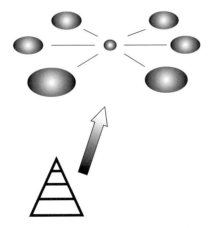

[그림 2-1] 피라미드 구조에서 웹 구조로 이동하기

통제, 규정된 절차와 규제의 수를 최소한으로 유지하는 것이 필요하다는 점을 보여 주는 것이다. 이러한 움직임은 피라미드 조직에서 웹 조직으로의 이동을 뜻한다([그림 2-1]).

물론 피라미드 조직에서 웹 조직으로의 이동이 학교를 표준화된 절차에 따라 운영되는 신뢰성 높은 조직(high reliability organization)으로 간주하는 것에 반대되는 것일 수도 있다(Bierly and Spender, 1995; Stringfield, 1997). 이러한 주장은 학교가 분권화된 권력 구조, 무정부상태 혹은 여러 작은 부서로 분할된(balkanized) 조직, 즉 전체가 부분의 합보다 작을 수 있는 분절된 학교가 되어야 한다는 의미가 결코 아니며(Hargreaves, 1994), 오히려 '목적을 위한 최적화'를 뜻한다. 다시 말해, 절차, 실천, 행동의 일관성을 통한 신뢰성(reliability)이 성과를 높이는 강력한 도구가 되는 여러 학교가 있다. 이들 학교에서 관료제는 보다 개방적이고 자기조직화하는 기관으로 변모할 수 있는 토대를 마련해 주기 위해 수용할 수 있는 최소 수준에서만 기능(the trailing edge)하게 된다(Lieberman, 1990).

최소 수준에서 기능하는 관료제는 절차의 부재 혹은 일관성이 약점으로 부각되고 있는 실패하는 학교에 대한 사례일 수도 있다. 여기서 높은 신뢰성은 다음과 같은 점에서 유용한 개념일 수 있다.

- 훈련에 대한 대규모 투자
- 약점에 대한 구체적인 확인과 수정
- 제한된 수의 명시적 목적
- 지속성 있는 표준화된 운영
- 학교 운영을 위한 적절한 자원
- 학교 목적 달성을 위한 경영, 행정, 교육과정, 교육 및 문화적 하위체제 간 연계
- 중앙집권적이고 통제된 위임의 혼합

- 효율적이고 광범위한 의사소통
- 운영과 관련된 거대한 백업 시설과 지식
- 활동과 사람에 대한 긴밀한 모니터링

다른 학교들에서 절차 중심의 사고방식은 학교의 수월성을 약화시킨다(관료제도 수월성을 약화시킬 수 있다)(Lieberman, 1990). 이는 학교 내에서 일관성이 없는 불균형을 주장하려고 하는 것이 아니다. 오히려 팀워크가 과업을 반복하고 있는 사람들에 의존하지 않고(자기유사성의 약화), 같은 목표와 목적을 향해 한 방향으로 움직이는 모든 사람들에게 의존한다는 Wickens(1987: 95)의 관점을 전적으로 취하고 있다는 것이다. 이러한 장기적인 결정론(determinsim)이 복잡계 이론과 불편한 관계에 있다는 점은 인정되어야 한다.

자기조직화하는 복잡계로서의 학교는 과목 집단, 목회 집단, 학년 집단, 개발 집단, 단위학교의 경영 집단과 같은 자율적이고, 네트워크화되어 있으며, 연결되어 있는 단위들과 충분한 의사소통을 통해 구축될 것이다. 실제로, 제1장에서 Lewin과 Regine(2000: 296-7)는 Reynods의 Boids를 활용하면서 Boids로부터 얻을 수 있는 세 가지 교훈이 있다는 점을 제시하고 있다.

1. 상호 신뢰, 존경, 타인에게 영향을 미칠 수 있는 기회, 팀 플레이어가 되기 위한 학습으로 서로 긴밀한 관계를 유지하라.
2. 개인이 리더가 되기 위한 기회가 있다는 점을 계속 확인하라.
3. 충분한 자원과 지원을 함으로써, 장애물이 되고 충돌이 일어날 수 있는 부분을 피하라.

이 같은 교훈들은 학교에서 긴밀한 의사소통, 교직원 개발, 충분한 사전 대비책을 강구하라는 점을 주장하는 내용들이다. 이러한 주장이 아마도 쓸데없고 진부한 말일 수도 있다. 리더의 과업은 이러한 것들이 어떻게 보다 효과적으로 실현될 것인지를 파악하는 것이다. 예를 들어, 다음과 같은 질문을 해결하면서 말이다.

- 조직에 불가피하고 핵심적인 의사소통을 어떻게 할 것인가?
- 사람들이 서로 일할 기회를 갖도록 하며, 함께 일하기를 원하는 사람들이 그렇게 할 수 있도록 어떻게 할 것인가? 예를 들어 유동적이고, 포괄적이고, 팀 간 역할 수행 과정의 상황이 해당될 수 있다(Jackson, 2000: 64).
- 팀워크를 통해 교육과정의 통합, 관리 방안을 어떻게 확인할 것인가?
- 문제들이 예측되고 협동적으로 해결되는 방법을 어떻게 확인할 것인가?
- 자원을 모으고 접근하기 위해 어떻게 할 것인가?

이 같은 질문들은 인적 측면, 즉 학교 내에서 사람들의 하위체제가 기술 및 행정 하위체제 만큼 강하게 기능하도록 설계된다(Leavitt, 1964). 학교의 발전은 리더십의 책임이다. 교장으로 재직하고 있는 Jackson(2000)은 '학교개선 집단'에서 흥미로운 예를 제시해 준다.

이 집단은 두 명의 공동의 리더가 이끌어 가고 있으며, 3명이 한 조로 이루어진 교직원으로 구성된다(Jackson, 2000: 64). 각 조는 학교 교무활동을 살펴보고, 개선이 필요한 영역을 확인하는 자체 활동에 참여한다. 그 결과, 학교 발전 및 개선을 위해 학교 내외에서 외부인사가 참여하는 파트너십이 형성되며, 이들 집단은 자신들과 타인에게 지속적인 피드백을 제공한다(Boids의 예에서 규칙 1과 2). 학교의 모든 직원은 지위에 관계없이 참여하고 있으며, 집단들은 구성원들을 상호 지원하며 내부 및 외부에서 광범위하게 의사소통한다(Boids 예에서 규칙 1, 2 및 3). 학교 구성원들을 위한 유용한 제안 내용을 찾고 개발 활동을 제공한다(Boids의 예에서 규칙 3).

이러한 원칙들은 학교 리더들을 순환시키고, 리더십을 발전시켜 분산될 가

능성을 시사한다. 자세한 내용은 제3장에서 논의될 것이다. 이들 원리들은
또한 지원 메커니즘의 필요성을 보여 주게 되는데, 이러한 지원적 메커니즘
은 사람과 사람 중심으로 조직된 학교에서는 특히 발전된 상호 관계에 의존
하게 된다.

자기조직화 창발을 위한 네트워크, 집단, 팀

영국의 한 중등학교의 ICT 부서는 학교의 다른 모든 부서, 시설 및 행정 업
무를 담당하고 있다. 이를 위해 ICT 부서 직원들은 학교 내의 다양한 요구,
성격, 연공서열, 미시 정치를 감지해야 하며, 업무 범위를 설정해 주는 예산
상의 제약 안에서 대응하기 때문에 높은 감수성이 필요하다. 이를 위해 ICT
부서장은 학교의 모든 집단과 함께 긍정적인 업무 협력 관계를 촉진하는 의
제를 높게 설정하고, ICT 직원과 매주 회의를 소집하여 이 회의에서 팀원 각
자의 업무가 다른 팀원에게 미치는 영향에 대한 의견을 공유한다.

ICT 팀은 한 회의에서 수학 부서에 추가 기술 지원이 필요로 하고, 사업 부
서에는 최신 소프트웨어가 더 필요하며, 예술 부서에서는 박물관이나 미술관
과의 인터넷 연결이 매우 느리고(특히, 그림을 불러올 때), 인터넷 사용이 최대
일 경우에는 내부 네트워크가 느려지는 경우가 있다는 점을 지적한다. 회의
에서는 수학 및 사업부서의 업무를 보다 밀접하게 연계하고, 예술부에 인터
넷 접속이 확대되는 시간을 표시하도록 하여 다른 부서가 인터넷 사용을 제
한하도록 하는 등의 결정을 내렸다. 그 결과 기획과 수업에 영향을 미치는 부
서 간의 내부 소통 및 협력이 증대되었다. 이는 학교 내 네트워킹이 중요함을
보여 준다.

집단, 팀 및 부서 간의 네크워킹과 협력 발전은 단순히 기획 연습이 아니라
민감하고 인간적인 일이다. 학교와 같이 이질적인 목표를 가진 조직 내에서

가치관이 다를 수 있는 개인 전문가 집단을 마치 고양이를 집단적으로 무리
지으려는 것처럼 연합조직으로 만들려는 시도가 흔하게 일어난다. 학교의
강점은 내부 차이를 관용 있게 허락하는 데 있지 로봇 복제품 같은 교사를 배
출할 수 있는 능력에 있지 않다. 중요한 과제는 학교의 삶과 구성원의 다양한
측면에 대한 상호의존성을 창출해 나가는 데 있다. 리더십은 경계 설정과 유
지 관리, 네트워크와 연결, 상호 의존성, 협력 촉진에 관심을 둔다(Fisher and
Fisher, 1998: 197).

　조직의 서로 다른 구성 요소들 안에서 자기조직화와 복잡한 기관의 주요
특징은 상호 의존적이라는 점이다. 학교 구성원들은 여러 위원회와 팀에서
역할을 담당하는 등 여러 과업을 동시에 수행하고 있다. 그러므로 리더들의
주요 과업은 네트워크 내의 관계와 개인 상호 간 의사소통, 팀워크, 네트워크
에서 긍정적인 의사소통을 촉진하는 것이다. 학교 내에는 공식적인 여러 네
트워크가 있는데, 그 예들은 다음과 같다.

- 주로 과목별 부서 네트워크
- 학급별, 목회팀별 목회 네트워크
- 부서 간 논의가 가능하고 교사 대표가 교사들이 직면하고 있는 이슈들
  을 논의하기 위한 교사 네트워크
- 단위학교 전체의 교육과정 기획 네트워크: 이는 부서 또는 교과 기획과
  는 별도이고, 학교에서 가장 중요한 교육과정 이슈들을 정한다.
- 모니터링과 평가 네트워크: 교사들이 공식적 · 비공식적 평가 요건의 실
  시를 책임지게 된다.
- 연령 집단 네트워크: 교사들이 전체 연령 집단 혹은 단계에 대해 책임을
  짐. 예를 들어, 영국의 Key stage[2], 혹은 초등교육단계(primary phase) 또

---

2) 역자 주: 영국은 5~16세의 의무교육기간을 네 단계로 구분하고 있음.

는 sixth form 단계[3]를 책임진다.

- 관리 네트워크: 리더십, 경영, 의사결정, 정책과 전략에 관한 이슈를 논의한다.
- 학교개선 네트워크
- 대외관계 네트워크
- 정보 기술 및 지식관리 네트워크

팀은 일상업무팀(natural work teams, 일상의 업무를 함께하는 팀), 교차기능팀(cross-functional, 팀 구성원들은 일상업무팀에서 선발됨), 소규모 프로젝트팀(small project teams, 임시업무를 담당) 및 특수목적팀(special purpose teams, 이들의 업무는 소규모 프로젝트팀과 유사하지만, 특수목적팀의 업무가 훨씬 방대하고, 몇 개의 일상업무팀에게 업무를 의존한다) 중 하나가 될 수 있다(Fisher and Fisher, 1998: 50-5). 교사들은 대개 다양한 네트워크에 동시에 속하게 된다. 네트워크가 교사들의 의사소통을 촉진하기는 하지만, 교사들이 한 번에 여러 네트워크에 속하는 구성원이라는 사실은 명확한 의사소통라인 설계와 활용, 명확한 책무성을 요구한다. 이는 복잡계 이론이 책무성의 포기를 의미하지 않는다는 뜻으로 해석할 수 있는 근거가 된다. 교사들이 여러 네트워크에 소속되어 있다는 인식(recognition)은 학교 발전을 위한 기획시 모든 네트워크에 미치는 영향을 살펴보는 것이 필요하다는 점을 시사한다. 일례로 교사가 수행하는 평가업무의 변화는 교육과정 기획, 정보통신기술의 활용, 평가 연령 집단 기획(age-group planning) 등에 연쇄적인 영향('knock-on' effects)을 주게 될 것이다. 각각의 구성 단위는 독립되어 존재하지 않는다. 여기서 한 가지 질문이 생겨나는데, "그렇다면 이러한 계획이 교사들의 다른 활동에 어떻게 영향을 미칠 것인가?"이다.

---

3) 역자 주: 중등학교와 대학 사이에 있는 후기중등과정.

만약 학교가 가장 효과적이고, 가장 원활하게 창발하고 발전하려면, 학교 내 네트워크는 새로운 질서 창출을 위한 플랫폼이나 발판(scaffolding)이 될 수 있다. 따라서 네트워크 사이의 적절한 정보 교류는 네트워크의 세심한 과업 지정(task specification)과 업무 과부화를 예방하는 데 있어서 필수적이라고 할 수 있다. 특히 자기조직화된 임계성이 혼돈으로 몰리지 않기 위해서 더욱 필요하다.

네트워킹은 팀워크와 집단의 발전에 의존한다. 팀워크와 집단 발전에 대한 관심의 증가는 복잡계 이론의 출현과 일치하지만(Katzenbach and Smith, 1993), 이는 결코 우연이 아니다. Tetenbaum(1998)이 제안하고 있는 것처럼, 자기주도적인 팀들은 자기조직화의 한 요소이다.

팀의 인적(human) 및 대인관계(interpersonal)를 강조하고 있는 Morrison (1998: 182-3)은 팀을 다음과 같이 정의한다.

공통의 목적을 가지고 있는 사람들의 집단으로서 그 구성원들은 다양한 영역의 전문성, 기술, 개성(personalities)과 능력을 소유한다. 이들은 상호 공유하는 공동의 목적 달성을 위해 함께 협력하며 상호 보완하는 역할을 하게 된다. …… 팀은 자신이 팀이라는 것을 인식하면서 팀 응집력과 긍정적인 대인관계를 위해 노력한다.

팀은 사회적 집단이지 단지 업무 수행을 위한 장치가 아니다. 팀과 집단이 될 수 있는 자격은 헌신하고 긍정적인 상호관계를 맺을 수 있는 사람이며, 절차가 중요하지는 않다. 어떤 팀과 집단은 공식적일 수도 있고, 비공식적일 수도 있다. 또한 어떤 팀은 영원히 지속될 수도 있고, 일시적으로 생겨나서 사라질 수도 있다. 그 예는 〈표 2-1〉에서 설명된다.

〈표 2-1〉 공식, 비공식, 임시 및 영구 집단

집단 유형	임시 집단	영구 집단
공식 집단	특정 프로젝트를 위한 팀 테스크 포스 개발팀 특별위원회	부서 고위관리팀 상임위원회 대외교류집단
비공식 집단	유도(induction) 파트너 멘토/지원 연합/동맹 소셜 미팅 집단	우정 집단/파벌 전문가 집단 관계 부서 간 집단

　West(1999: 192)가 논의한 공식 집단들은 기획, 자원 조달, 조직화, 조정, 관리 및 문제해결과 같이 학교가 성취하고자 하는 업무를 담당하기 때문에 중요하며, 마찬가지로 비공식적인 관계도 그만큼 중요하다. 교사들은 단순 업무가 아니라 인간관계를 통해 성취감을 추구한다(West, 1999: 191).

　학교에서 비공식 집단과 파벌(cliques)이 형성되는 것을 목격하기는 어렵지 않다. 실제로 교무실이 여러 개로 나뉘어져 있는 큰 학교의 경우에는 학교 구성원들이 종종 비공식적인 연줄에 따라 자신과 교무실 영역을 구분하기도 한다.

　앞에서 언급한 조직 분화(differentiation)에 대한 논의와 마찬가지로, 동일한 지위에 있는 구성원들로 꾸려진 이들 집단 혹은 파벌들은 수평적이거나 혹은 위계적인 구조로 구성된 경우 수직 또는 혼합적인 구조를 띄게 된다(West, 1999: 191). 관리 영역(territoriality)과 집단 정체성을 의식하는 학교 리더들의 과제는 협력을 이끌어 내고 집단 간 관계 형성을 좋게 도모하는 것이다. 집단 정체성이 강한 집단의 경우 타 집단과 경쟁을 하거나 혹은 적대감으로 이어질 수도 있기 때문이다.

　West에 따르면, 비공식 집단의 리더들은 규범을 제정 또는 명시하거나 집단의 행동 또는 태도를 파악하는 사람들이다. 집단의 구성원들은 특히, 비공식적인 집단의 경우 과업 관련 동기보다는 아래와 같이 인간 관련(person-related) 여러 동기들을 충족시키게 된다(Riches, 1993; Morrison, 1998: 191; West, 1999: 192-3).

- 소속욕구(사회화에 대한 기회)
- 안전욕구(정서적 지원)
- 존경욕구(긍정적 피드백으로 자존감 고취)
- 자기충족적 욕구(잠재력 달성)
- 상호 지원을 통한 긴장의 완화
- 정체감과 지위획득
- 소속감과 참여를 통한 직무만족도의 증가
- 조직에 대한 헌신
- 과업성취

비공식 집단은 심리적 지원뿐만 아니라 대인 관계에서 큰 도움이 된다. Fullan(2001)이 제시한 것처럼, 비공식 집단은 저항의 온상(hotbed of resistance)으로 변화의 촉매제 역할을 하게 된다(제1장 참고). West(1999: 192)는 공식 집단과 비공식 집단 사이의 경계가 불명확하다는 점을 분명히 하고 있다. 즉, 이들 집단들은 상호 영향을 미치게 되는데, 미시 정치는 비공식적 집단과 공식적 집단에 영향을 주게 된다. 따라서 네트워킹과 팀워크를 고려할 때는 학교에 존재하는 공식 집단의 집단화뿐만 아니라 비공식 집단의 집단화도 고려해야만 한다. 예를 들어, 공식 집단의 리더들이 이미 추종자들을 가지고 있기 때문에 공식적 리더가 비공식 집단의 리더일 수도 있다는 점을 암시한다. 게다가, 이는 비공식 집단들과 공식 집단들이 구성원의 성격, 감정, 집단 역학관계(group dynamics), 리더십 행동에 관심을 가져야 한다는 점을 보여 준다(Stacey, 1992: 120 참조).

네트워크가 효과적으로 운영될 수 있는 방법은 집단과 팀 개발 연구에서 교훈을 얻을 수 있다. Leonard 등(1998: 294)은 팀이 많은 과업을 시작하기에 앞서 개발되는 것이 필요하다는 점을 역설하고 있다. Youngblood(1997: 183-5)는 변화, 전환, 발전을 통한 선도적인 팀들의 리더십 요건들은 관계를 조성하고, 정보의 원활한 흐름을 보장하며, 사실과 감정의 소통 및 보유를 촉진하게 된다고 하였다. 이에 덧붙여 Youngblood는 성공적인 관계의 발전은 관계와 공유 비전을 성공시키려는 노력, 신뢰와 공감, 차이에 대한 인정과 존중, 자기공개(self-disclosure), 의사소통과 평화(peace making)를 만들어 나가려는 헌신에 달려 있다고 하였다.

Tuckman(1965)이 자주 인용하는 팀 개발의 사례들은 임상실험 환경에서 환자 집단에 대한 메타분석에서 확인할 수 있다(Robbins and Finley, 1998b 참조). 비록 이 같은 팀 개발 사례가 비임상적인 환경에 적용하기에는 부적절할 수 있겠지만, 그럼에도 불구하고, 타 기관에 적용 가능한 (매우 조심스럽지만) 전형적인 특징들을 지니고 있기 때문에 중요한 사례들로 적용될 수 있다. 즉, 집단과 팀워크에서의 관계 형성과 직무수행 사이의 연관성을 확인하는 것이 가능하다.

Tuckman은 집단의 자기조직화 단계를 네 단계로 구분하고 있는데, 그 자체가 창발의 단계로 제시될 수 있다. 1단계는 형성 단계(forming stage)로 시험과 의존이 주요 특징이다(1965: 386). 구성원들은 인간관계 형성을 통해서 집단 안에서의 수용가능성(acceptability)의 경계를 발견하게 된다. 추진해야 할 과업은 극히 미미하다. Robbins과 Finley(1998b: 42)는 이 단계에서 팀은 결정 방법을 결정해야 하는 중요한 결정에 직면하게 된다고 하였다. 리더십 과제는 '결정 방법을 결정'하는 것에 대한 공감대를 형성하고, 참가자들 간의 신뢰를 발전시키기 위해 실제로 긍정적인 상호 관계를 수립하는 방향으로 움직여 나가는 것이 된다(Tschannen-Moran, 2000).

2단계는 격동 단계(storming stage)이다. 2단계에서는 집단 내에서 예의라는 장벽이 무너지고, 적대감과 집단 내부의 의견 차이가 표면화된다. 즉, 고난의 시험대(매서운 고난)와도 같은 단계이다. 자기조직화를 위한 창발은 매우 고통스러울 수 있다. 조직 내 스트레스 수준이 높기 때문에, 리더십은 갈등 관리와 스트레스 관리 및 완화에 초점을 맞추어야 한다. 격동은 인간의 개성이 드러나게 되고, 집단 내 권력(혹은 리더십)의 본질이 중요해지고 있음을 시사하기 때문에 문제라고 보기보다는 긍정적인 신호로 보아야 한다. 실제로 Fullan(1991)은 변화가 일어나려 할 때에는 갈등이 불가피하다고 말한다. 구성원들은 집단 활동에 자신의 감정을 투입해야 하는데(이후에 논의), 감정은 헌신을 형성하는 데에 중요한 요소이다. 이 단계에서 업무 성취도는 미미할 수 있다.

규범화 단계(norming stage)에 해당하는 3단계는 집단 감정, 응집력 및 합의, 다시 말해 자기조직화의 발달로 특징지어진다. 그런 다음, 응집력과 합의는 '가장된 동료의식(contrived collegiality)'의 강요보다는 의견 충돌과 갈등의 표면화와 탐색 과정(working-though)을 통해서 성취된다(Hargreaves, 1994). 구성원들 간의 차이가 수용되고, 집단 혹은 팀별로 집단의 성공에 대한 헌신도가 크다. 구성원들은 감정 에너지를 서로의 의견 불일치에 쓰기보다는 과업 완수를 위한 협업에 집중한다. 바로 자기조직화 과정에서 과업 성취가 시작되는 시점이다. Tuckman(1965)은 이 단계의 특징이 확장된 정보 공유와 분산된 지식이라고 제시한다.

수행 단계(performing stage)인 4단계는 최적의 성과 수준과 최적의 대인관계 속에서 과업이 달성되고 집단/팀이 문제해결 네트워크가 되는 단계이다. 아마도 무의식적인 선견지명으로 Tuckman은 이 단계가 '해결책의 창발'을 보게 된다고 썼다. 역할 행동은 업무 성취에 기여하고, '개인 상호 간의 구조는 과업 활동의 도구'가 된다. 이러한 단계들은 〈표 2-2〉에서와 같이 나타낼 수 있다.

〈표 2-2〉 팀 개발 단계에서 리더의 과제

	형성 단계	격동 단계	규범화 단계	수행 단계
상호 인적 관계	경계의 발견	행동을 자극	협의를 성취	협의를 활용
과업성취	매우 제한됨: 어떻게 결정할지 결정	제한됨: 어떻게 결정할지를 자극	더 확장됨: 성취를 위한 공유	완성됨: 과업을 달성하기 위하여 에너지와 팀워크를 이용함
리더의 역할	관계 형성, 분명한 안건 형성, 신뢰 형성	갈등 관리; 역할 명확화; 신뢰 형성	피드백 제공; 업무 성취에 대한 압박	피드백 제공; 성취를 축하함

각 단계들은 문제들을 야기한다. 사실, 집단과 팀은 어떤 단계에서든 퇴보할 수 있고, 이전 단계로 재진입할 필요도 있을 수 있다. 문제와 해결 방안은 〈표 2-3〉과 같이 설정할 수 있다.

〈표 2-3〉 팀 개발에서 리더의 문제해결

단계	문제	문제해결 방법
형성 단계	상호 인식 및 상호 업무 인식 팀의 역동성 팀의 미시 정치학 구성원의 상태 신뢰 형성 구성원의 이전 경험 역할 명확화	브레인스토밍 개방성 상호 개방 토론을 통한 협상 상태 비공식적 관계 형성 경험 공유 역할 분배
격동 단계	갈등 불안정 부정적 반응 대면	일관적인 역할 명확화 상호지지 걱정을 공유하고 대화하기 갈등 관리
규범화 단계	역할의 유동성 안주 무상공유	역할 관리를 위한 역할 재평가 피드백과 새로운 도전 제시 역할 및 업무 이해
수행 단계	안주 어디에서 멈출지 아는 것	더 큰 자율성과 피드백 그룹 재형성

이후의 논문에서 Tuckman과 Jensen(1977)은 집단과 팀의 과업이 완수되었을 때 일종의 휴회상태가 되는(adjourning) 마지막 단계를 덧붙였다. 여기서 초점은 사회정서적 요인의 과업으로 이동하고, 집단과 팀은 해체된다. 여기서 중요한 것은 자기조직화가 사람들을 하나로 모으기 시작하는 시점에서 나타나는 것이 아니라 환경과 조건들이 충족(propitious)될 때 규범화(norming) 단계가 자연스럽게(비록 어려움이 있다 할지라도) 달성된다는 점이다.

Tuckman은 집단 개발을 준(準)선형적 방식으로 간주하고 있는 반면, Banet(1976)은 집단의 선형적인 발전을 세 가지 모델 중 하나로 보고 있다. 나선형 모형(helical model)에서는 오랜 시간에 걸쳐서 집단 내 관계를 심화시킨다는 관점에서 집단 개발을 설명한다. 순환형 모형(cyclical model)에서는 현재에 초점을 맞추고, 집단에 관한 여러 관점을 가지고 있다.

Cacioppe(1999: 325)는 집단들이 단순하거나 보편적인 단계의 순서로 발전하지 않는다는 연구결과를 보고하고 있다. 오히려, 단절된 균형(punctuated equilibrium)에서 집단은 작동하게 되고, 이것으로 인해 많은 집단들은 활동이 폭발하는 지점과는 단절된 타성의 단계(inertia)로 향하게 되는 일반적 경향이 있다고 그는 설명한다. 이에 대해서는 점진적인 변화를 우연하게 발생하는 거대한 변화와 함께 논의하고 있는 Cohen과 Stewart(1995: 333-4)의 내용을 참고하면 된다. 집단의 첫 번째 회의는 과업 성취를 위한 일반적인 방향, 가정, 행동에 종종 맞춰진다. Cacioppe는 이것들이 집단의 생명 주기로 볼 때 초기에는 온전하게 남아 있다고 주장한다. 그는 한 가지 보편적인 법칙을 제시하고 있는데, 타성 단계에서 활동 단계로의 전환은 집단의 생명주기에서 집단의 첫 번째 회의와 과업을 완료하기 위한 공식적인 마감일(마감이 한 시간, 한 주, 또는 한 달 전인지에는 관계없이) 사이의 중간 정도 시점에서 일어난다(pp. 325-6)고 하였다.

단절된 균형 이론에 대한 비판이 없지는 않다. 예를 들어, Brown과 Eisenhardt(1997)는 이 이론이 많은 조직, 특히 많은 변화를 급속하게 경험하는 조직에는 적합하지 않다고 주장한다.

집단 발전에 대한 보상, 동기, 인센티브

Cacioppe(1999)는 팀이 발전과 성과를 극대화하기 위해서는 인센티브가 필요하다고 하였으며, 팀 보상은 팀 과업과 개발의 모든 단계에서 주어져야 한다고 역설한다(Tan, 2000: 37 참조). 팀기반 보상은 팀을 위해 설정된 목적 달성 및 효율성과 헌신에 대한 보상에 기초할 수 있다.

인센티브라는 개념은 동기부여 문제를 매우 심각하게 받아들이고 있는데, 동기는 영국에서 교사 채용과 유지(retention)에 중요한 요소로 다루어지고 있다. Coleman(1999: 42)은 복잡계의 핵심 특징인 자기조직화가 근본적으로 '권한 부여의 실천으로 가능해지는 인간 동기의 부여 과정'이라는 점을 제시한다. 오랫동안 학교는 동기부여에 관심을 가지면서 동기를 개발하고 보상하기보다는 동기부여를 무시해 왔다. 실제로 제3장 Coleman의 연구에서 논의되고 있는 것처럼, 어떤 기관이 어떤 성과를 얻기 위해서는 자기조직화를 위한 경영 관리의 주요 항목(plank)으로 동기부여를 고려해야만 한다. Cacioppe(1999)가 말한 것처럼 '보상은 조직의 리더들이 중요하다고 생각하고 있는 것에 대한 메시지를 보낼 수 있는 가장 이해하기 쉽고 명확한 방법 중 하나'이다(p. 322). 만약 팀이 유행하는 조직 운영 방식이라면(the order of the day), 개인 업무보다는 팀워크에 대해 보상할 필요가 있다(Tjosvold and Wong, 2000: 353).

보상은 협력을 통해서만 성취될 수 있는 과업과 연계되어야 한다(Tjosvold and Wong, 2000: 353). 특히, 경계를 넘어서는 협력(cross-boundary)이 강조되어야 한다. Cacioppe는 팀기반 발전의 20%가 팀 보수의 부족으로 인해 실패했다고 하였는데, 이러한 수치는 팀의 존속 기간이 길어질수록 훨씬 더 증가했다. 보상은 팀의 결속을 증진시킬 수 있는 접착제 구실을 하게 된다. Cacioppe는 보상이 다음과 같은 네 가지 주요 방법으로 활용될 수 있다고 하였다.

1. 방향(과업 설정, 목표의 명료화, 상호관계의 긍정적인 발전)
2. 지원(구성원들이 상호 지원하고 팀의 정체성을 발전시키기 위해 수행하는 활동)
3. 강화(과업의 달성)
4. 축하(괄목할 만한 개인과 팀 성과)

Cacioppe는 보상을 돈과 상, 선물을 포함하는 화폐(M), 칭찬이 포함된 인정(R), 권한부여를 포함하는 발전(D) 등과 같이 세 가지 유형으로 구분한다. 보상의 다양한 유형들이 [그림 2−2]에서 자세하게 설명되고 있다.

분명히 보상의 유형 중 많은 부분이 비즈니스 영역에서 도출된 개념이기 때문에 학교에 적합하지는 않다. 보상은 특히 사익을 추구하지 않는 공익 목적의 조직에서 그러하다. 그림에서 제시하고 있는 몇몇 보상은 지휘 및 통제에 적합하여 교묘하게 사람을 조정하는 역할을 할 수 있는 도구가 되는 반면, 복잡계 이론에서는 목적론적 결정론(teleological determinism)을 보다 개방적이고, 관리적이지 않으며, 비지배적이고, 비통제적이며, 창발적이고, 예측할 수 없는 일련의 원칙들의 결합으로 대체한다. 그림에 제시된 보상 방법들은 교사들에게 모욕적이거나 비하수단이 될 수도 있다. 그럼에도 불구하고 동기부여를 위한 보상 방법들은 학교 내 팀과 팀 발전에 보상하는 것에 더 많은 관심을 기울여야 한다는 점을 시사한다. 이는 학교 내 리더들에게 중요한 문제이다.

예를 들어, 영국의 한 중등학교는 자질을 갖춘 교사들을 새로 대거 채용하였는데, 이들은 학교에서 여러 부서에서 일하고 있고, 네 명의 다른 멘토들의 도움을 받고 있다. 멘토링이라는 개념은 학교에서 비교적 새로운 개념이었

외적 동기부여 ➡ 내적 동기부여

돈/상/선물	인정/보상	발전적/권한부여
개인 초점		
M1 개인 보너스	R1 월/년 단위 고용	D1 승진
M2 주식 증여	R2 비금전 보상	D2 특별 프로젝트 참여
M3 기술 기반 보상	R3 성과 평가 등급	D3 경력개발경로 참여
M4 이익배분	R4 감사표시와 포스트잇	D4 특정 한계까지 자원 예산 관리
M5 총목표 보상	R5 외부에서 회사를 대표	D5 10퍼센트 시간 보상
M6 개인 업무에 대한 보상 증대	R6 회사 부품과 시설	D6 이중 경력
M7 비자발적 프로젝트 시작 단계에서 인센티브	R7 고객 방문	D7 상호 기능 팀 최우선순위
M8 팀별 성과급 지급	R8 탐색 보상	
M9 팀 특별 보너스	R9 서면 인정	
M10 팀 목표 공유	R10 공공 인정	
	R11 칭찬	
	R12 피드백	
	R13 신제품 적용 포럼	
	R14 학습 지원	
	R15 기술 포럼	
	R16 학회 참석	
	R17 뛰어난 기술 포상	
	R18 명예의 전당	
	R19 팀 빌딩 이벤트	
	R20 팀 주목	
	R21 팀 고객 공개행사	
	R22 기술적 기여 교수	
	R23 팀 프로세스 기념	
	R24 팀 스폰서	
	R25 벤치마킹 투어	
	R26 팀 기념	
	R27 관리 중단	
팀 초점		

[그림 2-2] 인간 동기유발을 위한 인센티브와 보상

고, 멘토들은 자신들의 임무를 능숙하게 완수할 수 있는 능력을 가지기 위해 노력했다. 멘토들은 신임교사들의 요구에 접근하기 위해서는 일관성이 필요할 것이라고 인식했고, 교장은 멘토들에게 학교에서 멘토링 팀이 되어 달라고 요청했다. 처음에 멘토들은 멘토링 역할을 수행하는 전문 지식이 부족하다는 점을 서로에게 노출하는 것을 두려워했고, 자신들이 멘토링 팀에서 성공할 수 있기 위해서는 전문성 개발을 위한 시간과 지원이 필요하다고 느꼈다.

이에 대해, 교장은 우선 학교 예산(M3, M7)에서 교사들을 지원하여 지역 고등교육기관의 전문성 개발 과정에 참여할 수 있도록 하고, 임시교사(supply teacher)를 수급할 수 있도록 예산 사용을 승인했다. 그 결과 멘토들은 자신의 업무 전문성을 개발하고, 멘토 네 명에게 일 년 동안 추가적인 보수를 지급하였다(M1, M6).

멘토와 멘티가 평가한 결과에 따라, 교장은 팀별로 보너스(M8)를 지급할 준비가 되어 있었다. 자신의 업무를 발전시키면서 멘토팀들은 자신들이 하고 일이 동료들의 업무에 불가피하게 영향을 줄 것이라는 점을 인식했다. 그래서 멘토팀들은 자신들이 하고 있는 일을 설명하고, 동료들과의 업무 연계를 발전시키기 위해 공식적이고 비공식적인 모임을 운영했다. 그 결과 교장과 학교 운영위원들은 멘토팀의 노력과 성과를 공식적으로 인정하게 되었다(R9, R10, R11, R12, R20). 또한, 네 명의 멘토들은 지역 대학에서 멘토링을 전공하면서 한 단계 더 높은 학위를 취득했고, 해당 대학이 제공하는 멘토 프로그램에서 다른 멘토들의 전문성 개발을 위해 그 대학과 긴밀하게 협력했다(D3). 팀 발전은 개인뿐만 아니라 팀별 보상과도 일치되었다.

상이한 보상이 팀 발전 단계별로 활용되어질 수 있다(Cacioppe, 1999: 328)([그림 2-3]).

팀 보상이 팀 발전의 각 단계들과 부합될 수 있다는 주장은 자기조직화하는 조직에서 창발을 촉진하는 데 있어서 큰 시사점을 지닌다(Lawler, 1991; Gross, 1995; Flannery et al., 1996 참조).

팀의 생명 단계	방향	지원	인정	축하
1단계 출발 (형성 단계)	M3, M7, M10, R3, R7, R12, R27, D7			
2단계 설립 (격동 및 규범화 단계)		M6, R8, R9, R11, R12, R14, R17, R19, R20, D3		
3단계 과업수행 (수행화 단계)			M1, M2, M5, M6, R1-R21, R25-27, D1, D2, D4-D7	
4단계 종료 (업무 종료 및 해체화 단계)				M4, M8-M10, R2-R4, R9- R14, R17, R18, R22-R24, R26

[그림 2-3] 팀 발전의 단계별 보상

　　앞선 논의에서 또한 분명한 것은 인센티브 부여(incentivization)가 사람들로 하여금 돈을 더 지불하는 문제에서 벗어나 자아실현이라는 Maslow 위계의 더 높은 단계로 옮겨 가게 만든다는 점이다. 직원들은 조직의 보상체계를 통해서 소속된 조직의 핵심적인 가치를 탐지하게 된다(Gilsdorf, 1998). Gupta와 Shaw(1998)는 재정적인 인센티브 활용에 있어서 고려해야 할 몇 가지 중요한 사항들을 제시하고 있다(pp. 150-151).

- 인센티브를 가치 있는 행동과 연관을 지어라.
- 정확하고 투명한 효과적인 측정 시스템을 사용하라.
- 사람들이 재정적 보상을 얻는 데 필요한 것을 정확하게 알 수 있도록 효과적인 의사소통 시스템을 갖추어라.
- 성과의 모든 측면을 반영할 수 있도록 보상 시스템을 완벽하게 하라.

- 다른 보상체계를 보완할 수 있도록 재정 보상 시스템을 동시에 활용하라.
- 의미 있는 차별화를 두어 큰 성과에 대해서는 더 많은 보상을 주어라.
- 도전적인 과제이기는 하지만 성취할 수 있는 현실적인 목적을 설정하라.
- 기술 훈련과 자원 지원을 하라.
- 단기적인 성공뿐만 아니라 장기적인 성공도 강조하라.
- 인센티브가 동기부여를 위한 것이라는 점을 명확히 하여 현실성을 확보하라.
- 모든 사람이 재정적인 인센티브 제도를 통하여 이익을 얻을 기회를 갖도록 체계적이어야 한다.

Kohn(1998)은 인센티브 제도를 옹호하는 주장이 지나치게 과장되어 있고 실제로 그것은 동기를 유발하지 않는다는 이유를 들어 인센티브 제도에 반대한다. 인센티브 제도는 일시적으로 사람들의 순응을 이끌어 낼 수 있겠지만, 더 많은 인센티브가 사용될수록 더 많은 사람들이 보상을 받기 위해 자신들이 해야 했던 일에 흥미를 잃게 될 수 있다고 그는 주장한다. 지각이 있는 사람들을 발전시키고, 참여시키기보다는 오직 보상적 행동에만 초점을 맞추고 있는 인센티브 제도들은 중요 포인트를 놓치고 있다(Kohn, 1998). Kohn이 주장하고 있는 것처럼, 만약 초점을 두고 있는 출발점이 행동이 아니라 사람이었다면 자율성, 업무의 질, 업무 환경, 사람을 중요하게 다루는 문제 등이 돈보다 더 중요하게 된다. 단순히 사람들로 하여금 특수한 행동을 하도록 돈을 지급하는 것은 그들의 가치를 절하하는 것이다. Herzberg (1987: 30) 표현대로, 우리가 누군가로 하여금 좋은 일을 하도록 동기부여를 하고 싶다면, 우리는 그들에게 좋은 일을 주어야 한다. Kohn은 사람들에게 적절하고 공정하게 보상을 지급해야 하며, 사람들의 마음에서 돈에 대한 생각을 제거하도록 가능한 한 모든 것을 해야 한다고 주장한다.

Pfeffer(1998)는 집단 중심의 보상 제도가 '무임승차[4]'의 증가 없이 팀워크를 향상시킬 수 있다고 주장한다. 그는 집단 중심 성과에 보상하는 조직일수록 그렇지 않은 조직에 비하여 더 월등한 성과를 낼 수 있다고 주장한다. 만약 팀워크가 필요하다면 리더는 팀워크 결과에 대해 보상해야 한다.

리더십과 팀

팀의 리더는 팀에게 동기를 부여하고 보상할 핵심적인 위치에 있다. 여기서 리더십의 과업은 다음과 같다(Katzenbach and Smith, 1993; Gibbs, 1995; Cacioppe, 1999: 323-4; Stacey, 2001).

- 공평하고 동등한 업무의 배분
- 공동 목표에 초점
- 팀이 원만하고, 효과적이며, 긍정적인 관계를 유지하면서 함께 협력하도록 유도
- 적절한 정보와 긍정적인 피드백을 전달하고 의사소통하기
- 상호 관계 촉진하기
- 모범을 보이면서 선도하기
- 구성원들의 리더십과 발전 잠재력을 개발하기
- 신뢰로 소통하기

분명히 위의 과업 내용들이 팀 리더십에만 국한되지 않는다. 팀 리더는 활용할 수 있는 보상을 전달해야 하고, 보상할 수 있는 지원 메커니즘과 발전 프로그램들이 제대로 마련되어 있는지를 확인해야 한다.

---

4) 역자 주: 게으른 사람이 집단의 이익에 편승하는 것.

팀이 무조건 좋은 것만은 아니다. Morrison(1998: 184-5)은 팀이 학교 안에서는 다음과 같은 많은 약점을 가질 수 있다고 주장한다. 예를 들어, 팀은

- 느리고 상당히 번거로울 수 있고, 많은 서류 잡무를 하기도 한다.
- 작은 소집단이 전체 조직에 악영향을 미칠 수 있다.
- 구성원들에게 비현실적인 요구를 할 수 있다.
- 집단사고의 위험성을 내포할 수 있다.
- 팀이라는 용어는 동료의 지속적인 감시에 대한 완곡한 표현이 될 수 있다(Grarrahn and Stewart, 1992; Steingard and Fitzgibbons, 1993).
- 상당히 높은 수준의 스트레스를 줄 수 있다.
- 창의성보다는 순응을 요구할 수도 있다.
- 집단 내부 멤버십이 집단 간 멤버십보다 우선시되기 때문에 외부 영향에 저항 요인이 될 수도 있다.
- 역할 과부하와 역할 갈등을 만들어 낼 수 있다.
- 역할 조정의 문제를 발생시킬 수도 있다.

Hoy 등(1992)은 모든 결정에 모든 교사들을 포함시키는 일이 비생산적일 수 있다고 주장한다. 또한, Robbins와 Finley(1998b: 14-15)는 팀들이 〈표 2-4〉에 제시된 바와 같이 리더들에게 제공하는 여러 가지 논의거리(agenda)들로 골치를 아프게 만들 수 있다고 하였다.

〈표 2-4〉의 '리더의 과업'에서 제시하고 있는 많은 내용들이 의사소통, 정보 공유, 공유된 의사결정을 통한 관계 형성에 관심을 쏟고 있는 점에 주목할 필요가 있다. 여기에서 전달하고 있는 메시지는 분명하다. 네트워크화된 집단이나 팀 리더십은 단순히 업무 중심의 문제라기보다는 대인관계 문제가 핵심이라는 것이다.

〈표 2-4〉 팀워크 문제와 리더의 해결책

문제	해결책	리더의 과업
욕구 불일치	숨겨진 안건을 노출, 팀으로부터 사람들이 무엇을 원하는지 물어보기	지지, 촉진, 토의를 관리
목적 및 목표의 불명확	목적 및 성과 명확화하고 최소화	공유된 목적, 성과를 형성하고 개발함, 집중의 관리를 촉진
역할 미결정	역할 기대 명확화	역할과 역할 갈등에 관한 토의 관리, 역할 과다 및 역할 갈등 감소, 역할 관리에서 인간적 문제의 발생에 민감해짐
나쁜 의사 결정	의사 결정 과정을 결정함	의사 결정 과정을 촉진 및 협상
나쁜 정책과 절차	규칙 재작성	집단 참여와 의사 결정을 통하여 새로운 정책을 형성
성격 갈등	차이점을 드러내고 그것들이 어떻게 생산적으로 사용될 수 있는지 보기	토의를 위한 중립적이고 안전한 영역을 제공, 협상된 동의로 나아가기
나쁜 리더십	팀으로부터의 피드백에 기반하여 행동하기, 리더 교체	피드백으로부터 학습하기, 혹은 사임하기
흐릿한 비전	비전 개발 혹은 교체	비전과 그것을 어떻게 성취할지 분명히 표현함, 새로운 시각을 주입
반 집단 문화	자발적인 팀 멤버십, 멤버와 업무를 매칭하기	의사소통과 정보 공유를 촉진, 팀워크의 유익이 신속하고 가치 있게 나타나도록 보장함
불충분한 피드백과 정보	정보의 흐름 형성, 어디에서나 의사소통이 일어나도록 함	의사소통 흐름과 정보의 공유를 실시하고 유지, 이것들을 불가피하게 함
잘못 인식된 보상 시스템	효과적인 보상 시스템을 보장함(사람들이 가치 있게 여기는 보상 찾기), 팀과 개인의 노력을 보상	사람들의 욕구와 가치를 파악, 보상이 사람과 팀에 적합하도록 매칭
팀 신뢰의 부재	개방성과 정직성을 통해 신뢰 형성	예시에 의해 움직이기, 어떻게 신뢰를 형성할 수 있을지 토론 형성
변화에 대한 저항	억제와 그것을 촉진하는 요인을 발견, 저항과 그것을 촉진하는 요인을 감소	인센티브 제공, 설명, 의사소통, 의사결정 공유, 목표와 실천 협상, 사람들에게 듣고 함께 행동하기
잘못된 도구	적절한 자원 제공	적절한 인간적, 물질적, 시간적, 행정적, 재정적, 공간적 자원에 의한 지원

효과적인 팀워크를 위한 필수 요건은 팀워크의 기본적 요소들이 팀이 반드시 해야 하는 일들에 기초해야 한다는 것이다. Leonard 등(1998: 289)은 폭넓은 의사소통을 통한 팀 학습 기술이 중요한 요소라고 주장한다. 팀 구성은 과업 수행을 위한 인간관계 탐색에 의존하게 된다. 이 과정이 중요한데, 왜냐하면 인간적 요소에 관심을 두지 않고 과업을 달성하려는 시도는 잘못된 것이기 때문이다. 그래서 팀 발전을 위한 리더십은 긍정적 관계와 긍정적 피드백 촉진, 아이디어의 개방적인 교환과 아이디어를 기꺼이 청취하려는 의지의 문제로 귀결된다(Tjosvold and Wong, 2000: 350-3). 즉, Tjosvold와 Wong이 주장하는 것처럼, 만약 다른 사람들이 자신의 말을 듣기를 원한다면, 그 사람은 다른 사람이 하는 말에 귀를 기울여야 한다.

전문성과 일반성

지금까지 살펴본 내용은 학교가 네크워크화된 기관으로서, 경계선이 비교적 제한적이기 때문에 전체적으로 바라보아야 한다는 것을 보여 준다. 학교는 대부분의 영역에서 경계 유지보다는 중복으로 특징지어질 수 있기 때문에 학교에서 수직적이며 수평적이고, 공간적인 차별화는 어렵다. 교사들은 여러 네트워크에 소속되어 있는 구성원이고, 그들은 전문가이면서 동시에 박학다식한 사람이어야 한다. 즉, 교사들은 자신의 과목 영역과 관리 책임 면에서는 전문가이면서도 또 다른 측면에서는 박학다식한 사람이어야 하는데, 어쩌면 그들이 다방면의 전문성을 가지고 있어야 한다고 주장하는 것이 더 맞을 것이다.

발전되고 자기조직화된 학교에서는 업무의 중복 가능성이 있다는 의미에서 볼 때 '박학다식한 사람', 혹은 '다양한 전문지식을 가진 사람'의 개념은 상당한 상호의존성이 있다는 점을 시사하기 때문에 유용하다. 이것은 학교가 불안정하기보다는 활기를 띠게 할 수 있다. 불안정한 기관에서는 일련의 사건들이나 교육적 활동이 개인들에게 의존하고, 기관이나 일련의 활동은 중복 없이 약한 고리로 연결된다. 예를 들어, 화학 교사가 한 명인 학교가 있다고 생각해 보자. 만약 이 교사가 없으면, 화학 교사 업무를 대체하는 일은 매우 어렵게 된다. 이 교사의 특수한 전문적 지식은 다른 사람들과 중복되지 않는다. 활발한 조직에서는 중복의 가능성이 더 높고, 전문성의 중복 가능성도 증가한다. 불확실한 시기에 만약 어느 기관이 견고해져야 한다면, 조직 내 특수성의 수를 제한하고 다수의 전문성(혹은 일반성)을 높이는 방향으로 가는 것이 바람직하다. 이는 학교가 특수성이 필요한 분야와 필요하지 않은 분야를 파악해야 한다는 것을 시사한다.

　Marion(1999: 208)은 일반적 특성이 강한 조직(generalist organization)은 불안정한 상황에 더 적합한 반면, 전문적 특성을 지닌 조직(specialist organization)은 안정적 상태에 더 적합하다고 주장한다. 만약 불안정한 상태가 오래 지속되지 않는다면, 전문적 특성을 지닌 조직이 오래 살아남을 수 있을 것이다. 만약, 불완전한 상황이 오래 지속된다면 그 조직은 살아남지 못할 수도 있다. 박학다식한 사람은 예측할 수 없는 세계에서 더 잘 살아남는다(Marion, 1999: 209). 이 같은 경우 많은 학교들은 코끼리 같이 느리게 움직이는 것처럼 보이더라도, 지칠 때까지 빠르게 뛰어가는 조직보다 더 오래 살아남을 수 있다. 조용하고 차분한 코끼리가 신경질적이고 활발한 가젤보다 더 오래 산다! 이 같은 상황은 어쩌면 위험한 시나리오일 수도 있다. 왜냐하면 이 시나리오가 때로는 변화와 혁신이 최우선 과제에 있고, 유연성이 높고, 창발이 변화를 요구하는 상황에서는 변화와 혁신에 반대하기 때문이다. 게다가 일반적 특성을 지닌 학교는 사람들에게 제공하는 활동을 줄일 수 있고, 전문가를 배출해야 하는 학교의 경우에는 위험한 상황에 놓일 수도 있다. 이 같은 논의가 학교에 주는 시사점은 발전 계획의 일환으로, 어디가 발전할 부분이고 어디가 유지할 부분인지를 신중하게 선택해야 하고(Hargreaves and

Hopkins, 1991), 전문가 개발에 필요한 자원이 충분하게 제공되도록 해야 한다는 것이다.

조직이 더 복잡할수록, 변화 속도는 더 느려진다. 거대하고 복잡한 조직들은 천천히 움직이며, 스펀지처럼 변화를 일으키지 않고 압력들을 흡수할 수 있다. 이는 동요를 그냥 흡수하기 때문에 거대한 이완결합 조직(loosely coupled organizations)이 강결합 조직(tightly coupled organizations)보다 변화시키기가 더 어렵다고 주장하는 Pfeffer와 Salancik(1978)의 견해와 같은 맥락에 있다.

이완결합 및 강결합 학교에서의 리더십

학교의 구성 요소들을 어떻게 강하게 결합시킬 것인지에 대해 리더의 결정이 필요하다. 예를 들어, 높은 신뢰도를 가지고 있는 학교의 경우 조직의 강한 결합이 학교의 낮은 성과를 개선하는 데 유용할 수 있다. 하지만 이런 경우 개인 상호 간 자율성과 관계를 희생할 가능성이 있다. 한편, 아주 느슨하게 결합된 학교 조직은 혁신이 부족하거나 표류하는 결과를 초래할 수도 있다.

학교 리더(혹은 리더들)는 네트워크의 어떠한 요소들(예를 들어, 학교의 하위체제나 단위들)이 이완결합 혹은 강결합되어 있는지를 살펴보아야 한다. 그리고 어떤 요소가 함께 유지되고, 분리될 것인지, 의사소통, 협업, 활동의 통합, 협력적 기획, 분리 혹은 조정 기획을 통해서 어떻게 결합이 일어나게 할 것인지를 결정해야 한다.

예를 들어, 만약 과학, 수학 부서가 과학과 음악 부서보다도 훨씬 더 긴밀하게 결합될 수 있다면, 더 긴밀한 결합 체제가 어떻게 이루어질 수 있을 것인가? 업무 영역이 연계되어 있어서 협동 교육과정과 평가 기획이 가능할 것인가? 공동 프로젝트나 주제가 있을 것인가? 보고체제가 유사할 것인가? 교사, 교실, 학생과 같이 공유된 자원이 있는가? 학교 개선과 관련된 주제를 협력하여 함께 일할 것인가? 교직원이 동일한 전문성 개발 활동에 참여할 것인가? 두 부서가 공동의 목표와 목적에 합의할 것인가? 등이다.

이후, 자기조직화하고 복잡한 학교는 공식적, 비공식적으로 조직화되는 방식과 조직 중앙의 의사소통과 협력을 위한 메커니즘에 대한 고려가 필요할 것이다. 이런 점에서 적합도 지형은 이러한 과업을 접근하는 유용한 수단이다(제7장).

결론

제2장에서는 몇 가지 이슈들을 다루었는데, 정리하면 다음과 같다.

- 학교는 자기조직화, 복잡하고 비선형적인 조직으로 간주되어야 한다.
- 학교 체제와 구조는 수직적인 위계보다는 수평적인 네트워크가 되어야 한다.
- 미시 정치는 학교를 복잡한 조직으로 만드는 데 큰 기여를 한다.
- 미시 정치는 경쟁 중심에서 협력 중심으로 전환되어야 한다.
- 학교를 높은 신뢰조직으로 간주하는 것은 창발과 자기조직화를 억누르게 될지도 모른다.
- 상호의존성 개발이 학교의 가장 큰 관심사이다.
- 집단 업무, 팀워크, 네트워크 개발은 자기조직화하는 학교의 필수적인 특징들이다.
- 집단, 팀, 네트워크 개발은 각 팀의 발전 및 과업 단계에서 동기부여 및 인센티브에 대한 관심 증대가 필요하다
- 박학다식한 사람과 전문가 사이의 균형이 팀 중심 활동으로 고려되어야

한다.

- 이완결합 혹은 강결합 정도는 자기조직화된 학교 조직의 중요한 특성인데, 대부분의 경우 이완-강결합된 학교조직이 적절하다고 여겨진다.
- 효과적인 의사소통은 자기조직화하는 학교에 있어서 필수적이다.

복잡계 이론의 원리들은 네트워크화된 학교에서 집단과 팀에게 위임한 운영과 의사결정이 보다 책임감과 책무성을 갖출 수 있도록 뒷받침해 준다. 자기조직화하는 집단과 팀들을 보다 자유롭고, 더 신속하게 운영하기 위해서 고삐를 늦추려는 선임 관리자들의 의지는 문제가 발생할 수 있는 여지가 있다.

발전하기 위해 자기조직화된 집단이 동기와 인센티브, 책임과 지원을 개발하는 일은 업무과다, 교사들에 대한 집중적인 요구, 교사들의 사기 저하, 걷잡을 수 없을 정도로 기강이 해이해진 학교 풍토, 지치고 혹사하고 있는 교직원, 대규모 채용과 유지가 어려운 상황에서는 불가능할 정도로 어렵다. 이런 학교에서는 교사들이 전문가이든 박학다식한 사람이든 간에 선생님을 찾는 일 자체가 주요 업적이 될 수도 있다. 제2장에서는 아마도 학교 리더십을 위한 방대한 의제들을 제시하였고, 다음 제3장에서도 이것을 다루고자 한다.

제3장 자기조직화와 창발을 위한 리더십

명령과 통제 리더십의 대체

영국 중등학교 과학부장은 학교의 최상급 단계에서 화학을 수강할 상급반 여학생들을 끌어들일 방법을 찾는 데 고심하고 있다. 이를 위해 그녀는 자신과 같은 고민을 가지고 있고 이 문제를 해결하는 데 관심이 많은 교장과 그 문제를 논의한다. 과학부장은 그녀의 학생들을 위해 업무를 대체할 지역석유화학회사, 학교에서 학생을 가르치는 데 참여할 회사 스태프, 학교 내 교육과정 개발, 학생들의 일과 관련한 활동을 감독, 공개시험을 위한 평가 등의 연결을 발전시키는 데에 앞장섰다.

같은 학교에서 경영학과 식품공학 교사는 호텔, 음식, 그리고 관광업에 종사하고 싶어 하는 학생들을 대상으로 직업 훈련을 발전시키는 데에 관심이 있다. 경영 및 식품공학부의 부장교사는 동료교사들 그리고 교장과 이 문제에 대해 의논하고 있다. 교장은 관련 예산과 업무의 기간을 늘리고, 그러한 영역에 종사하고 싶은 학생들을 위해 학교에서 관련 교육과정을 증대시키는 아이디어에 동조하고 있다.

이 모든 것이 성공적으로 이루어지기 위해서는 학교 내에서 상당한 일정 조정이 있어야 한다. 이는 학생들이 학교가 정해 놓은 시간 이외의 상당한 시간을 확보할 수 있도록 해야 하고, 부서(경영 및 식품공학) 내에서 협력이 일어나도록 하며, '연쇄적인' 일정 조정 효과에 대해 다른 교사들과 동의가 있어야 하고, 학교 내 교육과정 개발팀과 평가팀이 이 일을 착수하는 데에 있어서 더 밀접한 협력을 갖게 하며, 학교 직원들이 모두 함께 참여할 수 있게 해야 한다.

이러한 발전을 지지하고 관심을 갖고 있는 교장은 상황이 부드럽게 흘러가게 하기 위하여 지역 회사와 학교 밖 집단들과 맺는 긍정적인 관계를 제고하고자 공식적 및 비공식적 절차들을 수행하였다. 교장은 지역 산업체, 직업개발기관, EU 정부로부터 예산을 확보했다. 예산은 학기 중에 회의를 개최하고, 자원과 기구들을 구매하며, 학생들을 위한 교통비용과 의사소통에 재정이 지원될 수 있도록 했다. 이것의 결과로, 관광 및 호텔 경영학의 새로운 부서가 형성되었고, '대외협력부'라고 불리는 새로운 팀이 생겼으며, 교육과정과 평가팀이 합쳐졌고, 지역 고용주로부터 뽑힌 대표가 학교 내 교육과정 팀에 합류하게 되었다.

이 예시에서, 학교는 자기조직화되고, 재조직화된 내적 시스템, 구조를 가지고 대내외적 발전 및 요구에 대응하기 위한 실행들을 갖춘 새로운 조직의 형태가 나타나게(창발) 되었다. 리더십은 학교 전반에 분산되고(아래에서 논의될 것이다), 교장의 역할은 지지하고 촉진하며 감독하기보다는 가능하게 만드는 것이다. 교장은 서번트 리더의 역할을 맡는다(아래에서 논의될 것이다).

제3장은 자기조직화와 창발을 위한 리더십이 지시 및 통제를 떠나서 민주적이고, 사람 중심적이며 관계적인 스타일로 전환되어야 함을 제시한다. 이러한 관점에서 제3장은 변혁적 리더십이 거래적 리더십의 개선안임에도 불구하고, 변혁적 리더십은 사람 중심성과 관계적 측면을 포용한다는 것을 암시하고 있다. 또한 변혁적 리더십은 근본적으로 기술적이고, 선임 관리자

의 안건에 구성원들을 포함시키고, 그렇게 함으로써 새로운 질서와 복잡
계 이론의 자기조직화 개념과 함께 불편한 동거를 하게 만드는 것이다. 오
히려 제3장은 선험적이고 분배적인 서번트 리더십과 퀀텀 리더십(quantum
leadership)[1]이 복잡한 학교의 리더십에 적합한 스타일이며, 개방성과 예측불
가능성과 대인관계에 강조점을 둔다는 것을 제시한다.

창발적이고 자기조직화된 학교의 리더십은 자기조직화에 필요한 긍정적
인 관계를 촉진하기 위하여 상당한 감성 지능을 필요로 한다고 논의되고 있
다. 리더십은 강압적인 권위주의에서 떠나 더 인본주의적인 원칙들을 채택
하고, 조직의 건강과 학교 풍토를 촉진하며, 상호 신뢰를 형성한다. 더 구체
적으로 말하면, 리더십은 권위적, 친화적, 민주적이고 코치와 같은 스타일로
강압적이며 선도적인 것을 대체한다. 이는 실험과 위험 감수에 안전한 환경
을 형성하고 상호 의존, 의사소통, 협력, 다양성, 그리고 자기조직화를 촉진
한다. 이 모든 것이 성공하기 위해서 제3장은 리더십이 개인적으로 그리고
관계적으로 조직의 인간적 측면에 관심을 기울여야 한다고 주장한다.

비선형적이고 자기조직화된 학교의 리더십은 순종이 표어인 관료제 조직
의 위계적인 지시 및 통제 중심 가치관과 거리가 멀다(Riley, 2000: 29). 변화
와 창발은 조직 어디에서나 일어날 수 있고, 대개 예측 불허의 형태로 일어난
다(Beeson and Davis, 2000: 183). 위계적 리더십은 변화가 위로부터 의무적으
로 일어나는 것이 아니라 모든 곳에서 일어난다는 사실을 충분히 받아들이
지 못하고 있는 반면, 복잡계 이론은 변화가 조직 어디에서나 일어난다는 개
념을 포착한다. 지시의 연쇄망은 영향과 네트워크의 그물망에 의해 대체된다
(Wheatley, 1999: 109). 실제로 '홀라키(holarchies)'(수평적 관리 구조)가 위계구
조보다 더 옹호된다(Community Intelligence Labs, 1999: 2). 분권화된 조직에서

---

1) 역자 주: 조직 내 세부 조직과 기능의 상호 연관성, 복잡성에 초점을 맞춘 리더십으로 이 장의 퀀텀
　리더십에서 자세히 기술하고 있음.

의 리더십은 아래에서부터 시작될 수 있다(Malone, 1998: 278). 지시 및 통제형 리더십에 대한 몇 가지 우려가 존재하는데, 예를 들면 다음과 같다.

- 조직 내의 분노와 저항을 형성
- 개인 책임을 면제함
- 지하에서 더 자연스러운 자기조직화를 압박하고, 그럼으로써 이것을 관리하기가 더 힘들어지게 함(Kelly and Allison, 1999: 66).
- 상호 간 불신을 촉진
- 리더는 완벽하게 유능하고, 모든 사실과 답을 갖고 있으며, 그로 인해 완전하지 않은 리더의 수중에 들어가는 것은 위험하다고 가정함
- 창의적, 자기 규율적, 자기조직적 지성과 구성원의 통합에 모욕적임 (Riley, 2000 참조)
- 복잡하고 내부에서 조직을 변화시키는 구성원들을 갖춘 기관의 실제 본질을 잘못 전달함
- 기계론적이며 선형적임
- 리더들은 궁극적인 권위로 추정됨
- 일이 잘못 되었을 때에 신입 직원들을 원망하고 일이 잘될 때에는 자신이 공로를 가져감
- 기관이 조종될 수 있다고, 아니 된다고 잘못 추정함
- 지식 업무에 적합하지 않음
- 리더들은 조직에 거대한 영향을 미친다고 추정함

복잡한 조직은 늘 리더에 의해 결정되지 않는, 조직 자체의 내적 원동력이 있다(제1장의 Reynolds's Boids의 예시를 생각해 보라). 실제로 Wheatley(1996: 3)는 "통제 없이 질서를 획득할 수 있다"고 제시했고(Goodwin, 2000: 43 참조), Marion(1999: 169)은 나쁜 행정 결정이 조직을 무너게 하는 경우는 거의 없

다고 한다. Gronn(2000: 319)은 리더가 굉장한 영향력을 행사할 수 있다고 믿는 것은 과장이라고 제안한다. Stacey(2000: 411)에 따르면 통제는 제약의 변별에 의해 대체될 수 있고, 리더십은 구성원들의 높은 질과 창의적 경험을 격려하는 절차를 촉진하는 것에 관련된다(Goodwin, 2000: 47-8).

Youngblood(1997: 110)는 위계적 조직에서 발견될 수 있는 통제 및 지시적 가치관에 대해 반대한다. 그에게 있어서 위계적인 조직은 상층부 인물들은 (모든 권력을 갖고 있는) 일하지 않고, 막상 일하는 사람들은 힘이 없기 때문에 무기력하다고 한다. 기실, Senge 등(2000: 58)은 학교에서 학생들의 관점이 적은 비중을 갖지만, 막상 그들이 학교에서 가장 의미 있는 지식을 가진 이들이기 때문에 '구조적인 맹점'이 있다고 주장한다.

McMaster(1996), Mickethwait와 Wooldridge(1997) 등과 같은 경영비평가들은 미션 사명서, 비전 선언문, 심층적이고 상세한 전략 경영 등과 같은 리더십의 과시적 요소들의 상당수가 조직이 자체적으로 조직화되어 감에 따라 불필요하게 된다고 본다. 미션 사명서와 비전 선언문은 다양한 집단과 개인들의 활동을 협소하게 함으로써 심리와 사고를 통제하게 된다. 이는 결국 교육이 추구하는 열린 마음을 어렵게 만든다. Stacey(1992: 126-39)는 다음과 같은 점들을 논의하면서 복잡계 이론지향 조직 내 비전 선언문이 가지는 가치에 대해 비평한다.

- 미래는 불확실하고 예측할 수 없기 때문에 명확한 것만 진술하게 된다.
- 조직의 미래 모습을 예견할 수 없다.
- 혼란한 시기에 표준화된 실천만을 강조하게 됨으로써 위험하다.
- 구체적인 행동을 고려할 수 없을 뿐만 아니라 그렇지 않으면 참고 자료로만 쓰일 수밖에 없다.
- 건강한 공유와 집단 사고 간 차이가 불명확하다.
- 조직의 집단적 자살을 초래할 수 있다.

- 리더와 구성원에게 비현실적인 요구를 할 수 있다.
- 참여자가 실제로 어떤 상황에서 무엇을 해야 하는지에 관해 설명하지 못한다.
- 현실성이 부족하다.

리더들은 임무와 비전 선언문에 있어서 어떤 이슈에 대한 대안을 개발할 수 있는 목적 설계로 그러한 것들을 대체해야 한다(Stacey, 1992: 146).

명령 통제의 사고방식을 대체해야 할 필요성은 두 가지 점에서 중요한 의의를 찾을 수 있다. 첫째, 리더십을 대체하는 대안적인 리더십 형태가 필요하다. 둘째, 리더십은 분산되고 위임된다. 즉, 한 명의 리더 대신에 다수의 리더들이 자신의 영역에서 자신만의 리더십을 실천하게 된다.

대안적인 리더십 형태와 관련하여 리더는 지휘관이 아니라 영향력 있는 사람(influencer), 촉진자, 조직의 외형을 갖추는 사람이 되어야 한다. 즉, 리더십은 고립되고 통제하며 비밀스러운 리더에서 합리적이고 개방적이며 정직한 리더로 전지전능한 지식 소유자에서 인간적이고 관계에 관심을 두는 리더십 형태로 바뀌어야 한다(Lewin and Regine, 2000: 84-6). 실제로 Fullan(2001: 5)은 개선된 관계가 성공적인 변화에서 공통적인 요소임을 발견하고, 관계에 상당한 관심을 두어야 한다고 주장했다. 리더는 자신의 권위가 제한적으로 주어지는 것임을 인식하면서 구성원들이 리더보다 더 잘할 수 있는 것을 성취하도록 구성원의 의견을 경청 및 격려하고, 구성원과 관계를 구축하면서 그들을 인정하고 지원해야 한다.

리더는 조직에 처방전을 강제하기보다는 아이디어와 실천을 촉진할 수 있는 환경을 만들어야 한다. 이러한 방식으로 리더들은 변화의 조건을 만들고 관계를 형성하며 조직이 진화할 수 있는 여지를 주면서 구성원들의 집단적인 전문 지식과 지혜를 신뢰하고 개발해야 한다. 리더는 조직의 인간적 측면을 개발하고 존중하면서 실험을 지원하고, 동료에 대한 진정한 관심을 보여 주어야 한다.

다음으로 리더는 직접적인 지시보다는 조건과 환경을 조성해 나가야 한다. 다시 말해, 조직 내 연결과 관계를 인식 및 육성하고, 조직이 현재 나가고 있는 방향을 유지하는 안전한 환경 속에서 혁신에 요구되는 필요와 소동(disturbance)을 만들어야 한다. 동시에 리더는 조직 안의 단절관계(disconnection), 사각지대, 제약들을 감소시켜 나가야 한다(Lewin and Regine, 2000: 271). 그 결과 리더와 동료들은 업무에 집중하고, 구성원들은 자율성, 유연성, 적응성을 향상시킬 수 있게 된다. 결과적으로 리더는 '리드하지 않는 리더가 된다(leaders by not leading)'(Lewin and Regine, 2000: 272).

이 같은 리더십 관점은 조직 순응(Kelly and Allison, 1999: 85)을 시너지, 협업, 관계 및 헌신, 팀워크, 네트워크 내/간에서의 긍정적 의사소통 개발 등으로 대체하게 된다. 통제권의 포기, 보다 정확하게는 리더가 통제권, 자율성, 또는 절대 지식을 결코 갖지 못한다는 것을 인식하는 것이 리더에게는 중요하고, 때로는 어려운 과제이다.

Marrion(1999: 268)은 새로운 문제가 발생하여 새로운 해법과 혁신이 필요한 경우에는 조직을 느슨하게 하고, 스스로 움직이게 하는 것이 답이라고 하였다. 리더십은 개인의 지위확대(personal aggrandizement)와 자만(self-importance)에서 다른 사람이 리더십을 개발하고 입증할 수 있는 기회를 부여하는 방향으로 변화하고 있다. 이는 권한부여의 특징을 보여 주는 신호로써 업무에서 사람들이 자율성을 행사하고, 책임감과 주인의식을 갖도록 하며(Coleman, 1999: 41), 결과적으로 리더십을 책무로 보는 Senge(1990: 340), April(1997: 38), Greenleaf(1995)의 관점과 일치한다. McMaster(1996: 215)는 아래와 같이 리더십의 스타일이 왼쪽과 같은 특징에서 오른쪽 특징으로 이동하고 있다고 보고 있다.

폐쇄적 리더십	→	개방적 리더십
비밀스러움	→	접근가능성
배제	→	포괄
비인격적	→	표현적
권위중심	→	자기책임
관료적	→	책무성
지시와 통제	→	과정의 신뢰
위계적	→	상호연결
규칙지향	→	가치지향
견고한 통제	→	이완결합
일방향	→	관심과 주의

출처: McMaster(1996).

앞에서 제시하는 새로운 형태의 리더십 내용은 학교에서는 야심찬 이야기가 될 수 있는데, 왜냐하면 민주주의 증가에 대한 주장과 연관되기 때문이다(Apple and Beane, 1995). Peterson은 여기서 리더십과 관련하여 얻어야 할 핵심적인 교훈은 풀뿌리 참여의 필요성(Apple and Beance, 1995: 77), 다인종 통합, 성찰과 학습의 시간, 학부모 참여의 확대와 변화를 위한 구조의 증진(Schön, 1983)이라고 하였다. 본질적으로 리더십은 권력의 상실에 관심을 가지게 된다. 이러한 종류의 리더십은 아래와 같은 리더의 세 가지 측면을 다루게 된다(McMaster, 1996: 272-8).

1. 리더는 문제 등장, 관계의 성장, 모호성, 불확실성 및 역설, 실험 및 이로 인한 실패, 화를 내는 실수, 개인 및 단체의 일원으로서 자유와 자율성 등을 허용한다.
2. 리더는 공식적, 비공식적, 인지적, 의사소통적, 감정적, 심리적으로 접

근이 가능하지만, 침범하지는 않는다.

3. 리더는 경청 및 응답하고, 직관적으로 숙고할 수 있으며 사람들을 신뢰하도록 훈련받는다.

이는 목소리가 큰 감시하는(stentorian guard) 교장 또는 리더에서 감성적이고, 인간적이며 지원적인 리더로의 변화를 의미한다. 여기서 제시되고 있는 리더십 모형은 공식적인 절차보다는 오히려 사람 자체에 초점을 맞추는 것이다. Coleman(1999: 42)은 리더가 갖추어야 할 필수적인 특징이 타인을 존중하는 것이라고 하였다.

리더는 자신의 지위를 내려놓게 되면서 수평적 관리와 네트워크화된 시스템의 구성원이 된다. 이는 리더 자신이 동료들과 같은 사람이 될 준비가 되어 있다는 사실을 의미한다. Lewin과 Regine(2000: 307), Lindle(1999: 173)은 진정성 있고(authentic) 관계지향적(비록 좋은 정보가 아니더라도 정보를 공개)이며 타인을 인정하고 책임감이 있으며, 다른 사람의 말에 귀를 기울이는 리더의 필요성을 주장한다. Lindle의 언급은 리더십에서는 사람들 간의 신뢰가 중요하며, 학교의 성공을 위해 모든 사람에게 최선을 다하는 도덕적 계약이라는 점을 강조하는 것으로 볼 수 있다.

더 나아가 Stacey(2000: 400)는 리더십이 개인적 역량이기보다는 관계로 볼 수 있으며, 리더십은 모든 구성원들의 감정을 진지하게 다뤄야 한다고 하였다. 이번 장에서 Stacey의 언급을 다양성 혹은 심지어 일탈이 창발적 자기 조직과 변화가 일어나도록 촉구될 때에 중요한 특징으로 볼 수 있는 감성 지능적 리더십과 관련하여 논의할 예정이다. Stacey(2000: 198)는 변화를 촉진하는 자극제로써 조직 내 대항적인 문화(counter-culture)를 리더들이 적극적으로 장려해야 한다고 제안한다.

예를 들어, 학교의 감사 결과는 어려운 학생들로부터 스트레스를 받으면서도 열심히 그리고 헌신적으로 일한 교직원들의 사기를 저하시킬 수 있다. 이에 대한 한 가지 대응은 리더가 감사에 대해 '비난' 전략을 제시하는 것이고, 교직원들에게 잘못된 노력을 요구할 수 있고, 노력하지 않고, 교실 내에서 일어나는 잘못된 행동이나 학교 규칙의 불이행을 용인하고, 교직원들에게 충분히 높은 기준을 설정하는 데에 실패하는 것이다. 이 시나리오에서 교직원들은 단순히 학교를 그만둠으로써 더 나쁜 상태를 만들 수 있다. 교장으로서 대안적인 전략은 교사의 업무를 인식하고 그들과 문제를 공유하고 그에 대한 대응을 형성하기 위해 노력하며, 협력적인 분위기 속에서 원망 없는 지지를 보내는 것이다.

McDaniel(1997)은 복잡한 학교 내에서 창발과 자기조직화를 촉진할 리더십의 몇 가지 과업을 제시하고 있다. 첫째, 상황을 이해하고 상호 연결고리를 만들 것, 둘째, 다양성을 촉진할 방안을 기획할 것, 셋째, 자기조직화를 촉진하고, 마지막으로 협력과 상호의존에 대한 강조를 둘 것이다. 복잡한 조직들의 리더들은 다수의 목적이 존재함을 인정하고, 다수의 효과와 원인의 개념을 유동적이고 융통성이 있는 틀 내에서 포용해야 하며, 인과의 작용에만 초점을 맞추기보다는 상호관계를 이해하는 형태를 염두에 두어야 한다는 점을 April 등(2000: 39-40)은 제시하고 있다(Pettigrew and Whipp, 1993 참조). 그러면 리더의 과업은 조화, 모니터링, 시스템의 전반적인 건강 정도를 향상시키는 것이 된다(Baskin, 1998). 이러한 과업들은 많은 리더들에게 요구되고 있고, 이들 리더들은 다음과 같은 역할이 요구된다.

- 눈에 띄는 역할 모델이 되어야 한다.
- 학습 기회와 인간관계 발전 기회를 제공한다.
- 잠시 물러서 있을 때를 알아야 한다.
- 정책을 만들고 수정할 준비도 되어 있어야 한다.
- 탁월한 의사 전달자가 되어야 한다.
- 권력에 의존하는 우를 범하지 말아야 한다.

- 자율적이고 창의적인 구성원을 채용하고 조직에 머무르게 해야 한다.
- 조직에 활기를 불어넣고 유지해야 한다.
- 합의와 조직헌신을 끌어내야 한다.
- 팀 플레이어와 팀 리더를 양성해야 한다.
- 조직 내 전문적 지식을 인정하고 발전시켜 나가야 한다.
- 박학다식함과 전문적 지식을 갖추고 있어야 한다.

이러한 모든 필수요건들 외에(Kelly and Allison, 1999: 170-1), 복잡한 조직의 리더들은 인간이 되어야 하고 인간처럼 보여야 한다. 그리고 그들은 존경을 촉발시킬 수 있어야 하며, 아울러 멘토와 코치가 되어야 한다. 또한 활동적인 청취자와 상담자가 될 수 있어야 하며, 역할을 수행함에 있어서 경험이 많고 위협적이지 않은 팀 플레이어가 되어야 한다. 사람다운 사람이어야 한다.

이와 같은 사고방식(mentality)의 변화는 제2장에서 신뢰도가 높은 학교의 엄격성에 대해 논의되었다. 제2장은 신뢰도가 높은 학교들이 몰인정하거나 비인간적인 학교라는 점을 논의하는 것이 아니다. 차라리 개방성, 진화, 창발, 관계를 강조하는 복잡계 이론 내에서 과도하게 기계적이거나, 융통성이 없거나, 목적 지향적이고, 목적론적인 학교가 되어 가는 신뢰도 높은 학교들의 위험성이 있는지에 대한 질문을 던졌던 것이다.

제1장에서는 조직이 변화해야 하고, 비평형 상태에 놓여야 함을 제시하였다. 아울러 조직 내에는 자기조직화된 임계성을 향한 것이 존재한다고 하였다. 여기서 시사점은 리더들이 조직 변화를 위한 에너지 공급자(energizer)가 되어야 한다는 것과 조직이 생존을 위해 비평형 상태를 창출해야 한다는 점이다. Heifetz와 Lawrie(1997)가 논의하는 리더들의 과업은 스트레스를 통제하는 것이다. 이는 증기가 어느 정도 빠져나가도록 하면서 열을 올리는 것, 즉 혁신이 과하게 과중되는 것을 피하는 것이라고 할 수 있다(Lloyd and Trapp, 1999: 336).

이 이슈는 자기조직화된 임계성과 관련된 것이다. 사람과 기관은 자연스럽게 혼란의 끝에 있는 임계점의 정상을 향해 움직인다. 임무는 자기조직화된 임계성이 개인과 조직에 대항하기보다는 그들을 위하여 작동하도록 하는 것이다. 이것은 학교의 리더들이, 예를 들어 "왜 교원 이직이 갑작스럽게 일어나지?" "왜 이런저런 사람이 갑자기 행복해지거나 혹은 불행해지지?" "직원들에게 가해지는 압력들은 무엇이며, 그것은 어떤 결과를 낳지?"와 같은 질문을 던지면서 갑작스러운 변화에 민감해져야 함을 시사한다. 여기에서의 시사점은 누군가는 학교에서 일어나는 갑작스러운 변화를 조직 문제에 대한 인간의 대응이라고 생각한다는 것과 기관의 인간적 측면에 대해 깨어 있는 것이 리더의 업무라는 점이다. 제1장에서 나오듯이, 갑작스러운 변화는 자기조직화가 창발되고 있다는 새로운 형식을 가리키는 것이다.

예를 들어, 학교의 선임 교사는 10년을 근무하고 자신을 학교의 중요 인물이자 접근 가능성이 높고 인기가 많으며, 학생, 교사, 학부모들에 관하여 효율적인 사람이라고 생각한다. 그녀는 열심히 일하는 것을 즐겼고 학교에서든 근무 외 시간에서든 상당한 헌신을 하였다.

그러나 그 교사는 상충되는 요구로부터 오는 압력이 자신으로 하여금 성실성(역할 갈등)과 업무를 만족스럽게 완수해야 하는 능력(역할 과중)을 끊임없이 손상시키고 있다는 느낌을 받게 된다. 그 여교사는 학생들의 학습과 성취를 향상시켜야 하는 주요 임무를 제대로 해내지 못하는 무능력으로 인하여 학생들이 피해를 겪고 있다고 생각하게 된다.

더 나아가, 교장은 끊임없이 지원해 주어야 할 자원은 생각하지 않은 채 새로운 사업들을 구상하고, 이에 대한 어떤 질문에 대해서는 분노와 원망으로 반응한다. 때문에, 직원들은 이러한 반응에 직면하지 않기 위하여 교장에게 어떠한 말도 하려 하지 않는다. 교장은 반대를 용납하지 않는다.

새로운 사업들은 발전과는 어울리지 않는 비현실적인 시간 개념을 가지고 소개되었고, 그 결과는 선임 교사들의 가정생활과 건강이 심각하게 고통받게 되었다. '급격하게 줄어드는 자원'(자원이 매우 얇게 분산되기 때문에)으로 인해 학교가 외부적 압력에 대응하는 방식은 조직의 주요 목표와 핵심 활동의 기존 방식을 고수하거나 견고해지기를 택하기보다는 전보다 더 다양한 방식으로 이루어지고 있다.

선임 교사는 교장이 계속 어떠한 논의 없이 결정을 내린다는 것을 알게 되었고, 이는 학교를 떠나라는 모순적인 메시지로 이어졌다. 이 모든 요인은 그 교사로 하여금 처음으로 학교 내에서 그녀가 유용한 존재인가에 대한 의문을 갖게 만들었다. 이러한 상황을 3년 간 참다가 결국 교장과의 격렬한 논쟁 끝에 선임 교사는 새로운 직업을 찾게 되었다. 그 교사가 떠날 때에 다른 네 명의 동료 교사도 함께 떠났다.

제시된 예는 자기조직화된 임계성이 교장의 인식적인 개입을 통해서 관리되어야 하는 것이지만, 교장의 리더십 스타일이 상황을 완화시키기보다 더 악화시킴으로써 오히려 관리에 방해요소가 될 수 있다는 것을 보여 준다. 여기에서 교훈은 분명하다. 만약 자기조직화된 임계성이 복잡한 조직의 불가피한 요인이라면, 이는 반드시 역효과를 낳기만 하는 것은 아니라는 것이다. 중요한 사실은 자기조직화된 임계성이 조직의 이익뿐 아니라 개인의 이익을 위해서도 산출되어야 한다는 것이며, 이것이 바로 모두가 이기는 상황(win-win situation)이 된다. 이는 사람들을 동의로 밀어붙이기보다는 창의성을 지원해 주는 것과 관련이 있다.

예시에서는 선임 교사가 교장에게 전달하는 피드백이나 교장이 교사에게 전달하는 긍정적인 피드백이 분명하게 결여되어 있다. 이러한 긍정적이거나 충분한 피드백의 부재 속에서 자기조직화 임계성을 향한 움직임은 오히려 부정적인 전환점을 맞게 되었고, 구성원들은 떠나게 되었다. 학교는 학교장과의 열띤 논쟁과 같이 '낙타의 등을 부러뜨린 밀짚(straw that breaks the camel's back)[2]'의 개입이 있기까지 긍정적 이익을 가져올 수도 있었던 자기조직화 임계성을 부정적인 적대로 전환시켰다. 제1장에서 제시된 모래더미 예시를 언급하면, 상술한 상황은 마치 곧 붕괴할 모래더미를 쌓는 것과 같다. 여기에서의 교훈은 분명하다. 자기조직화된 임계성은 개발되어야 하고, 인식되어야하고, 어쩌면 가장 중요하게도, 긍정적인 효과로 전환되어야 한다는 것이다.

변혁적 리더십

창발적이며 자기조직화된 학교의 리더십은 창발적 조직이 자기 자신을시간에 따라 변화시킨다는 점에서 변혁적 리더십의 특정 측면과 공존한다(Burns, 1978; Bass, 1990). 이때에 리더는 변화와 자기조직화를 위한 발판을제공한다. 학교에서는 다음과 같이 일어날 수 있다(Kelly and Allison, 1999).

- 학교의 비전과 정체성을 형성하고 학교로 하여금 그것들을 성취하도록한다.
- 롤 모델이 된다.
- 긴급성의 감각을 형성한다.
- 학습과 개발을 위한 기회를 찾고 형성한다.
- 학교 대내외적으로 파트너십과 업무적 관계를 개발한다.
- 학교 내에 새로운 사업들을 창조한다.
- 긍정적 피드백을 증대시키고 부정적 피드백을 줄인다.
- 정보를 제공하는 대화를 증대시킨다.
- 발전되고 협력적인 의사 결정 과정으로 개인과 네트워크를 발전시킨다.
- 학교 내의 전문가를 세우고 발전시킨다. 예를 들어, 적절한 직원 개발 프

---

2) 역자 주: 견딜 수 있는 한계 직전. 이미 많은 짐으로 인해 한계점에 다다른 낙타의 등에 작은 지푸라기 하나가 낙타의 등을 부러뜨릴 수 있음.

로그램을 제공한다.
• 새로운 행동에 대해 보상을 제공한다.

변혁적 리더는 거래적 리더와 대비된다. 거래적 리더는 교환 이론에 기반하여 작동하는데(Blau, 1964; Homans, 1971; Dansereau et al., 1975), 이때 리더는 다른 사람들에게 어떤 보상을 해 줄 것인가에 기초하여 특정성과나 행동을 명시한다. 예를 들어, 교장은 수학 부서에 증액된 예산을 확보해 줌으로써 수학 부장교사에게 혁신을 위한 지원을 요구할 수 있다. 거래적 리더십의 모형인 물물교환 혹은 거래 모형은(Blau, 1964) 리더가 자신의 의제(agenda)를 더 발전시킬 수 있도록 설계되었다. Lindle(1999: 175)이 언급한 바와 같이, 거래적 리더들은 교육적 결정을 내릴 때에 누가 이기고 누가 고통을 당하는지를 고려하여 비용과 이익 간 균형을 맞춰야 한다.

Morrison(1998: 133)은 교장의 경우 물질적 자원, 승진, 존경, 자율, 규칙의 적용과 같이 교환할 수 있는 자산을 가지고 있는 반면에, 교사들은 지원, 여론 주도, 순응, 평판의 교환과 거래에서 사용될 수 있는 많은 중요한 것들을 가지고 있다고 주장하였다. Major(2000: 357-61)는 고위 관리자들(senior managers)들이 융통성, 적응성, 지속적인 학습과 자기발전, 정보공유와 팀워크를 기대하는 반면, 피고용자들은 대신에 자신들의 업무에서 개인적, 사회적 중요성, 개인적, 전문적 성장과 발전, 그리고 동료와 관리자로부터 인정받기를 원한다.

거래적 리더십은 또한 기대이론(expectancy theory)에 바탕을 두고 있다(상게서: 132). 이는 사람들이 가치가 있다고 기대하고, 인지된 이익이 클수록 참여하려는 의지가 커진다는 의미이다. 이는 제2장에서 논의된 인센티브와 보상의 중요성과 관련하여 거래의 본질에 있어서 주요한 시사점을 가진다(Bass, 1990; 1998). 기대이론과 거래이론은 리더의 전략적 목적을 촉진하도록 고안된 도구적이고 목적적인 것이다.

예를 들어, 학교에서 거래적 리더십을 발휘하는 교장은 과학부장이 제안된 새로운 안을 위해 교장의 지원을 얻도록 하는 접근방식을 취할 수 있다. 예를 들어, 평가결과에 있어서 새로운 기록체계(인사고과체계)를 언급하면서 말이다. 부장의 반응은 적극적으로 일에 착수하고 더 나은 IT 자원을 제공할 수 있도록 해 주는 적절한 IT 장비를 부서가 갖출 수 있도록 하는 교장의 지원을 약속받을 수 있다.

변혁적 리더십은 다양한 요인들로 구성된다(Bass, 1990, 1998; Bass and Avolio, 1994; Hinkin and Tracey, 1999: 109). 이 다양한 요인에는, 첫째, 이상화된 영향력(idealized influence)이 포함된다. 이 영향력은 추종자들에게 리더를 따르도록 영감을 부여하는 카리스마와 비전을 의미한다. 둘째, 영감적 동기부여(inspiration motivation)이다. 이는 구성원들이 참여하고, 변화하며 비전을 수용할 수 있도록 구성원들에게 동기를 부여하면서 높은 기대와 비전의 명확화를 가능하도록 하며, 동시에 구성원들에게 동기를 부여하여 팀 정신을 각인하도록 한다. 셋째, 지적 자극(intellectual stimulation)이다. 지적 자극은 문제해결, 새로운 아이디어에 대한 사려 깊은 구안, 혁신적이고 창조적이면서 새로운 도전을 가능하도록 한다. 마지막으로, 개별적 배려(individualized consideration)이다. 개별적 배려는 개인, 개인의 성공, 개인적 발전을 경험해야 할 필요성에 관심을 기울이는 것을 의미한다.

Tichy와 Devanna(1986)에 따르면 변혁적 리더들은 자신들을 변화의 이행자로 간주하면서 용기 있고, 사람들을 믿고, 일련의 가치에 자극받고, 평생학습자이면서 모호성, 불확실성, 복잡성을 처리할 수 있고, 통찰력 있는 사람이라고 한다. 비슷하게 Bennis와 Nanus(1985), Duke와 Leithwood(1994)는 변혁적 리더들이 미래에 대한 비전을 형성하고, 개인과 조직 학습을 강조하면서 헌신과 신뢰를 발전시킨다는 사실을 발견하였다.

Leithwood(1994)는 학교의 사례를 분석하면서 변혁적 리더들은 전문적 학교문화를 개발하고 지속시키는 데 있어서 교사들을 지원해 주며, 교사들의 전문성 개발을 촉진하고, 문제해결과정을 개선한다고 하였다. Harris(2000: 83)는 학교의 변혁적 리더들(교장이나 부장교사들)의 경우 학교조직을 관리할 뿐만 아니라 학교조직의 맥락 속에서 조직을 관리한다는 점을 제시하고 있다. Leithwood와 Jantzi(2000: 3)는 변혁적 리더십의 실천은 헌신과 역량을 개발하는 데 있어서 효과적이라고 제안하고 있다. 이들은 변혁적 리더십을 갖춘 리더들의 여섯 가지 차원을 다음과 같이 제안한다(p. 5).

- 학교의 비전과 목적을 설계
- 지적자극을 제공
- 개별화된 지원을 제공
- 전문적 실천과 가치를 상징화
- 높은 성과기대
- 학교의사결정에서 참여를 촉진하는 구조를 발전시킴

예를 들어, 영국의 한 중등학교에 새로 부임한 교장의 가장 큰 관심은 학생들의 학업성취도를 향상시키는 것이었다. 학교는 전통주의로 명성이 높았으며, 직업적인 요구를 교육 분야에 적용하는 데 무능했다. 전체 교직원회의를 소집한 교장은 자신의 가장 큰 걱정이 학생들의 학습과 학업성취도를 개선하는 것이라고 명확히 밝혔다.

교장은 개별 교사들과의 일대일 면담에서 자신의 큰 걱정거리인 학생들의 학습과 학업성취도 개선에 대한 심경을 토로하였다. 교장은 교사들에게 "우선적으로 학생들의 학습과 성취를 개선하기 위해 필요한 것, 어떻게 학업성취도를 평가할 것인가를 말해 달라"고 하였다. 교사들은 학습과 성취도 개선에 필요한 쇼핑 리스트 목록을 선정한 다음, 쇼핑 목록별로 가격을 산출하였다. 교장은 모든 교사들에게 필요한 경비 총액을 지원할 것을 약속하였다.

동시에 교장은 외부 후원 업체들의 입찰에 참여하느라 매우 바쁜 일상을 보냈다. 예를 들어, 교육부의 교수–학습 방안과 언어 센터 전문가 자격을 인정받기 위한 입찰, 언어 교육 발전을 위한 유럽연합 입찰, 학교 시설을 활용한 지역사회 언어 발전을 위한 입찰, 기업과의 파트너십 마련과 직장인 교육 후원을 위한 지역 기업 입찰, 언어 개발을 위한 전문적 IT 자원 획득을 위한 무역산업부 입찰 등과 같은 활동이다.

교장은 근면함으로 대표되는 사람이었고, 여러 면에서 매우 열심히 일하는 사람이었다. 그는 교직원들과 소통이 원활한 사람이었으며, 학교에서 발생하는 문제와 성공 경험들을 공유했다. 또한, 교직원들에게 업무와 관련된 요구를 하면서도 많은 지원을 해 주었다. 교장의 업무 속도를 따라가지 못한 몇몇 교사들은 사직하기도 했으며, 사직한 교사들의 자리는 교육과 성취도 향상이라는 비전에 헌신하는 다른 교사들로 대체되었다.

앞서 설명한 재정 마련 방안을 통해 학교는 추가 수입으로 막대한 돈을 모금하는 데에 성공함으로써 모든 교사들이 바라던 '쇼핑 목록'에 자금을 지원할 수 있게 되었다. 교장이 약속을 잘 지키는 사람이라는 사실을 실제로 목격한 교사들은 학생들의 학업성취도를 향상시키는 것에 동기부여가 되었다.

새로워진 활력이 학교에서 관찰되었다. 학교는 IT 기기들을 대거 지원받았으며, 이 기기들은 근무 시간 이후에 종종 지역사회에 널리 쓰이는 자원이 되었다. 대중들을 위한 단기 강좌가 운영되었고, 이는 더 많은 IT 기기들을 구입할 수 있는 수입을 가져왔다.

학생의 성취도를 높이는 데에 있어 한 가지 문제점은 학교 내의 몇몇 십대 남학생들의 낮은 기대 수준과 방해 행동들이었다. 교장은 일관되게 문제를 일으키는 학생들을 일시적으로 정학시키는 '간단명료한(no nonsense)' 방침을 시행했다. 정학 기간 동안 학생들은 학교 수업을 따라잡기 위하여 학교로부터 노트북을 받아 과제를 제출해야 하며, 교사로부터 새로운 지도를 받아야 했다.

이것은 가정 내 과외 서비스를 필요하지 않게 함으로써 돈을 아꼈고, 노트

북은 재생가능한 자원으로써 재생가능한 자원이 아닌 가정 내 과외 시간과 대조된다. 이 방침은 효과를 거두었고, 문제 학생들에게 동기부여를 일으킨 성공적인 일화로 지역 주민들에게 회자되었으며, 다른 학교와 교육서비스 제공자들에 의해 모방되었다.

2년 후 학생들의 학업성취도는 눈에 띄게 향상되었고 교직원과 학생들의 동기는 증가되었으며, 학교는 창조적이고 긍정적인 분위기와 학생들을 세심하게 돌보는 것으로 유명해졌다. 지역의 고용주들은 학교의 이러한 노력들을 칭찬했다. 이러한 결과는 비전에 따라 학교를 운영하여 나타난 놀라운 '수확체증'의 예라 할 수 있다.

변혁적 리더십은 조직에서 비전지향, 가치기반, 구조적, 문화적, 체계적인 변화에 관심을 둔다. Bass(1990: 21)는 변혁적 리더십이 구성원의 관심을 확대 및 고양하고, 구성원들이 집단 참여를 통해 실현되는 조직의 임무를 위해 당면한 개인적 이익을 뛰어넘을 수 있도록 해 준다고 하였다.

변혁적 리더십을 통한 조직의 변화와 성공은 헌신, 긍정, 참여자들의 권한부여와 주인의식 함양, 풍부한 의사소통, 참여자들을 활기 있게 만들 수 있는 열정을 불러일으킴으로써 가능하다(Stewart, 1990; Coleman, 1994; Morrison, 1998). 변혁적 리더십은 영감적이고, 동기를 부여하고, 지적으로 자극하면서 개인에 관심가지는 것 등으로 특징지어진다(Barling et al., 2000: 157).

많은 측면에서 변혁적 리더십의 성공은 리더의 카리스마와 개선과 혁신을 추구하는 집단 구성원의 자발적인 의지에 달려 있다(Burns, 1978: 3). 비전은 단지 목적이라기보다는 목적달성을 위한 구조이고, 시너지 효과와 협력을 가능하게 해 준다(April, 1997: 38).

리더와 구성원들 간 관계의 본질은 거래라기보다는 변화의 촉진자 기능을 담당하는 조직 리더가 조직의 변혁을 조직 구성원과 공유하는 것이라고 보는 것이 타당하다(Collins, 1999). 리더십의 본질은 관계적인 것이고(Silins et al., 1999), 도덕적 목적이 강하다(Fullan, 2001). 리더십은 팔로워십에 관한 것이라해도 과언이 아니다(Blank, 1995). 추종자가 없다면 리더가 아니다.

McMaster(1996: 185)가 제시하는 변혁은 조직 내 그리고 조직과 조직의 환경 사이의 새로운 관계를 형성하는 창발을 구체화시킨다. 이는 조직의 활동을 재조직화하고 조직 내 지식을 활용, 증가, 분배 및 재분배함으로써 가능하다. 학교조직의 경우 Leithwood 등(1996)은 변혁적 리더십이 가져오는 혜택을 다음과 같다고 하였다.

- 카리스마/영감/비전
- 목적에 대한 합의
- 개인의 배려
- 지적 자극
- 모델링
- 높은 성과에 대한 기대
- 문화설계
- 구조화
- 예외 관리[3]
- 상황에 따른 보상

Leithwood 등(1996)이 제시하는 결과들은 특히 카리스마/영감/비전, 지적자극, 개인적 배려를 강조한다. 변혁적 리더십은 학습할 잠재력을 육성하는 학교에 있어서 정적인 영향을 주게 된다. 카리스마는 영감적이어서 학교구성원들을 자극하여 움직이게 하는 공유된 비전을 규정한다.

Rowden(2000: 30)은 카리스마가 비전과 비전의 명확화(articulation), 사람들 요구에 대한 민감성, 환경적 민감성, 관습에 얽매이지 않는 행동, 위험 감

---

3) 역자 주: 예외적으로 발생한 사항만 직접적으로 관리를 행하는 경영 관리방식.

수와 현 상태를 뒤집을 수 있는 각오(preparedness)를 포함한다고 하였다. 카리스마는 추종자들에게 깊은 충성, 신뢰, 존경, 감성, 수용, 리더십에 있어서 열광을 공유하는 것을 불러일으키게 된다. 아울러, Rowden은 카리스마, 조직헌신, 직무만족, 참여자들의 요구에 대한 리더들의 민감성 사이에 매우 강력한 긍정적인 관계가 있다는 사실을 발견한 다수의 연구를 밝히고 있다.

Kelloway 등(2000)은 변혁적 리더십이 추종자들의 조직에 대한 인지적·감성적 헌신을 높이고, 조직의 개인과 집단성과를 높인다는 사실을 보고했다. 또한 이들은 피드백이 중요한 효과를 담당하게 된다고 보고하고 있다. Leithwood 등(1996)이 수행한 학교에 대한 연구결과는 변혁적 리더십이 5가지 주요 영역에서 긍정적인 효과를 가진다는 점을 제시하고 있다.

1. 교사들의 인식에 대한 효과(리더의 효과성과 참여자들의 리더에 대한 만족도)
2. 추종자 행동에 대한 효과(조직에서 증가된 노력과 헌신이 이들로부터 나옴)
3. 추종자들의 심리적 상황 (추종자들의 헌신, 전문성 개발과 행동 변화에 대한 관심 그리고 행동, 사기, 직무만족도)
4. 조직수준의 효과(조직학습, 개선, 효과성, 풍토와 문화)
5. 학생에 대한 효과 (학생효과에 대한 교사들의 인식, 학생들의 참여와 공감)

조직학습은 제4장에서 논의된다.

복잡계 이론에서 변혁적 리더십의 한계

변혁적 리더십이 창발과 자기조직화의 핵심적인 특징이 공유되고 있기는 하지만, Allix(2000)가 논의하고 있는 것처럼 변혁적 리더십에는 한계점이 있다. 그는 매우 강하게 다음과 같은 내용을 주장한다.

- 변혁적 리더십은 거래적 리더십처럼 도구적이며 조정하는 역할을 하게 되는데, 왜냐하면 리더들이 결정한 요구사항들이 다른 사람들의 주관적 소망을 압도하게 되기 때문이다.
- 설득, 영향, 교화(indoctrination), 미시정치학에 의존한다.
- 간디와 같은 리더와 히틀러 같은 리더 간에 그 차이를 구분할 수 없는 도덕적으로 가려진 리더십(Cardona, 2000 참조)이다. Allix는 감정적, 카리스마적으로 리더의 의도가 지배적인 거래적 리더십의 전이된 형태의 리더십 종류에 불과하다고 한다.

비슷한 맥락에서 Beeson과 Davis(2000: 181), Stacey 등(2000)은 복잡계 이론에서 변혁적 리더십의 적용에 한계가 있다고 한다. 왜냐하면, 변혁적 리더들은 비선형적 체제를 마치 선형적이고 예측가능하고 통제할 수 있는 것처럼 다룬다. 그들이 주장하는 것처럼, 변혁적 리더들은 실제로 조직에서 변혁을 초래할 수 없을지도 모른다.

변혁적 리더는 추종자들을 리더의 안건에 영입시키는 기술자이다. 변혁적 리더십에서 리더의 의도는 어떤 보상이 주어지든지 추종자들의 순종을 이끌어 내고 통제하는 데에 있다. 변혁적 리더십은 단지 거래적 리더십의 발전된 버전이며(Bass and Avolio, 1994: 3), 거래적 리더십에 비전과 카리스마를 가미한 것이다. 변혁적 리더와 거래적 리더 모두 목적론적 운명론자이며, 명령과 통제의 사고방식을 가지고 있다.

이러한 주장은 변혁적 리더십에 대한 강력한 비판이며, 변혁적 리더십이 복잡계 이론 내에서 진정으로 민주적, 분산적, 초월적이고, 양자적이고, 섬기는 리더십으로 나아가야 함을 제시한다.

초월적 리더십과 섬김의 리더십

초월적 리더십(transcendental leadership)은 구성원들의 동기와 의제 (agenda) 개발을 강조하는 리더십이다(Cardona, 2000). 초월적 리더십은 협력 자들의 요구를 파악하고 그 요구를 조작적이지 않은 방식으로 다루는 데에 집중한다. 특히, 초월적 리더들은 자기 자신의 의제를 개발하는 것보다 구성 원들의 의제를 개발하는 것에 더 신경을 쓴다. 즉, 다른 사람들의 개인적 발 달을 도모하고, 그들의 욕구를 충족하며, 복지를 추구하도록 함으로써 사람 들이 자기 자신을 초월할 수 있도록 한다. 초월적 리더들은 다른 사람을 우선 으로 놓는다. 이러한 관점에서 초월적 리더는 변혁적 리더가 가지고 있지 않 은 민주적이고 비과학적인 태도를 갖는다.

April 등(2000)은 복잡계 조직 내에서 '서번트 리더십'의 개념을 지지한다. 즉, 서번트 리더의 주요한 역할은 공유된 권력과 의사결정, 공동체 지향적인 태도를 가지고 조직 내 공동체 의식을 강화하고 개발하는 것이다(Greenleaf, 1995: 196, 1996). 서번트 리더십(April et al., 2000: 100-4)은 종교 분야에서 오 랜 전통을 갖고 있고, 섬김의 의식을 포함하며, 리더십을 일종의 소명 의식을 갖는 상태로 본다.

서번트 리더십은 또한 조직의 개인적 소유보다는 공유된 소유와 상호 의존 성에 대해 인식의 의미를 함축하고 있으며, 서번트 리더십으로 인한 결과는 시민 의식 및 공동체 의식의 발휘로 볼 수 있다. 즉, 리더십에서 공동체 내의 일원인 시민으로 전환을 의미한다. 서번트 리더는 다른 사람의 생각과 네트 워크의 표면화를 촉진하며, 그들의 미래를 창조하는 데에 도움을 준다.

섬김의 리더십은 공동체 의식을 함양하고 의사결정에 있어서 권력 공유 촉 진을 목적으로 한다(Brookshire, 2001). 섬김의 리더십은 민주주의를 전제로 한다. Greenleaf(1995)는 섬김의 리더십을 실천하는 리더들은 스스로에게 다음과 같은 질문을 해야 한다고 강조한다.

1. 당신이 발휘하는 리더십 결과로 구성원들은 성장하고 있는가?
2. 섬김을 받음으로써 구성원들은 더욱 건강해지고 있는가?
3. 구성원들은 훨씬 더 자율적이고, 열정적이며, 현명해지고 훨씬 더 유능해지고 있는가?
4. 자신이 훨씬 더 섬김의 리더들이 될 수 있을 것인가?
5. 사회에서 가장 특권이 없는 사람들에게 미치는 영향은 무엇이고, 그들은 나의 리더십으로 인해 이익을 얻을 수 있는가?

Robert K. Greenleaf Center의 최고경영자인 Spears(2001)는 서번트 리더의 특징을 다음과 같이 제시하고 있다.

- 타인뿐만 아니라 자기 자신의 말에 대한 경청
- 공감
- 치유
- 자신과 타인에 대한 의식. 복잡계 이론의 섭동의 가치를 지지하는 Greenleaf는 의식은 위안을 주기 것이라기보다는 방해 또는 각성에 영향을 미친다고 하였다.
- 지위권력에 대한 의존하기보다는 설득
- 크게 생각하기 위한 개념화
- 직관 활용을 포함한 선견지명
- 관리와 책무
- 사람들의 성장에 대한 헌신. 전문적일뿐만 아니라 개인적인 성장에 대한 헌신
- 공동체 구축(특히, 거대 조직에서)

학교에서 서번트 리더십은 선임관리자 또는 교장 뿐만 아니라 모든 교사들
이 실천할 수 있다. 서번트 리더십은 사람의 리더십 행동에서 겸손이 필요함
을 강조한다. 즉, 서번트 리더십은 영웅적인 혁신가, 공격적이고 자아봉사적
인(ego-serving) 리더십 모형이라기보다는 촉매제 역할을 하는 리더십 형태
이다(Fisher and Fisher, 1998: 194).

서번트 리더십은 광범위하고 효과적인 의사소통을 전제로 한다(제6장 참
조). 서번트 리더십은 개인의 권력 강화를 추구하지 않는다. 서번트 리더는
교사들에게 다음과 같은 질문을 하게 된다. 그 질문은 '학생들이 배우고, 보
다 효과적이면서 성공적으로 성취할 수 있도록 어떻게 당신을 도울 수 있을
까?' '진정한 교사로 성장할 수 있도록 어떻게 당신을 도울 수 있을까?' '다른
교사들과 함께 일하는 당신이 업무를 통해 어떤 혜택을 받을 수 있도록 도울
수 있을까?' '당신이 학생들과 함께 하는 일을 어떻게 즐기면서도 교훈을 얻
을 수 있도록 할 것인가?' 등이다.

서번트 리더십이 전혀 문제가 없는 것은 아니다(April et al., 2000: 115; Berry
and Cartwright, 2000: 344). 예를 들어, 서번트 리더십은 이전의 규범적인 리더
십 이론과 동일한 문제를 가지고 있다. 즉, 리더가 상황에 맞추어 리더십 행
동이 변화하고, 그 상황에 적응하는 것보다 행동하는 한 가지 최선의 방식이
있다는 점을 가정하고 있기 때문이다. 그래서 서번트 리더십은 희망 없는 이
상적인 리더십 이론(hoplessly idealistic) (Berry and Cartwright, 2000: 344)일 수
도 있다. 그럼에도 불구하고 지시적인 리더십에서 서번트 리더십으로의 변
화는 리더십 사고에 있어서 중요한 패러다임 이동을 보여 주는 것이다.

퀀텀(양자) 리더십

April 등(2000: 64-8)은 복잡하면서, 자기조직화하는 기관은 퀀텀 리더십

에 의존하게 된다는 점을 제시한다(Quigley, 1997; Youngblood, 1997). 양자(Quantum) 물리학은 아원자(subatomic) 입자 수준의 세계에 초점을 두며,[4] 입자는 독립적으로 존재하는 것이 아니라 관계적으로 존재한다는 점을 밝히고 있다(Zohar, 1990). 입자들은 끊임없이 움직이고 혼란한 상태에 놓이게 되며, 이러한 혼란이 상호 의존성을 초래한다(Wheatly, 1999: 11). 퀀텀 조직들은 복잡성, 불확실성, 창의성, 총체성, 자율적인 움직임, 융통성, 변화, 개인적 리더십과 개인 간 관계에 터하여 번성하는 조직이다(Youngblood, 1997: 31-2). 양자 물리학은 그 강조점을 관계와 불확실성에 두고 있다. 어떤 것도 별개로 존재하지 않는다는 점이 이 이론을 뒷받침한다.

퀀텀 리더십의 원리는 양자 물리학에서 도출이 가능하다. 즉, 퀀텀 리더십의 원리는 리더의 지시적인 과업 수행보다는 자기조직화를 위한 풍부한 환경 창출을 강조한다(Wheatley, 1999). 퀀텀 리더들은 주인의식을 고취하고, 학교 내 관계를 육성하며, 학습을 독려, 지원, 전파한다. 또한 사람과 사람 중심 조직을 육성함으로써 공유된 비전을 명확히 하고, 조직문화를 풍요롭게 하며, 조직의 형태와 조직에 대한 이해를 발전시킨다. Youngblood(1997: 11-6)에게 있어서 퀀텀 리더십은 지위라기보다는 과정이고, 정체되어 있는 명사라기보다는 살아 움직이는 동사이다. 퀀텀 리더들은 조직과 환경을 연결하는 데 있어서 적극적이고, 변화를 촉진하기 위해 조직을 요동치게 하며, 정보의 풍부한 흐름이 가능하도록 하고, 조직학습을 장려한다.

Quigley(1997)는 퀀텀 리더들은 조직의 핵심역량이 보다 창조적일 수 있도록 효과적으로 상호작용할 수 있는 방식을 지속적으로 모색한다고 하였다. 또한 그는 체제가 활동의 계획뿐만 아니라 방향감, 목적과 목표를 가지고 있다고 확신한다. 퀀텀 리더들은 직원들에게는 활용 가능한 재능이 있다는 점을 인정하며, 이들 직원들이 새로운 방식으로 상호작용할 수 있도록 촉진한

---

4) 입자 세계에 초점을 두기 때문에 미시경영에 관심을 둔다.

다. 효과적인 퀀텀 리더가 된다는 것은 동기가 중요하다는 점을 이해하는 것
이고, 긍정적인 인간의 상호작용이 도덕적 원리의 토대에 근거한다는 것이
다. 그 결과 리더는 도덕적 계약의 부분이며, 행동에 있어서 윤리적 진실성을
갖추게 된다. 퀀텀 리더십에 있어서 자유는 질서를 필요로 하는데, 이는 질서
가 자유를 필요로 하는 것과 마찬가지이다.

분산적 리더십

  분산적 리더십의 개념은 창발적 조직에 있어서 필수조건(sine qua non)이
다(Fisher and Fisher, 1998: 194; Morrison, 2001a). 학교는 지식을 다루는 업무
와 지식중심 조직들(knowledge-based institution)에 관심을 가지는데, Fisher
와 Fisher(1998:215)는 분산적 리더십이 지식중심 조직 운영에 따른 필연적인
결과(corollary)라고 하였다. Fisher와 Fisher가 주장하는 지식은 각 조직구성
원의 머릿속에 있는 재량(discretion)에 따라 공유되기도 하고 그렇지 않기도
한다. 사실 분산적 리더십은 지식이 개인의 재량에 따른 표출이라고 하는 개
념을 중요하게 다루기 때문에 집합적인 셀프 리더십이라고 할 수 있다.
  복잡한 조직에서 리더십은 단지 선임자들의 권력과 위계적 구조에 따라서
만 결정되는 것이 아니다. 미국 Miami 대학교의 교육리더십 학과는 학교리
더십에 대한 16가지 원리들 속에 필수요건을 포함시키고 있다. 그러한 필수
요건들은 리더십이 위계적 구조 속에서 개인의 지위와 일치되어서는 안 되
고, 리더는 조직 속에서 어떠한 곳에서도 발견된다는 것이다. 왜냐하면 리
더십은 조직의 지위보다는 실천의 질에 관심을 갖기 때문이다(University of
Miami Department of Educational Leadership, 2001: 5). 여기서 저자들은 리더십
이 권력을 위에서 아래로 행사한다기보다는 권력 공유와 관련되어 있기 때
문에 위계적 관계와 별개로 다루어져야 한다고 주장한다(p.5). 복잡게 이론

의 기본적 가정을 지지하면서, 저자들은 다양성이 교육에서 필수적인 요소이며, 그러한 다양성은 구성원의 참여에서 나온다는 점을 부각시키고 있다(p. 6)(Senge et al., 2000: 317-21 참조).

리더십은 위계서열에서 어떤 역할이나 위치라기보다는 행동으로 생각되는 것이 가장 바람직하다(Wheatley, 199: 24). 어떤 개인도 모든 맥락에서 리더십을 발휘하리라 기대할 수는 없다. Riley(2000: 46)에 따르면 리더십은 단지 학교 교장의 자리를 점유하고 있는 것보다는 '사람들, 구조, 그리고 문화 속에서의 관계의 네트워크'로 인식된다.

리더십은 개인적인 문제가 아니라 조직 전반적인 문제이다(Barnes and Kriger, 1986: 16; Morrison, 2001a). 리더의 역할은 중복되고, 사람과 사람 사이에서 옮겨지며 여러 사람에 의해 행사되기도 한다(Slater and Doig, 1988). Fullan(2001: 10)은 좋은 리더란 조직의 모든 단계에서 다른 좋은 리더들을 키우고(즉, 학교 리더의 다음 세대들을 '양육'하고) 조직 전반에서 리더의 필요성을 느끼게 하는 사람이라고 제안한다.

리더는 조직 내 어느 곳에서나 나타날 수 있다(Morrison, 2001a). 리더는 이미 조직 모든 곳에 존재하고 있음에도 불구하고(Brandon, 1992: 32), 그렇다고 모두가 리더는 아니다. Janov(1994)는 리더십은 역할이 아니라 행동에 관한 것이며, 리더십은 단지 한 사람이 아니라 여러 사람에 의해 충족될 수 있다고 제안한다(Cahsman, 1998: 20; Spillane et al., 2000 참조). Gibb(1954)은 리더십이 '집단의 질'로 인식되는 것이 바람직하며, 리더십은 상황의 변화에 따라 개인 간에 자연스럽게 옮겨질 수 있다고 주장한다. 사람들은 때때로 리더십 역할을 맡고, 다른 때에는 추종자의 역할을 맡기도 한다(Kelly, 1988).

Nickse(1977: 5)는 교사들이 학교 내에서 리더가 되기에 이상적인 위치에 있다고 말한다. 그 이유는 교사들이 학교 내에서 내재된 리더십에 대한 관심을 가지고 있을 뿐 아니라 조직 및 동료들의 역사도 알고 있고, 또한 공동체를 알고 변화를 가져올 수 있는 위치에 있기 때문이다. Kiel(1994: 216)은 복잡계 이론 내에서 조직 내 여러 명의 리더가 있는 것의 중요성을 강조한다. 그 이유는 복잡계 이론에서(카오스 이론에서도 마찬가지로) 작은 행동들이 큰 효과를 일으킬 수 있으며, 개인적인 행동들이 대규모의 결과를 일으킬 수 있기 때문이다.

Gronn(1999, 2000)은 학교에서 분산적 리더십을 강하게 주장하는데, 그에 따르면, 분산적 리더십은 '혁명적인 개념'(evolutionalry concept)(Gronn, 2000: 323)이고, '유동적이며 창발적'(fluid and emergent') (p. 324)인 현상을 강조하는 개념이다. Gronn이 제안하는 분산적 리더십은 "중요하게 다루어져야 할 시간이 다가오고 있는 아이디어"(Gronn, 2000: 333)로서, Rost(1991)가 주장하는 협력적이고 공유적 리더십의 관점이라고 할 수 있다.

팔로워가 있는 어느 누구도 리더십을 실행할 수 있다(McMaster, 1996: 70). 즉, 리더십의 본질은 관계적인 것이라고 할 수 있다. Fullan(2001: 13)이 말하고 있는 것처럼, 다른 사람을 잘 다루지 못하는 리더들은 어떤 팔로워도 없게 된다. 리더, 관리자, 교사들은 모두가 동등하지만 서로 다른 일을 한다. 복잡한 조직에서 리더십은 실제로 조직을 통해 분산될 필요가 있다. 예를 들어, 학교에서 리더들은 교육과정 기획 리더, 관리 리더, 시간계획 작성 리더, 목회리더, 교육리더, 자원 리더, IT 리더, 공동체 관계 리더, 평가 리더, 과목 리더, 상호관계 및 팀 설계 리더들이 있을 수 있다. 특정 시점 혹은 특정 목적을 위해서 상이한 리더들이 중심적 역할을 담당하게 된다.

Collier와 Esteban(2000)은 분산적 리더십을 '체계적 리더십'이라고 지칭했다. 그들은 체계적 리더십이란 '리더십의 확산된 관점'(p.207)이며, 참여자들의 자유롭고 자율적인 창의성에 근거를 두고 있기 때문에 창발적이며 발전적이라고 하였다(Senge, 1997 참조. 이는 리더십을 조직 내 팀들에 거쳐서 분산되는 것이라고 보았다). 체계적 리더십은 개방성과 확장된 의사소통(Colleir and Esteban, 2000)으로뿐만 아니라 책임성과 자율성에 의해서도 특징지어진다.

이 책의 저자들은 리더십에 대한 그러한 관점이 헌신의 공동체, 분별력과 실행 등을 강조한다고 본다. 기실 공동체 자체에 대한 인식은 환경에 적응해야 하는 창발적이며 자기조직적인 학교의 중요한 요소이다. Riley(2000)는 교육개혁의 성공은 교사들의 헌신에 달려 있다고 강력하게 주장하고, 순종과 지시보다는 참여, 협력적 존중, 분산적 책임, 그리고 의사결정이 요구된다고 하였다.

복잡한 학교에는 몇몇의 리더들이 있다. 리더십은 복잡계 이론에서 증발되지 않고, 오히려 어디에나 있고 누구나 변화의 챔피언이 될 수 있다. 학교 내 리더십의 변화는 수 명의 리더들을 필요로 한다(Lakomski, 2000).

학교 내 분산적 리더십은 각각의 '부서 모임(cell assembly)' 혹은 네트워크 조직 내의 단위가 자신만의 리더를 가지고 있을 것을 요구한다. 이때 리더는 학교 내 역할, 과업 및 목적에 동의하고, 교육과정, 교육, 평가, 자신의 영역에서 활동 영역을 개선 및 발전시키기 위해 동료 교사들과 협력할 수 있는 사람이어야 한다.

리더는 책임감이 있어야 한다. 예를 들면, 전략 형성, 교수 학습 및 협력 증진, 정책 및 제도 생성, 자원 관리, 멘토링, 평가 및 개선, 변화 관리, 그리고 구성원들을 포함하고 참여시키는 일들에 대한 책임감을 가져야 한다(Bill and Ritchie, 1999). 여기에서 리더십 역할 중 많은 부분은 교육과정과 교육에 관한 것인데, 이는 의도적인 것이고, 학교가 학습 및 성취를 증진시키기 위해 우선적으로 목표하는 것이다.

자기조직화하는 학교에서 분산적 리더십의 과제는 관계 관리 및 개발, 업무 관계 형성의 기회 개발, 사람과 문화의 다양성 장려, 갈등 해결[5], 조직 내에서 통합적이고 협력적 업무 개발 등으로 정리될 수 있다(April, 1997; Riley, 2000: 4).

각 참여자들이 갖고 있는 잠재적인 리더십을 발견하는 것 자체가 리더십

---

5) Tuckman(1965)은 건강한 조직에서 갈등은 불가피한 현상이라고 하였다.

스킬 혹은 중요한 관리이다(Crom and Bertels, 1999). 이러한 일은 초등학교에서 미술에 재능을 가진 교사가 있다고 할 때에 그 교사가 학생이나 다른 교사들을 상담하면서 학교를 통해 미술을 개발하도록 하는 것일 수 있다. 아니면 이 작업은 또한 학교 전체 계획에 관심을 갖는 초임 교사를 교육과정 및 계획 팀에 참여하게 함으로써 미래에 그 분야에서 일종의 전문성을 기르게 하는 것일 수도 있다.

영국에서 교과 리더를 위한 국가기준의 개발은 분산적 리더십의 개발을 위한 몇 가지 핵심적인 영역을 설정하고 있다(Teacher Training Agency, 1998: 10-12).

A 교과의 전략적 방향과 개발
B 교수-학습
C 교직원 선도와 관리
D 교직원과 자원의 효율적이고 효과적인 배치

이러한 요건들은 제3장에서 논의하고 있는 분산적 리더십의 핵심적인 영역 및 유형들과 일치한다. 교과의 전략적 방향 및 개발과 관련해서는 '학교의 목적과 정책 맥락 내에서 교과 리더들이 교과 정책, 계획, 목적과 전략들을 실천할 것'을 제시하는 것이다.

이는 조직의 인적 측면에 관심을 기울이는 것을 포함하게 된다. 게다가, 분산적 리더십은 교과 용어에서 교과 리더들이 효과적인 교과 수업을 확보·유지하고, 수업의 질과 학생들의 학업성취 수준을 평가하며, 개선을 위한 목표를 설정하는 교수-학습에의 관심을 포함한다

여기서 교과 리더들은 '교육과정, 성취, 발전과 목표에 관한 정보를 제공하고 교과에 대한 아동의 학습에 있어서 학부모들과 파트너십을 설정하며' '교과 교육과정을 확대하고, 수업을 향상하며, 학생들의 폭넓은 이해를 돕기 위

해 기업체 및 산업체를 포함하는 지역사회와 효과적인 연결고리를 만들게 된다'.

교과 리더들은 교사 모두에게 동기부여가 지속되고, 교수 개선을 보장하는 데 필요한 교과 지원, 도전, 정보와 개발에서의 참여를 보장하면서 교직원들을 이끌어 가고 관리한다(p. 11). 이를 위해, 교과 리더들은 자신들의 동기 수준을 유지하면서 교과에 소속되어 있는 다른 교사들의 동기 수준도 가능한 한 유지하려고 노력한다. 여기에서 교과 리더십은 분산적 리더십이라는 용어로 대체될 수 있으며, 리더들은 권력을 학교에 전체에 걸쳐 분산시키고 봉사자이면서 동시에 동기 부여자들이 되어야 한다.

Harris(1998, 1999, 2000)는 리더들이 부서의 성공에 있어서 핵심적인 역할을 담당한다고 주장한다. Harris의 주장에 따르면, 학교 내 효과적인 부서는 가치를 강화하고 학생을 참여시키며 외적 지원을 제공하고 위험을 감수하며 성공을 축하하고 공유한다. 부서의 장은 이러한 영역을 개발하는 데에 핵심 역할을 한다. 한편, Harris는 '꽉 막힌' 부서[6]는 리더십, 즉각적인 외적 지원, 데이터와 진단, 초기의 가시적 변화, 학습, 직원 개발, 그리고 협력에 초점을 맞추는 데에 개입이 필요하다고 제안한다. 상술한 내용은 교사 훈련 기관이 교과 리더들을 위하여 제안한 내용과 밀접하게 연관이 있는 것으로 보인다.

Lakomski(2000)는 조직 학습은 분산적 리더십과 지식을 필요로 한다고 주장한다. 분산적 리더십은 복잡하고 학습적인 조직 내에서 분산적 지식(distributed knowledge)의 파트너이다(Lakomski, 2000; Putnam and Borko, 2000). 학습조직으로서의 학교는 변화에 적응하고, 학습하기 위해서 참여자의 창의성과 공유된 집단 지식을 활용해야 할 것이다(예를 들면, 인트라넷 서비스를 통해서). 학교는 학습하는 조직이 되어야 한다(Fullan, 2000).

또한, 창의성을 극대화하려면, 창의성을 공유하면서 상호 협력적인 조직

---

6) 변화가 불가능한 비효과적인 부서를 의미한다.

(synergistic organization)에 기여해야 한다(Hong and Kuo, 1999: 207). 지식 관리는 조직 내외의 내적, 외적 지식을 통합하는 조직 학습의 중요한 특징이 된다(제4장과 제5장 참고). 이러한 학교의 학습 환경은 인적 자원을 최대화해야 한다(Chattel, 1998). 창발과 자기조직화는 학습을 요구하고, 인적자원개발을 또한 요구한다.

Hong과 Kuo(1999: 208-9)는 인적자원개발은 참여자들에게 도전적인 일을 제시하고, 기존의 이해, 인식, 사고의 패턴을 변화시키며, 실천하는 과정에서 나타나는 차이를 이해할 수 있도록 해 주어야 한다고 하였다. 또한 Hong과 Kuo는 도전적인 일은 다음과 같은 사항들을 통해서 제시될 수 있다고 하였다.

- 직무 확장(지도와 지원 프로그램을 통하여 학습하고 있는 수행 중 업무 범위를 넓힘)
- 직무 회전(공유와 멘토링을 통해 학습함으로써 상이한 업무들을 맡음). 이것은 리더십 회전으로 연결될 수 있다(Fisher and Fisher, 1998: 212). 예를 들어, 많은 대학들에서 부서장은 3년 혹은 4년의 임기로 임명되고, 공유된 리더십을 갖게 된다(Fisher and Fisher, 1998: 213).
- 직무 강화(자기 학습에 의해 업무 내용의 깊이를 증대시킴)

학교에서 직무 확장은 위원회 위원과 특정 프로그램 과정 참여로 가능하다. 직무 확장은 인센티브, 승진, 책임 추가에 따른 보상 등을 필요로 한다. 직무 회전은 직위(예를 들어, 프로그램 이사, 부서의 장, 평가 책임자)들이 3년 정도의 고정적인 임기를 맡는 것을 의미한다. 학교 내 집단 구성원을 회전시키게 되면 상호 이해는 증진되고, 조직 학습과 성장에 필요한 불안정성이 유발될 수 있다. 또한 직무 회전은 집단 내 협력을 증진시키게 됨으로써 집단 간 구별 정도를 최소화할 수 있게 된다. 직무 회전은 전문적 지식의 증가에 따라 직무 확장을 가져올 수 있다. 직무 확장은 성찰적 실천(schön, 1983)과 '전문성 확장(extended professionalism)'(Hoyle, 1975)의 문제이다. 성찰적 실천과 전문성 확장은 학교의 연수 과정 참여로 지원될 수 있다.

기존의 이해, 인식, 사고 패턴 변화는 정신모형(mental model)의 변화를 요구한다. Hong과 Kuo(1999)는 정신모형의 변화가 가르침과 공유, 자기학습을 통해서 가능하다고 하였다. Hong과 Kuo는 직무 확장, 회전, 강화가 사람들에게 학습하도록 '밀어 붙이는' 강압적인 전략인 반면, 가르침, 공유와 자기학습은 덜 강압적인 전략으로서 '잡아당기는 전략(pull strategies)'에 해당한다고 덧붙였다.

Robbins와 Finley(1998a: 18-32)는 '밀어 붙이는 전략'들은 단기적 학습에 유용한 반면, '잡아당기는 전략'은 시간이 더 오래 걸리지만 더 뿌리를 깊게 내린다고 하였다. '밀어 붙이는 전략'들이 효율과 복종을 이끌어 내는데 유용한 반면 '잡아당기는 전략'은 훨씬 더 사람 중심적이고, 효과성 증진과 조직 내 구성원들의 통합에 유용하다(p. 30). '밀어 붙이는 전략'들은 구성원 양성에 필요하다(Hong and Kuo, 1999: 210). '잡아당기는 전략'들은 조직 학습의 측면에서 장기적인 이점을 가져올 수 있다(Eisenbach et al., 1999: 82).

학교 내 분산적 리더십이 복잡성 리더십에 많은 시사점을 주고 있지만, Silins 등(1999)은 분산적 리더십의 한계점을 지적하고 있다. 예를 들어, Silins 등은 분산적 리더십이 학생의 성취에는 간접적이고 작은 정도로만 영향을 미친다는 것을 발견했다. 더 나아가 Silins 등은 분산적 리더십으로 유발될 수 있는 위험성에 대해서도 경고하였다. 즉, 분산적 리더십이 교사들로 하여금 더 많은 학교 문제에 참여하게 함으로써 학생을 가르치고 학습해야 하는 '핵심 업무'로부터 멀어질 수 있고, 학교의 너무 많은 업무에 연루되게 될 경우 학교 업무 참여에 따른 이익이 감소할 수 있다.

학교 현장에서의 리더십 개발

영국의 교사훈련기관(Teacher Training Agency)이 교장의 리더십 역할 준비를 위해 만든 노력들은 다음 다섯 가지 영역에서의 핵심원리들과 일치한다 (Teacher Training Agency, 2000, 10-15).

A 학교의 전략적 방향과 발전

B 교수–학습

C 교직원을 이끌고 관리하기

D 교직원과 자원의 효율적이고 효과적인 채택

E 책무성

이들 요소들은 본 장에서 기술된 몇 가지 원리들을 뒷받침한다. 예를 들어, 학교의 전략적 방향과 발전과 관련해서는 학교운영위원회와 함께 일하는 교장들이 학교 내 전략적 관점을 발전시키고 분석하며, 미래의 수요를 위해 기획하여 지역, 국가, 국제적인 맥락에서 더욱 발전을 촉진시킨다고 논의된 바 있다(p. 12). 여기서 교장들은 다음과 같이 해야 한다.

> 예를 들어, 영감을 주고 동기를 부여하며, 학생, 직원, 관료, 학부모, 학교의 비전, 목적과 리더십을 구현해야 한다. 학생들에게 효과적인 교수, 성공적인 학습과 성취를 보장하고, 학생들의 영감적, 도덕적, 문화적, 정신적, 육체적 성장과 지속적인 발전을 보장하는 기풍을 만들고, 교육 비전 및 방향을 제공해야 한다. 학교 기풍과 교육 비전 및 방향은 학부모들과 지역사회의 헌신을 보장할 수 있으며, 학교 구성원들이 학교의 목표에 헌신하고, 목적 성취를 위한 동기를 부여할 수 있다. 또한 학교의 교육적 성공을 보장하는 장기적, 중기

적, 단기적 목적과 목표를 성취하는 데에 학교 구성원들이 참여할 수 있도록 한다(p.12).

상술한 내용은 Fullan(2001)의 관점과 일치한다. 리더는 다섯 가지 요소들, 즉 도덕적 목적, 변화 과정의 이해, 관계 개발 및 관계 개발 능력, 지식 구축 육성, 활력과 열정, 긍정으로 일관성을 추구하는 데 노력해야 한다.

교직원 지도 및 관리를 위해 교장은 개선이 담보될 수 있도록 교직원을 '이 끌어 나가고, 동기부여 및 지원하며, 도전하고 개발'하도록 해야 한다(p.14). 구체적 내용은 다음과 같다.

제공된 교육의 질과 달성한 기준을 개선하고, 교직원들과 학생들 사이의 건 설적인 업무 관계가 형성될 수 있도록 직원들의 기여도를 극대화한다... 학교의 모든 교직원이 각자의 역할을 최고 수준으로 수행할 수 있도록 요구 평가에 기 초한 높은 수준의 지속적인 전문성 개발을 통해 동기를 부여한다(p. 14).

교장들은 "직원과 자원의 효율적이고 효과적인 배치에 능숙해야 한다 (p.15)". 교장의 책임과 관련하여 그들은 다음과 같이 해야 한다.

학교의 효율성과 효과성에 대해 관료, 학생, 학부모, 직원, 지역 고용주, 그 리고 지역사회를 포함한 다른 이들에게 설명할 수 있어야 한다. 조직 내의 모 든 직원들이 학교의 성공에 책임을 지고 있다는 것을 깨닫도록 해야 하며, 학 부모들과 학생들이 교육과정, 성취와 성과에 대한 정보를 잘 제공받도록 해 야 한다(p.15).

교장의 주요 책임은 관계 형성에 있다. 누군가는 앞의 사례에서 교장이 서 번트 리더십을 발휘했다고 볼 수도 있다.

리더십 스타일과 감성 지능

복잡계 이론에서 인간관계에 영향을 미치는 효과적 리더십은 감성 지능을 필요로 한다. Goleman(2000)은 복잡한 조직 내에서 인간중심성과 대인 관계, 새로운 형태의 민주적이며 분산된 리더십을 강조하는 리더십 분석 결과를 제시하고 있다. 그는 리더십에 대한 많은 의제들이 적절한 기풍과 조직 풍토를 형성하는 것과 관련이 있다 하였다.

강력한 인간관계와 조직 내외부 연결을 형성하고 창발적 자기조직화를 위한 의사소통을 촉진하는 효과적인 리더는 상당한 감성 지능을 필요로 한다(Palmer et al., 2000). Goleman이 언급하고 있는 '감성 지능'은 그의 효과적인 리더십에 대한 관점에 스며들어 있다. 감성 지능은 복잡한 학교의 리더십에서 추론된 결과이다[7](Tolle, 1999: 24). Fullan(2001: 71)은 복잡한 시대에 학교와 같이 복잡한 조직에서는 감성 지능이 상당히 필요하다고 주장한다.

감성 지능은 구성원들이 자기 자신과 다양한 관계들을 세심하고 효과적으로 다루는 능력으로 구성된다(Beatty, 2001). 용어의 창시자인 Salvey와 Mayer(1990)는 감성 지능이 우리의 행동을 가이드하기 위하여 자기 자신과 다른 사람의 감정 및 기분을 살펴보는 능력이라고 하였다. 감성적으로 지능적인 사람은 감정을 발견하고 이해하며 사용하고 조절하는 데에 능숙하다(Mayer and Salvey, 1993). 그들은 감성 지능이 자기 인식, 감정 관리, 동기부여(감정을 목표 달성, 자기 조절, 지연된 만족감 등으로 방향 전환시키는 것), 공감, 효과적으로 관계를 다루는 것을 포함한다고 제안한다.

Goleman(1995)에 따르면 감성 지능은 5가지 영역으로 나눠진다(Barling et al., 2000; Stein and Book, 2000 등 참조).

---

7) 감정의 어원은 '방해하다'라는 뜻을 가진 라틴어 'emovere'이다.

- 자기의식(감성적 자기의식, 정확한 자기의식 그리고 자기 자신감)
- 자기 관리(자기 통제, 신뢰, 양심, 적응성, 성취 지향성 그리고 주도성)
- 사회적 의식(공감, 조직적 의식과 서비스 지향성)
- 사회적 기술(비전 리더십, 영향력, 다른 사람을 개발하기, 의사소통, 변화 촉진, 갈등 관리, 연대 형성, 팀워크와 협력)
- 동기부여(돈이나 지위보다 다른 사람을 위해 일하는 것과 끊임없이 목표를 추구하는 능력)

McCluskey(1997)는 감성 지능이 학교에서 개발될 수 있으며, '성장하고 발전하는 유기적 전인체'로서 학교에서 나타나는 주요한 특징이라고 하였다. 이러한 학교에서는 모든 구성원들과 그들의 지식이 상호관계되고, 이러한 상호작용이 '주변 환경'으로 확장된다. 이는 복잡계 이론의 몇몇 주요 특징과도 밀접한 관련이 있다.

학교 내 증가하는 폭력 문제를 감안했을 때에 감성 지능을 학교에서 가르쳐야 하며, 이는 단지 리더십 영역에 국한될 것이 아니라고 제안하는 문헌들이 급증하고 있다(Goleman, 1995: 3; AbiSamra, 2000; Committee for Children, 2000). Loader(1997)와 Beatty(2001: 8)는 리더의 감성 지능은 학교 내의 안전한 환경을 조성하고, 학교 '의제에 감성을 담을 수 있는 능력(emotions on the agenda)'과 관련된다고 제안한다. Beatty는 감정이 학교 내에서 의미의 창발적 구축에 있어 중요한 역할을 맡고 있다고 본다. Beatty의 관점에 따르면, 감정은 리더십의 주변부로 확장될 것이 아니고, 진열되거나 거부당해서도 (p.24) 안 되며, 오히려 학교와 학교 리더십의 중심에 있어야 한다.

Goleman(2000)은 리더십의 여섯 가지 특징을 다음과 같이 분류하였다.

- 강압적 리더("내가 말하는 대로 해."라고 하면서 순응을 요구하고 잘 듣지 않는 유형) (Fullan, 2001: 42)

- 권위적 리더("나와 함께 가자."라고 하면서 사람들을 비전의 성취를 향해 동기를 부여하지만 남의 말을 잘 들어주는 사람은 아닐 수 있음)(Fullan, 2001: 42)
- 친화적 리더("사람이 우선이다."라는 신념으로 조직 내의 조화와 강한 인간관계를 창조하는 리더, 변화에 대한 사람들의 두려움을 극복하는 데에 유용하게 사용될 수 있음)(Fullan, 2001: 42)
- 민주적 리더("어떻게 앞으로 나아갈지 함께 결정해 보자."라고 하면서 합의와 참여를 형성하는 유형이지만 너무 많이 들으려고 할 수 있음)(Fullan, 2001: 42)
- 선도적 리더 ("나를 쫓아와."라고 하면서 구성원들의 자기 통제와 고품질의 성과를 기대하는 유형이고, 다른 사람의 말을 귀 기울여 듣지는 않음)(Fullan, 2001: 42)
- 코치형 리더("현재 네가 어디에 있고 어떻게 발전할 수 있는지 봐."라고 하면서 구성원들의 장기적인 미래를 발전시키는 유형, 변화의 두려움을 극복하는 데에 유용함)(Fullan, 2001: 42)

그리고 Goleman은 리더십 스타일과 조직풍토 요인 간에 흥미로운 상관관계들을 보여 주는데(〈표 3-1〉), 이는 감성 지능과도 관련이 있다.

표본 크기와 유의한 정도가 보고되지 않았기 때문에 이러한 표에서 너무 많은 것을 추론하는 것은 명백히 위험하다. 그럼에도 불구하고 강압적이고 선도적인 유형('당기기'보다는 '밀어붙이는' 유형이고, 감성 지능 가장 낮은 리더십)은 조직풍토와 풍토 구성 요소들과 전반적으로 부적인 상관관계를 갖고 있음을 알 수 있다. 즉, 이러한 리더십 유형에 더 의존할수록, 기관의 풍토도 더 악화된다는 것이다.

반면에, 권위적이고 친화적이며 코치형의 리더십 유형(인간관계와 감성 지능에 더 강조점을 두는 리더십)은 조직풍토와 정적인 상관관계를 맺고 있다. 전반적으로 권위적인 유형은 조직의 풍토와 가장 강력한 긍정적 관계를 맺고 있다. 더 나아가, 자기조직화의 리더십을 구성하는 주요 요소는 유연성, 책임성, 헌신성, 그리고 명확성이다.

- 가장 높은 정도의 유연성은 권위적인 유형에서 발견되었고, 강압적인 유형에서 가장 낮은 정도로 나타났다.
- 가장 높은 정도의 책임성은 민주적인 유형에서 발견되었고, 강압적인 유형에서 가장 낮은 정도로 나타났다.
- 가장 높은 정도의 헌신은 각각 권위적이고 친화적인 유형에서 나타났고, 선도적인 유형에서 가장 낮은 정도로 나타났다.
- 가장 높은 정도의 명확성은 권위적인 유형에서 나타났고, 선도적인 유형에서 가장 낮은 정도로 나타났다.

〈표 3-1〉 리더십 유형과 조직풍토

조직풍토의 요소	리더십 유형					
	강압적	권위적	친화적	민주적	선도적	코치형
유연성	-0.28	0.32	0.27	0.28	-0.07	0.17
책임성	-0.37	0.21	0.16	0.23	0.04	0.08
표준	0.02	0.38	0.31	0.22	-0.27	0.39
보상	-0.18	0.54	0.48	0.42	-0.29	0.43
명확성	-0.11	0.44	0.37	0.35	-0.28	0.38
헌신	-0.13	0.35	0.34	0.26	-0.20	0.27
풍토에 대한 전반적인 영향	-0.26	0.54	-0.46	0.43	-0.25	0.42

주) Goleman(March-April, 2000). Harvard Business Review의 허가를 받고 재출판함.

강압적이며 선도적인 유형의 하향식 의사 결정 방식에서는 유연성이 저해되며 또한 그러한 유형은 풍토의 '보상' 요인을 손상시킨다. 가장 높은 상관관계는 권위적 유형과 보상(0.54)이고, 가장 부정적인 상관관계는 강압적 유형과 '책임'(-0.37) 사이에서 나타났다. 가장 낮은 상관관계는 강압적 유형과

'표준'(0.02)에서 나타났다. 권위적인 리더들은 목표를 명확하게 설정함에도 불구하고, 사람들에게 자유와 실천에 대한 자신감, 실험과 위험 감수의 기회를 준다(Brown and Eisenahrdt, 1997; Colemman, 1999: 35; Goleman, 2000: 84).

물론, 강압적인 유형은 정체된 조직에 힘을 불어넣거나 정책의 주요한 변화를 적용하는 데에 유용하기도 하고, 다른 모든 방법의 동기부여가 실패했던 참여자들에게 적용하기에 유용할 수도 있다. 매우 지지적인 코칭형 유형은 유연성 측면에서 한계가 있는 것으로 나타났는데 어쩌면 너무 많은 코칭은 도리어 제약이 될 수도 있다. 칭찬과 긍정의 촉진을 강조하는 친화적 스타일은 저성과를 간과할 수 있고, 스스로 어떻게 앞으로 나아가야 할지 모르는 저성과자들을 지원하는 데 실패할 수 있다.

더 나아가 민주적 유형이 더 많은 헌신과 높은 도덕성을 취할 수는 있지만, 너무 많은 민주성은 끝없는 회의 및 토론으로 인한 무력감을 야기할 수 있고, 구성원의 일부에서 무지와 무능력이 나타날 수 있다. 선도적 유형은 신속한 벤치마킹에는 유용할 수 있지만, 구성원들로 하여금 리더를 '예측(second-guess)'하는 존재가 되도록 할 수 있다. 코칭형 유형은 인도적이고 개인적 목표와 성취를 위해 강점과 약점을 진단해 주기도 하지만, 시간이 희소한 상황에서 끊임없는 진단을 내려 줘야 할 필요를 발생시킨다. 코칭형 유형은 구성원들이 변화에 저항적이지 않을 것이라는 전제를 갖는다. 권위적 유형은 누군가가 매우 전문적인 집단 혹은 더 전문적인 동료들과 함께 일할 때에는 효과적이지 않을 수 있다. 사실, 권위적인 유형은 변혁적 리더와 같이 동일한 위험을 겪게 되는데, 그 위험이란 구성원에게 안건을 제시하고 그들로 하여금 그 안건에 직면하도록 조작하고 영향을 끼치는 일이다. 이러한 관점에서 친화적이고 민주적인 유형은 복잡한 자기조직화 기관으로서 학교의 개념 속에 적절하게 들어맞는다.

Goleman(2000: 84)은 친화적 유형이 창발과 자기조직화의 핵심 영역인 팀 조화, 도덕성 증대, 의사소통 증진, 신뢰 형성 등에 매우 적합하다고 하였다. 반면에, 친화적 유형은 또한 '지휘하는 사람이 없어 어쩔 줄 모르는 (rudderless)' 행동을 발생시킬 수도 있고, 조직을 표류하게 하거나 실패로 이끌 수 있다(Goleman, 2000: 85). 따라서 이러한 부작용을 방지하기 위해서 Goleman은 친화적 리더십을 권위적 리더십과 연결하는 것이 유익할 것이라고 제안한다.[8]

Goleman(2000: 87)은 또한 상이한 유형이 상이한 목적에 적합하다고 지적한다(Fullan 2001: 41 참조). 리더들은 다양한 유형, 특히 권위적, 민주적, 친화적, 그리고 코칭형 유형을 취할 필요가 있다(참조: 각각의 팀 형성 단계에서 필요한 다른 리더십 유형에 관해서는 제2장에 논의되어 있다). Goleman은 리더들이 리더십 유형에 깔려 있는 감성 지능을 이해하는 것이 필요하다고 제안한다. 예를 들어, 친화적 리더는 공감, 관계 및 의사소통 형성을 강조하는 반면에, 강압적이고 선도적인 리더는 다른 스타일에 비해 감성 지능에 더 굶주려 있다.

Morrison 등(1989)은 학교 혁신의 초기 단계에서는 더 권위적이고 지시적인 리더십 유형이 성공적인 특징이 되고, 모든 구성원들에게 인정을 받으며 자신감을 갖도록 고취한다는 것을 발견했다. 혁신의 중후반 단계가 되면 더 민주적이고 덜 지시적인 스타일의 리더십이 가치를 인정받고, 구성원들이 한 번 혁신 안에서 자신의 전문성을 개발하고 나면 그 안에서 덜 안정감을 느끼게 된다.

Barling 등(2000)은 Bass(1990, 1998)가 창시한 변혁적 및 거래적 리더십의 특징과 Goleman의 감성 지능의 개념을 활용하여, 감성 지능과 변혁적 및 거래적 리더십의 관계를 제시했다(〈표 3-2〉). Barling 등은 공감과 대인관계를 포함한 높은 감성 지능이 변혁적 리더들에게서 나타난다고 제시한다. 또한

---

8) 보고된 데이터에서 빠져 있는 것은 그 데이터가 얻어진 맥락 혹은 상황에 대한 정보이다. 그래서 우리는 '융통성'이 어떻게 나타날지 혹은 궁금하게 생각하는 '보상'이 과연 무엇인지 등을 알기 어렵다. 이러한 구성 요소들이 어떻게 조작적으로 정의되어 데이터가 처리되었는지 우리는 아는 바가 없다.

감성 지능과 변혁적 및 거래적 리더십의 주요 특징 사이에 상관관계가 있다
고 보고한다.[9]

〈표 3-2〉 리더십 유형과 감성 지능

변혁적 리더십	감성 지능
이상적 영향	0.12
영감적 동기	0.56*
지적 자극	0.35*
개별화된 배려	0.49*
거래적 리더십의 측면	
상황적 보상	0.44*
적극적인 예외 경영	−0.01
수동적인 예외 경영	−0.18
자유방임	−0.27

　　변혁적 리더십은 감성 지능과 긍정적 상관관계가 있지만 거래적 리더십과
는 부정적 상관관계가 있는 것으로 보인다. 여기에서의 메시지는 분명하다.
감성 지능은 변혁적 리더십의 세 가지 주요 요소들(즉, 이상화된 영향(카리스
마), 영감을 불어넣는 동기부여와 개인화된 고려)과 밀접한 관련이 있다는 것
이다. Barling 등(2000: 159)은 감성 지능이 높은 리더들이 팔로워들로 하여금
리더적인 행동을 더 많이 내보이는 것으로 간주된다고 주장한다. 여기에서
인과성은 언급되지 않았는데, 예를 들어 변혁적 리더십이 감성 지능을 더 증
대시키거나 혹은 역의 관계일 수 있다.

　　감성 지능이 효과적인 리더십에서 중요한 요소라는 점은 오랫동안 논의
되어 왔다. 감성 지능이 학교 리더십에서 결정적인 요소임에는 틀림이 없다

---

9) 개인 내적 요인, 대인관계 요인, 적응성, 스트레스 관리, 일상적 기분을 포함하는 Bar-On(1997)의
　　정서지능검사(EQ University, 2000; Abraham, 1999)를 활용하여 측정하였다.

(Gibbs, 1995; Tran, 1998 참조). 즉, Gibbs는 리더십 문제 해결을 위한 감성 지능의 무비판적인 수용에 대해 경계를 한다. Gibbs는 리더십에 대한 논의에서 놓치고 있는 부분이 도덕적인 차원이라고 한다(Fullan, 2001 참조). Gibbs가 밝히고 있는 감성적 기술은 사람들에게 영감을 주는 데 활용될 수 있거나 혹은 그러한 것들을 착취하는 데 활용될 수 있다고 한다. 감성 지능은 선악의 강제력이 될 수 있다. Gibbs가 제시하는 필수적인 것은 리더십의 충분한 측면이라기보다는 감성 지능을 활용하는 데 있어서 통제하는 가치에 관한 도덕적 논쟁이다.

게다가, Young(1996)은 감성 지능의 개념적 타당성과 관련한 몇 가지 문제들이 있다는 점을 제시하고 있는데, 특히 그 문제들은 구인, 내용, 기준 관련, 동시성, 수렴, 판별 타당도에 관련한 것이다. Young은 감성 지능의 측정이 여전히 관련 요인의 다른 지표와 함께 상관관계 분석을 통해서 그 타당도 검증이 필요하다고 했다(p. 18). 특히 감성 지능의 개념은 매력적인 것이지만, 현재 수행된 것보다 훨씬 더 엄격한 타당도 검증 절차가 필요하다고 주장한다.

창발을 위한 리더십과 조직풍토

Miles(1975)에 있어서 효과적인 학교는 다음과 같은 견고한 조직건강을 갖는다.

- 명확한 목적
- 탁월한 의사소통 채널
- 민주적인 권력공유 의사결정
- 효과적인 인적자원 활용
- 협력과 소속감

- 높은 사기
- 혁신성
- 환경으로부터의 자율성
- 변화하는 요구에 대한 적응성
- 문제해결의 타당성

조직건강과 유사한 개념은 조직풍토이다. 조직풍토의 개념은 새로운 것이 아니다(예: Halpin, 1966). Gilmer(1966), Litwin과 Stringer(1968), Tagiuri(1968)는 조직풍토가 조직의 특정한 성격, 다시 말해서 다른 조직과 구별되는 사회체제와 구조, 업무수행이라고 하였다. 즉, 조직풍토는 조직의 고유한 특징과 성격을 다루는 것이고, 또한 업무와 성취도에 영향을 미치는 것과 관련된 조직에 대한 피고용인들의 의식이다.

Halpin(1966)은 조직풍토의 개념을 변화가 다소 일어날 것 같은 조직 유형을 확인하기 위해서 활용했다. 그는 만약 풍토가 변화(혹은 창발)를 위해 좋은 것이 아니라면, 그러한 변화는 성공적인 것이 아니라는 점을 제시하고 있다. Halpin은 개방적인 풍토일수록 변화는 훨씬 쉽다고 하면서 개방적인 것에서부터 폐쇄적인 것까지 여섯 가지 풍토 연속체를 설계했다(복잡계 이론은 개방체제 이론이다).

변화에 가장 도움이 되는 풍토는 바로 개방적 풍토(open climate)이다. 개방풍토의 현저한 특징들은 높은 사기, 개방, 협동, 최소한의 관료제와 문서작업, 높은 직무만족도와 동기, 모든 피고용인의 상호 존경, 진실감(genuineness) 등이다. 개방풍토의 리더는 적절한 행동의 모델이 되어 이완결합 조직을 경영한다. 그리고 동료 간의 협력관계(collegiality)가 풍족해진다. 사회적 관계는 진정성 있게 조직 외부로 확대된다.

변화에 약간 덜 도움이 되는 풍토는 자율적 풍토(autonomous climate)이다. 자율풍토의 중요한 특징은 피고용인들에게 부여되는 높은 수준의 자율성이고, 종종 협력과 조직 질서는 무시된다. 사회적 요구에 대한 만족도가 종종 과업 성취도를 넘어선다. 리더는 자율적인 접근 방식(hands-off approach)을 채택하는 과정에서 비인간적이거나 때로는 냉담할 수 있고, 절차에 대한 가이드라인이 개인적인 교감을 대체할 수도 있다.

통제적 풍토(controlled climate)는 변화에 훨씬 더 도움이 되지 않는다. 통제풍토에서 리더십은 매우 지시적이고, 지배적이며, 권위적인 리더와 함께 직무수행을 하기 때문에 자율성과 융통성이 부족한 경우가 많다. 이러한 풍토에서는 어떤 대가를 치르더라도 과업 성취가 중요하다. 분노를 일으키고 비생산적일 수 있는 통제풍토에 관한 내용들은 Senge(1990), Wickens(1995)에서 살펴볼 수 있다.

Halpin은 친교적 풍토(familiar climate)가 변화에 훨씬 더 가깝다고 주장한다. 친교적 풍토에서 사기와 직무만족도는 평균적이며, 모두가 상호 어떤 것들이 어떻게 되어야 하는지에 대해 말하려고 노력하는 거대한 행복한 가족에 대한 강조와는 구분된다. 이러한 가족에서는 사회적 상호작용이 참으로 크고 구성원의 참여도가 높다. 이러한 풍토는 가족 삶의 최선과 최악이 함께 드러나는데, 가족들은 때로 역기능을 유발하거나 손해를 입힌다.

친교적 풍토와 함께 수반되는 풍토가 간섭적(paternalistic) 풍토이다. 이 풍토의 전형적인 특징은 리더가 조직과 사람을 통제하려는 시도(대부분 허사로 돌아가지만)이다. 이러한 조직은 낮은 사기가 특징이고, 파벌로 분열되며, 리더의 지나친 간섭은 공공연한 저항을 초래하게 된다. 간섭적 풍토의 조직은 분열되어 있기 때문에 지속적인 변화를 약속하지 못한다. 조직의 이 같은 분열적 속성은 변화 시도를 약화시키게 된다.

마지막으로, Halpin의 폐쇄적 풍토(closed climate)는 변화에 기여하는 정도가 가장 낮다. 이 풍토에서는 모든 것이 침체되고, 낮은 사기, 변화에 대한 적은 인센티브, 낮은 참여도가 나타난다. 좋은 사례를 치밀한 실행 계획 없이 리더들은 일반적인 업무로 권고하고, 더불어 구성원들은 그저 최소한의 헌신으로 업무활동에 참여한다. 구성원들이 무관심하고, 통제되고, 너그럽지 못하며, 융통성이 적어 유리된 조직은 이러한 조직의 전형적인 예라고 할 수 있다.

Halpin의 연구는 조직풍토 분석과 관련된 경험적인 도구를 제공한다는 점에서 유용하다. 조직의 어떠한 전형적인 상징(typifications)을 채택할 때는 신중해야 한다. 왜냐하면 조직의 상징들은 실제라기보다는 그저 상징에 불과하고, 지나치게 환원주의적이기 때문이다(over-reductionist). 그럼에도 불구하고, Halpin의 조직 수준에서의 변화에 관한 개방과 폐쇄 정도에 대한 상징은 유용하고, 풍토의 연속선상에서 친교적 풍토와 간섭적 풍토를 배치한 것 또한 유익하다.

Hoy 등(1991)은 Halpin의 업적을 교육적 맥락에 적용하면서 변화와 창발에 도움이 되는 교육 분야에서 네 가지 풍토를 확인하고 있다. 또한 이들은 풍토를 개방에서 폐쇄로의 연속체상에 설정하고 개방적, 참여적, 비참여적, 폐쇄적인 풍토를 통해 개방성으로부터 폐쇄성까지의 연속선상에 각각 보여주고 있다. Hoy 등은 여덟 가지의 조직풍토 차원을 밝히고 있는데(pp. 14, 133), 이 가운데 네 개가 교사들의 행동으로 언급되고 있다. 이 네 가지는 다음과 같다.

- 불참(교사들이 학교에서 일어나고 있는 것과의 비접촉)
- 방해(교사들이 교장이 자신들에게 정례화된 활동, 관료적이고 불필요한 업무를 부과한다고 느끼는 경우)
- 사기(성공적인 과업 성취와 사회적 요구 만족도로 발전)
- 친밀감(교사들이 상호 원만한 사회적 관계를 형성하고 있는 정도)

긍정적인 학교문화 풍토 조성에 있어서 학교장 행동의 중요성을 부각시키는 데 있어서 남은 네 가지는 다음과 같다.

- 무관심(교장이 떨어져 있거나 절차에만 의존하는 경우)
- 생산성에 대한 강조(교장이 지시적이고 피드백에 기반하여 행동하기를 꺼려 하는 경우)
- 떠밀기(교장이 조직을 개인적 예시로 움직이려고 하는 경우)
- 사려 (교장이 온정과 인간성을 보여 주는 경우)

Hoy 등(1991: 16)은 이들 용어를 활용하여 Halpin의 풍토 여섯 가지 유형을 구안하고, 각 요소들의 수준을 〈표 3-3〉과 같이 제시하고 있다.

〈표 3-3〉 조직풍토의 유형과 구성 요소

풍토의 차원	풍토 유형					
	개방적	자율적	통제적	친숙함	친권적	폐쇄적
불참	낮음	낮음	낮음	높음	높음	높음*
방해	낮음	낮음	높음	낮음	낮음	높음
사기	높음*	높음	높음	평균	낮음	낮음*
친밀감	평균	높음	낮음	높음	낮음	평균
무관심	낮음	높음	높음	낮음	낮음	높음
생산성 강조	낮음	낮음	높음	낮음	높음	높음
떠밀기	높음*	평균	평균	평균	평균	낮음*
사려	높음	평균	낮음	높음	높음	낮음

긍정적 풍토는 사람에 대한 관심, 관료제로부터의 자유, 발전된 사회적 관계, 그리고 '업무의 완료'에 대한 제한적인 강조로 특징지어진다. 이때 업무는 다른 문제들의 결과로서 성취된다. 긍정적인 학교풍토 요소들 간의 내부적 상호 관계는 자기조직화(복잡계 이론의 주요 영역)의 핵심 영역 측면에서 (〈표 3-4〉에서 볼 수 있듯이) 개방성의 풍토가 자기조직화에서 가장 생산적이라고 한다.

표에서 친밀성과 학업 성취를 제외한 다른 모든 요인들이 대부분 조직 헌신과 높은 상관관계가 있음을 살펴볼 수 있다. 교장의 신뢰성은 자원 배분, 지시적 행동, 학업 성취를 제외한 대부분의 모든 요인과 높은 상관이 있다. '구조 주도성'과 '교장의 영향력' 간의 높은 상관관계(0.58), '교장에 대한 신뢰'와 '헌신'(0.66), '교장에 대한 신뢰'와 '지원적 행동' 간의 높은 상관관계(0.56)는 창발을 지원하는 리더십의 중요성을 보여 준다. 이는 '동료에 대한 신뢰'와 '헌신' 사이의 높은 상관관계에 의해서도 강조된다. '지원적 행동'과 '배려' 간의 높은 상관관계(0.64), '지원적 행동'과 두 가지 '신뢰' 변수 간의 상관관계(0.56, 0.24), '동료에 대한 신뢰'와 '좌절감'(-.0.31) 사이의 높은 부적 상관관계는 자기조직화에서 대인 관계의 문제의 중요성을 강조한다. 대인 관계를 구성하는 변수들이 창발적 조직의 주요 요소를 집합적으로 구성하는 것으로 보인다. 부적인 상관관계가 가장 높은 변수 관계는 '좌절감'과 1~3번 변수, 5~10번 변수, 13~16번 변수이다. Tuckman의 집단 발전 단계 중 '격동' 단계에 해당하는 자기조직화된 학교에서는 이러한 현상이 예상된다(제2장 참조).

'지시적 행동'은 '도덕성'(-0.03), '지원적 행동'(-0.09), '참여'(-0.21), '헌신'(-0.22), 그리고 '신뢰의 두 종류인 교장에 대한 신뢰(-0.17), 동료에 대한 신뢰(-0.03)'와 부적인 상관관계가 있었다. 이는 지시 및 통제형 가치관의 부정적 영향을 강하게 보여 준다.

Halpin과 Hoy 등의 연구에 기반을 둔 Tam과 Cheng(1996)은 초등학교를 긍정적 조직풍토의 상이한 정도에 따라 네 가지 종류로 구분했다. 저자들은 Hoy 등의 연구에서 사용된 몇몇 용어, 예를 들어 정신, 친밀감, 불참, 방해와 같은 용어를 사용하였다.

〈표 3-4〉 복잡계 이론의 조직풍토

변수 숫자	1	2	3	4	5	6	7	8	9	10	11	12	13	14	15
1 기관 통합															
2 자원 분배	0.19														
3 교장 영향력	0.40**	0.47**													
4 구조 주도성	0.33*	0.23*	0.58**												
5 배려	0.35**	0.25**	0.30*	0.39**											
6 학업적 강조	0.11	0.41**	0.45**	0.46**	0.36**										
7 도덕성	0.44**	0.39**	0.33**	0.34**	0.42**	0.45**									
8 지시적 행동	0.01	-0.02	0.14	-0.06	0.38**	-0.32**	-0.03								
9 지원적 행동	-0.29**	-0.01	-0.20*	0.35**	0.64**	0.15	0.16	-0.09							
10 참여	0.29**	0.30**	0.39**	0.16	0.36**	0.35**	0.35**	-0.21*	0.39**						
11 좌절감	-0.26*	-0.41**	-0.38**	-0.16	-0.38**	-0.39**	-0.38**	0.41**	-0.31**	-0.52**					
12 친밀성	-0.11	-0.04	-0.07	-0.15	0.02	-0.04	0.11	-0.04	0.05	0.22*	0.01				
13 학업적 성취	-0.34**	0.33**	0.18	0.10	0.11	0.63**	0.21	-0.11	0.01	0.21	-0.31**	0.02			
14 조직 헌신	0.28**	0.31**	0.44**	0.30**	0.36**	0.44**	0.40**	-0.22*	0.29**	0.45**	-0.36**	0.13	0.20		
15 교장에 대한 신뢰	0.39**	0.12	0.18	0.27*	0.51**	0.09	0.28*	-0.17	0.56**	0.27*	-0.24*	0.0	-0.08	0.66**	
16 동료에 대한 신뢰	0.31**	0.11	0.32**	0.27*	0.36**	0.30*	0.52**	-0.03	0.24*	0.47**	-0.31**	0.27*	0.07	0.65**	0.44**

* = p〈0.05, ** = p〈0.01: N=72

Hoy, W.K. Tarter, C.J. and Kottkamp, R.B. (1991) Open Schools, Healthy Schools, p. 133.

　　Tam과 Cheng은 '상호 협력적인 학교(synergistic school)'에서 낮은 조직 형성, 위계적 권위, 높은 정신, 낮은 불참과 낮은 방해, 높은 참여적 의사결정이 나타났다고 보고했다. 상호 협력적인 학교에서는 전문적 개발을 촉진하는 비전적이고 카리스마적인 교장으로부터 오는 지원의 풍토 속에서 높은 도덕성, 높은 협력, 참여, 그리고 일치성을 발견할 수 있었다. '상호 협력적인 학교'는 긍정적인 풍토를 갖고 있었으며, 강력한 교장 리더십이 특징이었다.

　　반면 '보스가 없는 학교(headless school)'는 약한 리더십, 의사결정에 대한 제한된 참여, 낮은 사기와 높은 방해로 특징지어졌다. 학교는 지시를 잃었으며, 교장은 무기력하게 보였고 교사들의 전문적 발전에 대하여 거의 관심이 없는 것으로 보였다. 여기에서는 일상적인 일과 서류 업무가 과도한 비중을 차지하고 있었고, 교사들은 수동적이고 순응적이었다. Tam과 Cheng의 주장에 따르면, 이것은 가장 긍정적이지 않은 풍토이다. 이 두 극단 사이에는 '보통의' 혹은 '자유로운' 학교 유형이 있는데, 이들은 조직풍토의 몇 가지 차원을 평균적인 수준으로 가지고 있다.

　　연구결과들은 강력한 리더십과 시너지, 참여, 긍정적 학교풍토를 개발하는 데에 있어 작용하는 인간 중심성의 이로운 점을 보여 준다. 상호 협력적인 학교는 관료제의 부재와 긍정적인 사회 풍토의 존재로 특징지어진다. 결과들은 긍정적인 학교풍토를 촉진시켜야 할 필요성을 재확인시켜 주는데, 여기에서 리더십이 중요한 역할을 하게 된다. 이러한 결과는 Sergiovanni(1998)의 연구에서도 나타나는데, 그는 리더십이 관료제적이고 비전적이며, 사업가적인 것을 뛰어넘어서 교육적이어야 한다고 주장했다. 이러한 주장은 학교를 인간적이고 사회계약과 교사의 능력 형성을 동시에 강조하는 인간적인 공동체로 만들어 나감으로써 가능하다는 것으로 풀이된다.

　　대인 관계가 높게 특징지어지는 평평한 네트워크에서 신뢰는 리더십의 주요한 특징이다(Malone, 1998: 271-2).[10] Southworth(2000: 276)는 초등학교에서, 협력적 문화가 신뢰를 발전시킬 뿐만 아니라 신뢰가 존재하면 조직의 안

정, 유연성, 그리고 강점을 형성하는 지지와 격려, 안전과 개방성을 생산한다
고 보고한다. 그의 주장에 따르면(p. 277), 신뢰는 개인을 가치 있게 만든다.

만약 책임감이 공유되게 하려면 모든 구성원에게 신뢰를 부여해야 한다.
Fairholm과 Fairholm(2000: 102)이 제안한 것처럼, 리더십은 개인의 활동이기
보다는 관계를 기반으로 하고 협력적인 것이다. 이러한 리더십은 상호관계
성, 협력적 행동, 신뢰(Bennis, 1993: 166)를 필요로 한다. 리더십의 주요한 업
무는 신뢰의 문화를 형성하는 것이다.[11] Tschannen-Moran(2000)은 다음과
같은 것들 사이의 통계적으로 유의한 관계를 찾아냈다.

- 교장과의 협력과 교장에 대한 신뢰 (r=0.32, $p<0.05$);
- 교사 간의 협력과 교사 간의 신뢰(r=0.30, $p<0.05$);
- 부모와의 협력과 그들의 신뢰(r=0.79, $p<0.01$).

Tschannen-Moran의 주장에 따르면(p. 314), 협력과 신뢰는 상호 호혜적이
다. 신뢰 형성은 긍정적이며 진정한 대인 의사소통, 소외보다는 참여, 자기 자
신보다 다른 사람을 우선으로 놓는 것(서번트 리더십의 개념을 연상시킴), 리더
들이 추종자들의 필요에 민감한 것, 복잡한 위계질서보다는 평평한 조직 구
조를 갖는 것, 사람들의 정직성, 공유된 비전 속에서 그들의 업무를 통제할 수
있도록 하는 참여자의 자유, 교사가 전문성을 갖고 학교의 이익을 위해 의사
결정을 내릴 것이라는 믿음 등을 포함한 몇 가지 중요한 요소들에 대한 관심
을 필요로 한다(Fairholm and Fairholm, 2000: 102; Luke, 1998; Tschannen-Moran,
2000). Tschannen-Moran(2000: 314)의 제안에 따르면, 신뢰는 사람들로 하여

---

10) Malone은 정보 기술이 의사 결정자에게 정보를 제공하고, 원거리에 있는 당사자 간 의사소통을
촉진함으로써 신뢰를 증진시키는 데 도움이 될 수 있다고 하였다.
11) Tschannen-Moran(2000: 314)은 또한 교사 간의 신뢰와 학업성취도 사이의 유의미한 관계를 보
고하였다.

금 자애롭고 신뢰할 만하고, 유능하고 정직하며 개방적이도록 요구한다. 명백하게 신뢰는 어떤 사람의 능력과 도덕성에 신뢰를 둘 수 있을 만한 사람을 필요로 한다. 무지하고 천진난만한 사람에게 신뢰를 두는 것은 무의미할 것이다. 당연한 결과이지만 신뢰는 모든 교직원들의 전문성 개발을 필요로 한다는 것이다. 종합해 보면, 저자들은 신뢰가 효과적인 리더십의 중심적인 조건이며, 신뢰는 더 이전에 제시된 Goleman의 감성 지능을 뒷받침한다.

이러한 연구들의 요소들을 모두 종합하여 Watkin(2000)은 Goleman의 여섯 가지 리더십 스타일과 자신의 감성 지능 개념을 사용하여 교장에 관한 중요한 연구를 발표하였다. 그는 감성 지능을 조직의 풍토와 효과적인 교장의 필수요건과 특징들에 연결시켰다. 조직풍토를 이해하고 개발시키는 것이 효과적인 리더십의 핵심이다. 그 연구는 영국의 '학교 교장 리더십 서비스'를 위한 것이었다. 연구에서 리더십 효과성은 개인적인 특징과 능력, 업무의 필수요건 충족하기, 학교와 조직풍토 개선하기, 그리고 리더십 스타일에 의해 결정되었다. Watkin의 연구에 따르면, 매우 효과적인 교장은 다음과 같은 특징을 갖고 있었다.

- 학생의 성취를 돕는 일련의 개인적 가치들에 의해 강하게 추동됨(타인에 대한 존중, 도전과 지원의 균형)
- 학교를 위한 비전을 설정하고 그것의 실현을 행동으로써 계획함(전략적 사고와 개선의 추동을 포함)
- 헌신과 지지를 형성(충격, 영향, 사람들을 책임감 있게 만드는 것을 포함)
- 상황(예를 들어, 자원의 부족)을 문제라기보다 기회로 간주함
- 피드백을 생산하고 가치 있게 여기며 이를 형성적으로 사용함(정보를 모으고 사회적 인식과 환경 파악을 도모하면서 이해를 획득함)
- 목표를 성취하기 위해 학교 내외에 있는 네트워크를 활용함
- '전달'을 요구함. 업무 기준을 설정하고 '전달'을 위한 계획을 세우는데,

이는 분석적 사고, 주도권 잡기, 변혁적 리더십, 팀워크, 잠재력 개발, 그
리고 타인에 대한 이해를 포함함
• 저성과에 도전함

이상의 효과적인 교장들의 특징들은 복잡하고, 자기조직화된 기관으로서
학교와 관련된 주요한 영역들이다. Watkin(2000)의 보고에 따르면, Goleman
의 여섯 가지 리더십 스타일 중에 어느 하나도 절대적으로 옳거나 그른 것은
없으며, 오히려 스타일은 '목적 적합성'에 따라 달라질 수 있다. 이때 필요한
기술은 상황에 맞게 가장 적절한 스타일을 고르는 것이다. Watkin은 고성과
학교들의 교장이 상술한 주요 특징들을 모두 가지고 있다고 보고하였다. 특
히 고성과 학교의 교장은 사람들의 잠재력을 개발하면서(예를 들어, 도전과 지
지) 그들이 함께 책임감을 가질 수 있도록 붙잡는다고 보았다. '실패하는' 학
교들의 교장들은 과도하게 강압적인 스타일을 사용했으며(66% 이상), 반면에
높은 성과를 내는 학교들의 교장들은 더 많은 스타일의 리더십을 사용했다
(Goleman의 여섯 가지 중 다섯 가지). 특히, 권위적, 친화적, 민주적, 그리고 코
칭형 스타일을 사용했다. 선도적 스타일은 학교 성취와 역상관관계에 있었
다. 이러한 결과는 앞에서 언급한 Goleman(2000)의 연구와도 맥을 같이 한
다. 이 연구에서도 권위적, 친화적, 그리고 코칭형(대인 관계와 감성 지능을 중
시하는) 스타일이 긍정적인 조직 풍토에서 강하게 나타났으며, 강압적이고
선도적인 스타일은 조직풍토와 부적인 상관관계를 갖는 것으로 나타났다.
분산적 리더십은 헌신, 동기부여, 열정, 그리고 유능함에 주의를 기울일 필
요가 있다(Lloyd and Trapp, 1999: 333). 이 저자들의 말에 따르면, 유능함은 결
코 어떤 일이 일어나게 하는 것이 아니고, 창의성과 열정이 에너지를 만들고
이것이 활동의 추진력이 된다. 자기조직적인 기관 내에서 리더십의 업무는
헌신을 촉진하는 것이다. 예를 들어, Blau(1985), Lok과 Crawford(1999)는 '사
려 깊은' 리더십 스타일이 '조직적인'(혹은 업무 중심적인) 리더십 스타일보다

헌신에 있어서 더 많은 영향력을 발휘한다는 것을 발견했다.

Lok과 Crawford(1999)는 헌신과 조직 문화 간의 유의한 상관관계, 특히 업무 만족도와 높은 상관관계를 발견했다. 업무 만족도(구성원이 자신의 업무에서 갖고 있는 통제력의 정도)는 헌신과 가장 높은 상관관계를 맺고 있었고, 그 뒤를 칭찬, 동료와의 상호작용, 유연성의 정도, 타인을 인정하는 정도, 전문적 활동의 정도가 뒤따르고 있었다. Lok과 Crawford의 주장에 따르면, 만족감을 얻기 위해서는 Maslow의 욕구 위계 중 상위 단계가 충족되어야 한다는 것이 명백하다. 더 나아가 Lok과 Crawford는 혁신적이고 지지적인 하위문화가 헌신과 긍정적인 관계를 갖고 있다는 것을 발견했고, 반면에 관료적인 하위문화는 헌신과 부정적인 관계를 갖고 있음을 발견했다(Brewer, 1994; Kranita, 1990). 헌신은 복잡한 자기조직적인 기관을 개발하는 매우 중요한 요소이다.

관료적인 서류 업무의 증가는 헌신을 감소시키는데, 이는 교수 및 학습의 '진정한 업무'를 방해하기 때문이다. Riley(2000: 42)의 보고에 따르면, 초등학교 교사의 불만족의 90%는 이러한 종류의 요구에 기인한다. 혁신과 창발이 일어나기 위해서는 관료적이기보다 민주적인 절차가 학교 내에 만연해야 할 것이다.

Lok과 Crawford(1999)는 조직 하위문화(네트워크 내의 미시적 단위)가 다른 대부분의(거시적 단계) 조직 문화보다 조직 헌신에 지대한 영향을 발휘한다는 사실을 발견했다. 이것은 중요한 발견이다. 조직의 하위문화가 헌신에 영향을 더 발휘하는 것은 창발적인 자기조직화된 학교를 위해서는 위계적 구조보다 네트워크적 구조가 필요하다는 것을 암시하는 것이다. 이는 네트워크화된 조직 내에서는 네트워크의 특정한 단위가 전체 조직에 비하여 더 강력하고, 하위문화적인 영향을 발휘할 수 있음을 보여 주기 때문이다. 따라서 사람들은 얼굴과 얼굴을 맞대는 집단에 소속될 필요가 있다(Homans, 1951, 1971).

이는 우리가 제2장의 논의를 상기하도록 하는데, 학교에서 형성되어야 할 집단의 수(공식적 혹은 비공식적)를 찾는 것이 중요하다는 것을 시사한다. 소규모 집단들은 네트워크로 구성되고 복잡하며 창발적인 조직에서 필수적이다. 창발적인 조직에 필수적 요소인 혁신과 학습은 소규모 집단 내에서 형성되며, 관료적이고 위계적이며 수직적으로 분화된 구조보다는 평평하고 네트워크화되고 수평적으로 분화된 구조 속에서 더 잘 촉진된다. 소규모 집단들은 학교 내에서 공식적으로 형성(Jackson, 2000, 학교 발전 집단들의 3인조 예시)될 수도 있지만 실제로는 자발적으로 생성되는 경우가 훨씬 비일비재하다.

결론

제3장에서는 자기조직화와 창발을 위한 리더십이 다음과 같은 전형적인 특징을 갖는다는 점에 대해 논의하였다.

- 리더십이 명령과 통제의 리더십에서 민주적 리더십으로 옮겨 간다.
- 거래적 리더십이라기보다는 변혁적 리더십 형태를 띠게 되지만, 변혁적 리더십을 뛰어넘어 초월적, 서번트, 퀀텀 리더십의 형태로 볼 수 있다.
- 리더십은 관계적이고 사람 중심적이다.
- 학교에 걸쳐 분산되며 단일 개인의 속성이 아니다.
- 발전된 감성 지능을 필요하다.
- 강제적 권위에서 탈피하여 훨씬 더 인간적 원리를 채택한다. 강제와 선도가 권위 있고, 친화적이며, 민주적이고 코칭 형태로 대체된다.
- 실험과 위험 부담을 감수할 수 있는 안전한 환경을 만든다.
- 학교의 조직건강과 풍토를 촉진하는 데 관심을 둔다.
- 상호 의존, 의사소통, 협력, 다양성과 자기조직화를 촉진한다.
- 학습과 개발을 위한 방침을 제공해 준다.

- 밀고 당기는 전략을 혼용한다.
- 요구와 지원 기능을 한다.
- 상호 신뢰와 헌신에 전제를 둔다.
- 네트워크와 수평적 경영 구조, 소집단에 기반을 둔다.

여기서 인용된 경험적인 연구는 이러한 원리들을 전폭적으로 설명해 주고 있다.

제4장 학습조직을 통한 창발 지원

제4장에서는 창발적이고 자기조직화된 학교가 조직학습에 관심을 가져야하며, 학습조직의 프로젝트 요소가 이러한 측면에서 유용할 수 있다는 점을 제안한다. 변화하는 환경에 적응하기 위해 복잡적응체제를 배워야 한다(McCarthy and Tan, 2000). 조직학습은 학교가 조직 지능(organizational intelligence)과 내외부 환경에서 배울 수 있는 능력을 보유하고 개발해야 한다. 제4장에서는 자기조직화(self-organization) 및 조직학습을 위한 플랫폼을 확인하는 일, 팀 및 네트워크를 조직학습의 핵심 메커니즘으로 개발하는 일, 위험을 수반하거나 실험적인 일을 지원하는 것과 같은 리더십의 역할에 대해 다룬다.

조직학습은 문제해결 및 실행 연구, 유지 관리, 적응 및 벤치마크 학습의 형태를 취할 것을 제안할 것이다. 이러한 것들은 개방, 공유, 의사소통, 그리고 지식 경영에 초점을 두고 있다. 따라서 작동하고 있는 환경을 조사하고 해석하여 이에 대응하기 위해, 그 메커니즘은 학교 내에 존재해야 한다. 학교에서의 조직학습은 여러 가지 형태로 이루어지며 여러 수준에서 여러 단계를 거치며 운영된다. 이는 창발과 자기조직화를 위한 유연성이 확장될 경우 업무 관행 역시 변화되어야 함을 의미한다.

개인 및 대인관계적 차원에서 복잡계 이론은 학교에서의 관계와 문화, 그리고 헌신과 열의를 이끌어 내는 의사결정의 위임을 강조한다.

조직학습은 학교에서 나타나는 일종의 파트너이다. 제4장에서는 '학습조직'의 특별한 구성 요소들에 중점을 두는 조직학습의 개념을 고찰한다. 학습조직은 복잡계 이론에 의해 함축된 것보다 더 기계적이고 시스템 중심의 구조물일 수 있지만(실제로 Stacey(2000)는 복잡한 사고 속에서 시스템 사고를 하는 것에 대해 반대한다), 매우 많은 반향을 가지고 있음에도 불구하고, 복잡계 이론은 조직학습을 위한 실제적인 전략을 제공한다. 실제로 Senge(1990), Senge 등(1994) 및 Senge 등(2000)은 학교의 복잡성을 구체적으로 언급하는 '학습조직'의 개념과 적용을 통해 학교에 대한 조직학습에 중요성을 강조하고 있다(예, Senge et al., 2000: 7).

학교 및 조직학습

학교는 학생들이 배우는 장소만이 아니다. 학교가 창발을 구현하고 준비한다면, 뒤이어 학습조직이 될 필요가 있다. 그러나 Riley(2000: 48)가 언급한 것처럼, 많은 학교들이 학습조직을 지원하도록 구성되어 있지는 않다. Russell(1996: 179)은 학습조직으로서 학교는 학습을 학생뿐만 아니라 모든 사람에게 적용할 수 있어야 하며, 모든 교직원을 위해 교육과 개발을 제공해야 한다고 제안하였다.

Senge(1990)와 Neil(1995)은 학교가 역설적이게도 학습에 관심을 갖고 있지만 학습조직의 특성을 거의 보이지 않는다고 지적하고 있다. 이는 학교가 어떤 사람들은 가르치고 다른 사람들은 배운다는 패러다임을 지나치게 강조

해 왔기 때문에 학습조직의 특성들을 거의 가지지 못한다는 것을 언급한 것
이다. Youngblood(1997: 134-5)는 다양성이 학습의 열쇠임을 시사하지만, 많
은 학교들은 위계적이고 관료적인 구조 내에서 순응, 분개, 의욕상실 및 억압
를 가르치기 때문에 "학습 장애가 있다."라고 말한다. 그러나 학교에서는 학
습방법을 배울 수 있고, 기업 메타인지를 개발할 수 있다. 다른 말로 하면, 학
교는 사실 창고가 아닌 지능적인 조직이 될 수 있는 것이다.

　학습 능력은 학교가 변화, 혁신 및 적응을 수용하는 데 효과적이라는 것을
나타내는 지표이다(West-Burnham and O'Sullivan, 1998). 실제로 Tan(2000 :
33)은 학교에는 인적자원 관리자가 있으며, 인적자원 관리자는 학교의 다른
부서장이나 고위 관리자와 나란히 앉아 있어야 한다고 주장한다. 인적자원
관리자의 임무는 다음과 같다.

- 교사들에 대한 개발(연간 100시간까지) 계획을 학습하는 학교의 전체 계
  획에 맞추기
- 직원 선발 위원(패널)
- 직원 모집 기준 설정
- 지원자의 개방성과 학습의지 평가
- 대인관계 및 의사소통 기술 평가
- 팀워크 기술 평가
- 지원자 게시물에 발표할 직무(업) 미리보기 정리
- 지원자와 교사의 다중작업(multi-tasking) 능력 평가
- 교사가 되기를 고려하는 학생들을 위해 예비학교 배정
- 기술과 기술개발비 지급을 포함하는 학교 내 투명한 급여체계 개발
  (Lawler et al., 1995 참조)

인센티브와 동기에 대한 언급은 제2장의 논의를 반영한다. Tan(2000: 36)

은 교사들이 자신이 가지고 있거나 개발한 기술에 대해 돈(보상)을 받아야 한다고 주장한다. Beatty 등(1995)은 이러한 기술을 기여(Contribution), 역량 성장(Competency growth), 창의성(Creativity), 협력(Collaboration), 헌신(Commitment)의 '다섯 가지 Cs'로 제시하였다. Tan은 앞서 언급한 책에서 이를 (a) 교육학 지식과 교수법 기술, (b) 품질 관리 능력 (예: 문제해결 및 품질 관리 도구 사용), (c) 여러 작업 그룹, 팀 및 위원회 등 여러 분야에서 위원이면서 전문성을 갖춤, (d) 팀에서 일할 수 있는 능력의 4가지 주요 영역으로 설정하였다.

McMaster(1996: 11)는 조직지능이 양적인 측면과 질적인 측면을 모두 볼수 있다고 제시한다. 학교의 맥락에서 조직지능은 학교가 통합할 수 있는 정보의 양, 또는 학교가 정보를 생성, 처리 및 해석할 수 있는 속도 등 학교가 외부 및 내부에서 투입한 것들에 대한 다양한 반응과 사고방식을 포함할 수 있다. 조직지능의 핵심은 학교가 자신과 과거를 반성하고 경험으로부터 배우고 피드백을 주고받고 행동하는 능력이다.

예를 들어, 학교는 능력이 뛰어난 학생들의 학업부진 문제에 직면하고 있을 수 있다. 교직원들은 이 문제를 해결하기 위한 가능한 한 모든 방법을 찾기 위해 모인다. 이 회의는 직원 개발의 날(Staff Development Day)에 이루어지며, 제안 및 향후 계획에 대한 후속 평가는 하루가 끝날 때 완료된다. 학업부진 문제 대한 대책은 8가지 안으로 수용되었다.

1. 학생들에 대한 더 큰 요구와 기대를 제공한다.
2. 가르칠 때, 높은 수준의 요구를 증가시킨다.
3. 참(authentic) 평가 및 포트폴리오 평가를 늘려간다.
4. 가르칠 때, 메타인지의 개발에 초점을 둔다.
5. 과제를 학생들의 다중 지능과 일치시키고, 동기를 부여할 수 있도록 차별화한다.

6. 자율 및 프로젝트 기반 학습의 양을 증가시킨다.

7. 풍부한 활동을 제공한다.

8. 학습의 폭과 깊이를 향상시키기 위해 고용주 및 방과 후 학교와 파트너십을 개발한다.

학교는 이러한 전략을 시행하고, 교사, 학생, 외부 파트너, 시험 및 평가 수행으로부터 효과성에 대한 피드백을 수집하며, 그 결과로 후속 문제해결을 위한 계획을 조정한다. 여기서 학교의 조직지능은 문제를 확인하고 다양한 해결책을 생성해 내며, 이러한 여러 시뮬레이션의 구현을 계획하고, 피드백을 얻고, 이러한 것들을 고려하여 조정을 할 수 있는 능력에서 입증된다.

제1장에서 학습에 대한 Hebb의 견해를 반박하면서, Mcmaster는 지능이 내외부 연결의 총 수와 다양성의 함수이고(제7장 참조), 필요에 따라 느슨한 결합과 강한 결합 사이를 이동할 수 있는 기능임을 제시하였다. 지침은 방향을 설정하기에 충분할 정도로 엄격해야 하지만, 자율성과 창의성을 구축할 만큼 엄격해서는 안 된다. 즉, 책임감 있는 실험을 지원할 정도로 충분해야 하지만, 표류가 허용될 정도로 엄격해서는 안 된다.

McMaster(상게서: 130)는 사고의 유연성과 조직의 중요성을 강조하고 있다. 예를 들어 다음과 같은 측면에서 지능을 개발해야 한다.

- 단일 문제에 대한 해결책의 범위 또는 단일 목표에 대한 경로(즉, 다양성).
- 네트워크 내의 개별 단위가 창출할 수 있는 활동 또는 해결책의 수(권한 범위 내 창의성).
- 변화하는 상황에 적합하도록 한 행동이나 사고의 라인에서 다른 행동으로의 조정 속도(반응성)
- 변화에 영향을 미치는 데 필요한 에너지의 양(경제성).

Garvin(1993)이 제안한 바와 같이, 학습조직은 지식을 창출, 획득 및 배포하고, 그 새로운 지식을 사용하여 행동과 활동을 수정하는 데 능숙한 조직이다. '학습'은 일시적인 이벤트가 아니라 프로세스를 나타내며, 지속 가능성이 핵심임을 나타내는 용어이다. 조직은 고원현상(plateau)과 같이 정체된 지점에 도달하기보다는 지속적으로 학습하는 것이다.

자율학교(self-managing school)의 연구에서(아마도 자기조직화의 구체화), Wong 등(1998: 74)은 진화하는 환경에서 지속적으로 재조정할 수 있는 유연한 계획과 '연동계획(rolling plan[1])'이 기존의 합리적이고 선형적인 계획 모델보다 격동의 환경에 대처하는 데 더 효과적이라는 것을 발견하였다. 실제로 저자들은 복잡계 이론과 유사한 관점에서 유연성을 전제로 한 상호작용 모델이 환경에 대한 대응에 매우 적합하다는 것을 제시하였다(1998: 77).

학습 기관으로서 학교의 리더들에게 요구되는 것은 어떤 단위/팀/그룹과 가장 강력하게 연결되는지를 파악하고, 그러한 연계가 학교에서 활성화되도록 하는 것이다(제7장 참조). 긴밀한 연계가 가장 강하게 강화된 학습 원리인 Hebb의 원리에서 볼 때, 어느 곳에나 풍부한 연계가 있어야 하지만 단위 간 연계의 서로 다른 강점이 있어야 한다. 따라서 학교 내에서 그룹과 그 리더들의 과제는 누구와 가장 강력하게 연계해야 하는지, 이러한 연결을 형성할 수 있는 방법, 그리고 이들 사이의 정보 공유, 의사소통의 흐름 및 피드백의 특성과 관리를 파악하는 것이다.

신생조직은 변혁적이다. 그들은 스스로를 변형시킨다. 이렇게 하려면 신생조직들은 변화하는 세상에서 그들의 자리를 차지하는 법을 배워야 한다. Hickman(2000)은 메릴랜드주에 있는 John F. Kennedy 고등학교의 연구에서 이 분야에 대한 유용한 안내를 제공하고 있다. 이곳에서 변화는 학교, 학

---

1) 역자 주: 사회적 · 경제적 상황이 달라짐에 따라 이미 세운 계획을 바꾸거나 처음부터 다시 시작하는 계획

교의 구조와 문화의 역량 강화 능력을 크게 변화시킴으로써 개인, 조직 및 사회의 여러 단계에서 일어났다. 학교의 '변형체계(transformistic framework)'에는 몇 가지 요소가 있었는데, 이 학교에서는 교사의 이직율이 높고, 성취도가 낮으며, 사기가 떨어지고, 평판이 나빠지고, 높은 학력을 가진 학생들을 끌어들이지 못하는 것을 경험하고 있다.

학교는 반복적으로 그리고 어디서나 비전 선언문이 실행되도록 보장했으며, 이 일을 하는데 있어서 부모, 학생 및 교사의 헌신을 보장하였다. 학교는 교장이 주도하여 개발 프로그램과 대인관계를 직원들과 연계하여 독립적이고 위임된 행동과 의사결정을 할 수 있는 기회를 제공했다. 교장의 이러한 활동은 지도층과 교사 간의 협동적이고 공유된 리더십을 바탕으로 운영되었으며, 모든 사람이 리더십과 팔로워에서 역할을 할 수 있는 기회를 갖도록 했다(리더로서의 부모 포함).

이러한 활동은 팀뿐만 아니라 개인들에게도 리더의 역할을 할 수 있는 기회를 제공하고, 리더십과 팔로워십의 역할은 위치와 지위에 의존하기보다는 공통의 목적을 달성하기 위한 상호 의존성에 더 크게 좌우된다. 이로 인해 협력을 통한 계획 수립과 교육을 위한 교사역량이 향상되었고 교사뿐만 아니라 학생들이 학교와 사회복지에 기여할 수 있었다.

직원들은 신뢰, 정직, 봉사, 지원 및 책임에 대한 공유된 가치를 실천하고 참가자들의 자부심을 높이기 위해 노력하였다. 실제로 그 학교는 대인관계(부모, 교사, 학생)를 발전시키고 경계가 없는 관계를 형성하기 위해 적극적으로 노력하였다. 그러한 원칙들은 의사소통과 연결성을 강조하였고, 모든 사람이 배울 수 있는 능력의 개발을 추구하였다. 이러한 개입을 통해 리더십 훈련 프로그램과 함께 학교는 시민으로서 의미 있는 역할을 수행할 수 있도록 학생들을 준비시키고, 성취도가 높은 학생들을 유치하는 데 성공하였으며, 모든 참가자의 리더십 능력을 향상시키고, 자기 이미지를 향상시키며, 증가하는 자원을 끌어들였다(수확체증의 법칙). 이 사례는 학습조직으로서 학교의 핵심 요소들에 대한 유용한 개관을 제공한다. Fullan(2001: 64)은 학교들은 전문적인 학습공동체가 되어야 한다고 주장하였다.

조직학습 플랫폼

학교에서 조직학습은 학교 구조, 교사 역량 강화, 공유된 헌신 및 협력 활동, 지식과 기술, 리더십, 피드백 및 책임 시스템 개발이라는 목표를 바탕으로 참여적 의사결정에 관심을 기울인다(Marks et al., 1999).

Silins 등(1999), Watkins와 Marsick(1993)은 학교의 조직학습 능력이 협력적 풍토, 위험 감수와 과업 주도에 대한 지원, 의사결정에 대한 교사의 개입 및 전문성 개발을 전제로 한다고 제시하였다. 특히 그들은 조직학습을 위한 효과적인 리더십이 계층적인 문화보다는 의사결정의 수혜자가 아닌 협력자로 간주되는 협력적 문화에서 발생한다고 제시하고 있다. 그들은 제3장에서 논의된 혁신적 리더십과 분산적 리더십의 주요 특징을 모아 조직학습에서 이들이 담당하는 역할을 조사했다. 그들은 효과적인 조직학습의 중요한 예측인자인 세 가지 핵심 변수를 발견했는데, 리더 ($p=0.30$), 능동적 리더십 ($p=0.36$), 분산적 리더십 ($p=0.36$)이 그것이다. 여기에서 조직학습을 위한 분산적 리더십의 중요성을 알 수 있다. 실제로 연구자들은 분산적 리더십에 의해 차지하는 조직학습의 전체 비율이 28% 수준인 것을 발견하였다(Watkins & Marsick, 1993: 10).

학교에서의 조직학습은 공개적이고 지원적인 의사소통을 통해 그리고 교사의 업무를 개선하기 위한 정보의 탐색과 제공을 통해 촉진되었다. 교사는 의사결정에 적극적으로 참여하고 학교의 방향을 설정하며 학부모와 지역사회와 정보를 공유하였다.

그러한 학교의 리더들은 지원을 위한 체계와 구조가 주도적 실행과 혁신에 보탬이 될 수 있도록 보장하였다.

조직학습 문제에 대한 구매를 위해서는 특정한 기기나 프로젝트(플랫폼)를 활용할 수 있다(예: 학습조직으로서의 학교 프로젝트). Pedler 등(1997: 1)은 학습조직이 모든 참가자의 학습을 용이하게 할 뿐만 아니라, 중요하게는 '지속적으로 조직 스스로를 변화시키는 것'으로 정의하였다. 그들은 학습조직의 여러 특성을 다음과 같이 제시하였다.

1. 전략에 대한 학습 접근법: 실험과 피드백이 권장되며 전략 형성에 대한 영향을 미친다.
2. 참여적 정책 수립: 모든 이해 관계자가 의사결정에 기여하고 참여한다.
3. 정보: IT는 광범위한 의사소통을 위해 광범위하게 사용된다.
4. 내부 교환: 전문 지식의 폭넓은 공유와 의사소통이 개방되어 있다.
5. 보상 유연성: 보상 범위가 활용된다.
6. 구조를 가능하게 함: 조직 구조는 변화와 혁신의 요구를 충족시키기 위해 유동적이고 투과성이 있으며 가변적이다.
7. 환경 탐색자로서 경계 작업자: 환경과 연결된 모든 참가자가 이에 대한 피드백을 제공한다.
8. 조직 간 학습: 다른 조직들과 학습 연합체가 형성된다.
9. 학습 환경: 경험을 통한 학습이 촉진된다(성찰적 연습).
10. 자기 개발 기회: 참가자에게는 자기 개발의 기회가 주어진다.

항목 1과 2는 전략과 관련이 있다. 3~5 항목은 '내부를 들여다보는 것(looking in)'과 관련이 있다. 항목 6은 구조와 관련이 있다. 항목 7과 8은 '외부를 살펴보는 것(looking out)'이고 항목 9와 10은 '학습 기회'에 관한 것이다. 전략, 내부 들여다보기, 구조, 외부 살펴보기 및 기회의 다섯 가지 주요 영역은 자기조직화 및 창발을 상기시킨다. 또한, 이 목록은 학습에 필요한 중요한 기반 플랫폼을 구별해 준다. 이는 정보 공유, 직장의 민주화, 분산된 지식과 분산된 리더십의 연관성을 촉진한다.

Goh(1998)는 학습조직의 다섯 가지 '핵심 전략의 구성 요소'를 제시하였다

1. 사명과 비전(참여자들과 함께 개발되었고, 그들 모두가 분명하게 이해하는)
2. 리더십(힘을 실어 주고, 실험을 지원하며, 헌신을 보여 줌)
3. 실험(조직 전체에서 지원 및 보상받는다)
4. 지식 이전(조직 내·외부의 지식으로부터 배우는 능력)
5. 팀워크와 협동(그룹 문제해결과 혁신을 지원하는)

이 다섯 가지 구성 요소는 학습을 지원하는 조직 설계, 참가자의 역량 및 지식 습득의 두 가지 토대 위에 기초하고 있다. 조직 설계와 관련하여 Goh는 계층적이고 공식화된 구조보다 평면적이고, 비계층적이며, 분권형, 팀 기반 및 유기적 구조가 바람직하다고 제시하였다. 유사하게 Mohrman과 Mohrman Jr.(1995)는 학습조직이 직원에 대한 공식화된 통제를 줄이고 팀이 의사결정 권자와 가까운 수평적 구조를 운영하는 경향이 있음을 발견하였다. 참가자의 역량과 관련하여 Goh는 훈련 및 개발의 필요성을 강조할 뿐만 아니라 팀 기반이어야 한다고 주장하였다(Mohrman and Mohrman Jr., 1995 참조).

Marsick(2000: 5-6)은 학습조직의 다섯 가지 반복적 특성을 파악하였다.

- 시스템 수준에서의 지속적인 학습(개인이 학습하고, 학습한 것을 공유하여 시스템이 학습하도록 함)
- 지식 창출 및 공유(참여자가 새로운 방식으로 생각하고 협력적으로 대화하는)
- 체계적인 사고 능력(연계와 피드백 고리를 찾기 위해)
- 더 많은 참가자(조직 내 수준에 관계없이 모든 참가자가 아이디어를 장려하는 곳)에 의한 참여 및 책임감 증대

- 신속한 의사소통과 학습의 문화와 구조(학습이 보상되고 비난받을 수 없는
  문화에서 위험을 감수하는 것이 지원되는 곳).

이 문제를 해결하기 위해 Marsick은 개인, 그룹 및 전체 조직의 수준에서
통상적 수행 과업의 핵심을 다음과 같이 제안하였다(Marsick, 2000 : 7-9).

- 지속적인 학습 기회 창출
- 대화 및 조사 촉진
- 팀 학습 및 협력 촉진
- 학습을 공유하기 위한 시스템 개발
- 모든 참여자들의 권한 부여를 통해 공유 비전을 개발
- 조직을 환경과 연결
- 리더가 학습을 촉진하도록 보장[2]

학습 공유에 대한 강조는 Nonaka와 Takeuchi(1995)에 의해 더욱 강화되었
다. 학습조직의 주요 요소인 암묵적 지식은 아이디어와 경험을 공유함으로
써 만들어지며, 대화를 통해 명시적 지식으로 전환된다. 이들은 이러한 공유
가 부서의 경계와 연공서열을 넘어 조직 전체에 내재화되면서 새로운 지식을
창출한다고 보았다. 사람들은 지식이 사회적 문제라는 것을 알 수 있다. 이
것은 학습이 지식의 공유를 통해 이루어진다는 Stacey(2001)와 Marsick(2000:
13)의 관점을 반영한다. 따라서 Marsick은 실행연구(action research)를 통한
공동조사를 주창하였다.

---

2) Marsick(2000: 11-12)은 참여자들로 하여금 이러한 요소들을 처리할 수 있는 그들의 능력과 역량
을 판단할 수 있도록 해 주는 학습조직평가 프레임워크(the Learning Organization Assessment
Framework)를 제시하고 있다. 학습을 공유하면서 암묵적 지식은 활성화된 지식이 되고, 비판적
성찰은 실행연구를 촉진시키며, 의사소통은 학습을 위한 수단이 된다.

Senge(1990), Senge 등(1994; 2000: 7)은 학습조직을 위한 플랫폼이 다섯 가지 원칙으로 정의될 수 있다고 제안하였다.

- 시스템 사고(피드백과 상호 의존성을 통해 조성되는 전체, 패턴 및 연관성에 대한 관계를 본다)
- 개인의 숙달[상황에 대한 현실적인 평가 내에서 자신의 삶을 통제하는 개인의 비전과 실현에 대한 헌신: 조직은 조직 내 개인이 배우는 경우에만 배울 수 있다(April et al., 2000: 51)]
- 정신적 모델[정신적 모델로의 변화가 요구되는 이중고리학습(double loop learning)처럼, 학습이 이루어지기 위해 연구, 공개 및 공유되어야 하는 학습원리와 사고방식과 실천과의 관계를 검토(Argyris and Schon, 1978): 비판적 성찰과 조사. Senge 등(2000: 7)에 따르면 많은 정신 모델[3]들을 '논의할 수 없는' 학교에서 정신모델은 위험한 주제에 관해 안전하고 생산적인 환경에서 이야기할 수 있는 능력을 수반한다.]
- 공유 비전(의사결정을 촉진하기 위해 의사소통, 긍정적인 포부 개발 및 개인의 비전 공유, 그리고 교사, 관리자 및 교직원의 헌신을 조성하기 위해 이러한 것들을 실현하는 방법 등을 요구하는 강제적 명령보다는 공동기업)
- 팀 학습(대화, 토론 및 협업을 통해)

학습조직은 학습능력을 증진하고 향상시키는 시스템을 구축하고 체계화한다(Dodgson, 1993). Senge(1990: 63)의 경우 시스템 사고는 선형의 인과관계 고리를 찾기보다는 관계를 보는 것과 관련이 있는데, 이는 복잡계 이론과 깊은 관련이 있다. Senge 등(2000: 414-8)은 실제로 학교의 리더들이 업무 관여(practise engagement), 시스템 사고, 학습 및 자기인식의 리더십을 보여 준

---

3) 역자 주: 자신을 둘러싼 주위 환경이나 현상이나 문제를 이해하고 해석하는 인식의 틀이나 체계

다고 강조한다. 리더는 선도적인 학습자이다(상게서: 425-32).

Senge 등(2000: 552-3)은 '학습하는 학교(Schools that learn)'에 대해 4가지 도전 과제를 제시한다.

1. 학교는 현재의 상황에 대해 명확하고 솔직하며 현실적인 청사진과 이해를 가지고 있는가?
2. 그 청사진과 이해는 학교 전체에서 공유되는가?
3. 학교는 새로운 지식을 창출하고 공유하기 위해 이 청사진과 이해를 어떻게 활용하는가?
4. 이 새로운 지식은 학교의 바람직한 미래의 실현을 위해 얼마나 효과적인가?

팀 학습에 대한 강조는 자기조직화와 직접적인 관련이 있다. 제2장에서 제안된 팀 학습은 대화형이며 각 구성원의 고유한 공헌을 인정한다. 팀워크는 어떤 일은 오직 팀으로만 달성할 수 있다는 것을 인식하게 해 주고 촉진시켜 준다(April, 1997: 50). 리더의 임무는 팀이 필요한 작업과 개인이 성취할 수 있는 작업을 구별하는 것이다. 억지스러운 동료애같이 불필요한 팀워크를 강요하는 것은 비생산적일 수 있다.

Senge(1990)는 만약 학습조직이 발전하려면 내부의 미시정치적 갈등을 극복하고 학습이 일어날 수 있는 시간을 만들어야 한다고 제안했다. 이를 위해서는 위임, 조정 및 통제 간 균형을 유지하고, 개인의 숙달과 자율성을 실행하여야 하며, 사람들이 경험을 공유하고 학습할 수 있도록 해 주어야 한다. 학습조직이 계속해서 환경에 적응해야 함을 Senge는 강조한다. 그러나 이러한 적응이 단지 외형적으로는 변화하지만 대부분이 그대로 남아 있는 카멜레온과 같은 적응을 의미하지는 않는다(Miller, 1997). 그보다 학습조직은 변모해야 하고 애벌레에서 나비가 되어야 하며 생성되어야 한다.[4]

Senge 등(2000: 55)은 학습조직으로서 학교가 포함해야 할 것들을 다음과
같이 제안하였다.

- 교사 중심이 아닌 학습자 중심의 학습
- 동질성보다는 다양성을 장려하고 다양한 지능과 다양한 학습 유형을 수
  용한다.
- 사실에 대한 암기와 '올바른 답'에 대한 노력보다 상호 의존성과 변화를
  이해한다.
- 교육에 참여하는 모든 사람이 활용하고 있는 이론들에 대한 지속적 탐구
- 가족, 친구 및 전체 커뮤니티를 연결하는 것과 같이 사회적 관계 웹 내에
  서 교육의 재통합

Rolls(1995)는 Senge의 연구결과를 참고하여, Senge가 제시한 다섯 가지
시스템 각각에 대한 다양한 리더십 역량과, 리더들에 대한 추종자들의 기대
(〈표 4-1〉)를 제안하였다. 이는 효과적인 리더십이 추종자들의 의지에 따라
결정된다는 핵심 원칙에 초점을 두고 있다(Blank, 1995 참조).

〈표 4-1〉은 리더십의 개인적 특성과 자질에 초점을 두고 있다. Senge
(1990: 57-67)는 학습조직을 위한 몇 가지 '경영 원칙'을 제시하였는데, 그중
몇 가지는 복잡계 이론과도 닿아 있다. 예를 들면 다음과 같다.

- 오늘날의 문제는 어제의 해결책에서 비롯된다(해결책은 수명이 짧고 현재
  는 과거와 연결되어 있다).
- 압박하면 할수록 시스템은 뒤로 돌리기가 어려워질 수 있다(변화를 압박

---

4) Youngblood(1997: 149)는 더 고등한 형태나 존재인 나비가 되기 위해 숨겨진 자기조직화 질서(순
서)에 따라 누에고치 안에서 스스로를 분해하여 모든 조직을 용해시키는 애벌레의 강력한 이미지
를 사용한다.

하지 말고 지원하라).

- 인과관계는 시간과 공간과 밀접한 관련이 없다(변화는 예측할 수 없으며 단일 인과관계 모델은 단순한 측면이 있다).
- 작은 변화가 큰 결과를 가져올 수 있지만, 가장 높은 영향력을 발휘할 수 있는 영역은 종종 분명하게 드러나지 않는다[예: 변화의 수단을 확인하기 위해 Johari 창(Kakabadse, 1988: 83-6)을 사용하여 블라인드 영역을 표면화하는 것이 중요하다].
- 코끼리를 반으로 나누어도 두 마리의 작은 코끼리가 되는 것은 아니다 (시스템은 원자보다는 전체로 보아야 한다).

여기서 제안하는 것은 간단한 인과관계 모델을 관계와 패턴에서 찾는 것으로 대체해야 한다는 것이다(예: 복잡계 이론). Senge의 연구가 복잡한 조직학습의 여러 측면을 바탕으로 안정적으로 자리 잡고 있지만 제한이 없는 것은 아니다. 예를 들어, Stacey(1992: 336)는 비전의 공유, 조화 및 합의에 중점을 두는 안정된 평형 모델을 전제로 하고 있다. 하지만 Senge는 Stacey(1992)가 이해한 바와 같이 대화와 논쟁을 중시하고, 예측 불가능성과 불규칙성을 인식하며, 하향식 모델을 지양한다.

⟨표 4-1⟩ Senge의 제5경영에서 리더의 역량

Senge의 원칙	리더의 역량	추종자들의 기대
시스템 사고	팽창론적 사고	전체 이해하기
	연결 이해	
	직관 / 원근법 / 통합	
개인 숙달	측은히 여김	격려
	자아 수용	수락
	다른 사람	권한 부여
	힘 공유	믿음

	확실성	자기 발견
	정신의 양육	가치
	도덕적 지도력	존엄
	겸손	자치
	지배	잠재력
	성장 방향	성장
	위험 감수	선택에 대한 지원
	자기 방향	독립
		실수를 받아들일 여유
	허용 오차 (예 : 가치 모호성)	전환 중 지원
	학습에 대한 헌신	학습
	믿음	책임
	영성	자기와 타인 연결하기
	자존심의 종속	결과의 소유권
정신 모형	통찰력	혁신
	내성	의미
	도전적 가정	도전적 가정
	혁신	
비전 공유	원칙	목적의 문장
	개인 정렬	개인 정렬
	조직적 가치	조직적 가치
	영감	자극
	목표	명쾌함
	시력	공동 작업 개발
	활력	약혼
	헌신 동원	헌신
팀 학습	협력	공동 디자인
	대화	자기 표현
	청취	기부
	창의력	창의력
	조화 추진	사회 통합
	관계 장려	관계

Senge(1990)는 표면적 징후(예: 원인보다는 증상)보다는 근원적인 문제를 파악하고, 피상적인 해결책보다는 깊은 문제(예: Argyris and Schon의 1978년 이중고리학습)에 초점을 맞출 필요가 있다고 주장한다. 예를 들어, 중등학교에서 교사는 교실 밖의 복도의 소음에 대해 불평할 수 있다. 문제는 '시끄러운 학생들'이다. 그러나 면밀히 검토해 보면 문제가 훨씬 더 복잡하다는 것을 알 수 있다. 거의 모든 학생들이 수업이 끝난 후 다음 과목으로 이동하기 위해 교실을 이동한다. 학생이 이동할 수 있는 복도가 2개뿐이므로 쉬는 시간(changeover times)에 혼잡과 과부하가 발생한다. 복도는 공진이 심한 재질로 만들어져 소리가 더욱 커지게 된다. 따라서 학생들이 완전히 침묵을 지켰다고 하더라도 여전히 소음이 발생한다. 교사가 시끄러운 학생들에게만 초점을 맞추어 복도로 나가 조용히 하라고 소리를 질러 봤자 효과가 없게 된다. 바닥에 카펫이 깔려 있다면 소음을 흡수할 수 있지만, 재정적인 측면에서 부담이 된다. 혼잡을 제거해야 하는 경우 시간 이동이 문제(예 : 다른 시간대에 움직이는 학생들을 수용하기 위해)가 되며, 교사가 학생에게 이동해야 하는지 또는 학생이 교사에게 이동해야 하는지 아닌지에 대한 문제가 발생한다. 아마도 해결책은 이들 모두를 조합하는 것이겠지만 확실하게 해결되는 아니다. 여기서 쟁점은 증상보다는 '실제 원인'을 찾은 다음 이를 해결하는 것이다 (Senge, 1990: 104; Morrison, 1998: 98).

대규모 변화를 가져올 수 있는 작은 행동을 구별하는 것에 영향을 미치는 리더의 임무는 중요하다. 예를 들어, 학교에서 포트폴리오 평가(예: 성취 기록)의 증가는 외관상 학생들이 자기 평가와 목표 설정을 용이하게 하는 데 관여하는 작고 새로운 교육적 발전일 수 있다. 그러나 포트폴리오 평가를 수행하는 것은 시간이 많이 소요되어 다른 귀중한 교육으로부터 시간을 빼앗기 때문에 시간 수당 문제를 노출한다. 또한, 학생과 교사 사이의 사회적 거리가 멀어 일부 교사와 학생들이 불편하다고 생각할 수 있으므로, 서비스 개발과 준비가 필요하다(예: 적극적인 듣기, 진단 및 촉진 기법). 서비스 개발에는 비용이 들기 때문에 예산 문제가 노출된다. 소규모 변화로 시작된 것이 재정, 시간표 작성, 권력 및 학교 문화 문제를 야기한 것이다.

Schein(1992, 1993, 1994), Bennett과 O'Brien (1994: 42)은 학습조직의 리더가 학습 지원 문화를 창출해야 하며, 이는 긍정적인 풍토와 조직 건강 증진을 통해 해결된다고 제안하였다. 이들은 리더들은 다음과 같은 것들을 가져야 한다고 주장하였다.

• 기존 관행 및 가정에 도전하는 기술
• 협력하고 다른 사람들을 참여시킬 의지
• 특히 조직 문화에 대해 빠르게 배울 수 있는 능력

리더는 일상생활에서 경험할 수 없는 새로운 아이디어와 사고방식에 다른 참가자를 참여시킬 수 있어야 한다. Schein(1999)은 조직학습의 과정에서 리더들(leaders)과 선구자(the led)들이 의미 창조의 협력적 파트너로 간주된다고 주장하였다(제3장의 혁신 중등학교의 예를 보라).

Garvin(1993: 80)은 학습조직이 분산된 지식에 근거하여 지식을 전달하며 공유하고, 결과에 따라 행동을 변화시키고 지식을 창출하며 습득하고 축적할 수 있는 전문 지식을 갖고 있다고 주장한다(Beet and Booth, 2000: 7). 실제로 분산, 공유, 저장 및 전달된 지식은 구성원이 탈퇴할 때마다 학습 역량을 약화시키지 않는 조직에서 매우 중요하다(April et al., 2000: 50). 전문 지식은 공유하고 저장하여야 한다. 그것은 학교의 조직적인 기억력이다. 지식은 개인적일뿐만 아니라 학교 자체의 정체성에 기여한다(즉, Coleman, 1999: 36). Garvin(2000: 190-1)은 지식 공유에 있어 올바른 풍토와 분위기 조성에 주의를 기울여야 한다는 점을 강조한다. 리더는 민감한 토론을 이끌고, 유용하고 도움이 되는 피드백을 제공한다(Fisher and Fisher, 1998: 232-3).

Popper와 Lipshitz(2000)는 지식과 피드백을 공유하는 사례로서 이스라엘

공군의 사례를 인용했다. 이들은 각 임무가 끝난 후 보고를 하게 되는데, 종종 임무보다 더 긴 보고를 하는 경우도 있다. 보고는 계급에 관계없이 모든 참가자가 참여하고, 계급에 관계없이 비평적이고 건설적인 피드백을 받는다는 특징이 있다. 즉, 보고는 민주주의와 평등에 기반하고 있다(Popper and Lipshitz, 2000: 136). 공군은 실수를 용인하고, 실수를 통해 배울 수 있는 능력이 있으며, 임무에 대한 면밀한 평가에 참여한다. 이러한 평가는 의견이나 인상보다는 증거와 사실에 기초하며, 평가를 위한 데이터는 투명해야 한다.

　Popper와 Lipshitz는 조직 활동의 구조적 요건으로서 이 보고의 내용이 체계적으로 정보를 수집, 분석, 저장, 보급하고, 향후 학습에 사용하는 '조직학습 메커니즘'의 사례라고 제안한다. 보고는 개인을 전문가와 분리하고 전문성 개발에 사용된다. 보고에 상당한 시간과 돈을 투자해야 한다. 여기서 리더의 임무는 참가자들이 시간과 관심을 그 활동에 쏟고, 그 활동을 인정과 보상으로 따라 하며, 참가자들의 '방어적인 관례(defensive routines)'를 최소화할 수 있도록 신뢰와 심리적 안전의 분위기를 조성함으로써 적극적으로 참여하려는 동기를 자극하는 것에 있다(예: 실수도 기꺼이 보고하려는 의지) (Grieves, 2000 참조).

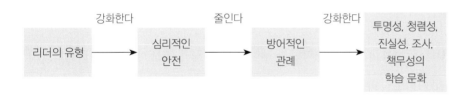

　Wheatley(1996: 6)도 유사하게 학습조직으로서 미 육군을 언급하면서 각 주요 행동 후에 참가자들은 스스로에게 '무엇이 일어났는가?' '왜 그렇게 생각하는가?' 그리고 '우리는 그것으로부터 무엇을 배울 수 있는가?' 라고 자문한다[미 육군의 '사후조치 검토(After Action review)'에 대해서는 Fullan(2001: 88-9) 참조]. 이는 학교의 High-scope 프로그램의 계획−실행−검토(Plan, Do,

Review) 모델(Hohmann and Weikart, 1983), 그리고 경험의 공유(즉, 의사소통과 상호관계)가 강조되는 학교 계획과 훈련의 실행-검토-학습-적용(Do-Review-Learn-Apply) 모델과 유사하다. 또한 학교에서 계획 및 교육 모델을 검토, 학습 및 적용(Dennison and Kirk, 1990) 등 경험 공유(예: 의사소통 및 상호 관계)가 강조된다(Dennison and Kirk, 1990: 7-10). 실제로 Dennison과 Kirk(1990: 17)는 교사들을 위한 이러한 학습 패턴을 선순환이라고 말한다([그림 4-1]).

교육 분야에서, Fitz-Gibbon(1996: 35-42)은 학생들이 배우고 새로운 형태의 자기조직화로 나오기 위해 피드백과 정보 흐름을 학교에 다시 돌려주는 강력한 사례를 만들었다. Fitz-Gibbon의 분석은 복잡계 이론을 통해 널리 알려졌다. 그녀는 교육 결과에 대한 정확한 정보의 피드백을 증가시키는 것은 잘못된 정보, 허위 정보 및 미필적 처방의 감소와 마찬가지로 학교 개선에 필수적이라 주장하였다(1996: 42). 따라서 이러한 움직임은 증거 기반 교육, 더욱 최근에는 증거 정보 기반 교육으로 향하고 있다(Morrison, 2001b).

Fitz-Gibbon과 그녀의 동료들은 Durham 대학의 교육과정, 평가 및 관리 센터(the Curriculum, Evaluation and Management: CEM, www.cem.dur.ac.uk)의 다른 지표 시스템과 함께 A 수준 정보시스템(the A-level information system: ALIS)을 개발하였다. 예를 들면, 11학년 정보시스템(the Year 11 Information System: YE11IS), 11~16학년 학생들에 관한 중등정보시스템(the Middle Year Information System: MIDYIS) 및 초등학교의 성과 지표(Performance Indicators in Primary Schools: PIPS)에 대한 정보를 제공한다. 이것들은 여러 가지 유사한 특성을 가진 다른 학교, 즉 공정한 비교가 가능한 학교(복잡계 이론의 관점에서, 학교는 다른 학교의 환경/공연으로부터 배운다)의 실적과 비교하여 다양한 조치에 대한 실적 정보를 학교에 피드백하기 위해 고안된 특별한 프로젝트이다. 데이터는 학교로부터 비밀리에 수집된다. 그 시스템과 프로젝트는 공개 시험 및 평가결과, 설문지, 의도적으로 고안된 CEM 시험 자료 및 기타 수단을 포함한 다양한 성과 지표를 활용한다.

  학교는 자신과 유사한 상황에 있는 다른(익명) 학교와 비교하여 자신의 결과를 보게 된다. 이를 통해 한 학교는 '부가가치 성과'를 다른 유사한 그룹의 성과와 비교할 수 있다.

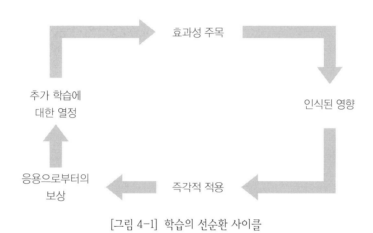

[그림 4-1] 학습의 선순환 사이클

  각 학교의 결과는 해당 학교의 기밀이며 비교 대상 학교는 확인할 수 없게 익명으로 되어 있다. 이는 검사를 통한 피드백의 '오명과 수치심(naming and shaming) 부여'를 피할 수 있고, 그 결과는 개발 목적으로 형식에 맞게 사용하기 때문에 학교에서 긍정적으로 작용하게 된다. 이것은 참여 학교들의 헌신적인 의미를 형성한다. 그들은 생생하고 의미 있는 데이터의 피드백으로부터 직접적으로 이익을 얻게 된다. CEM 센터 모든 업무의 목적은 학교가 스스로를 개선하기 위해 행동할 수 있도록 해 주는 정확하고 엄격하고 신뢰할 수 있는 정보를 제공하는 데 있다. 피드백은 학교에서 개발, 개선 및 조직학습을 위해 사용되게 된다.

조직학습을 개발하기 위한 전략

여기에 제시된 교육 모델은 여러 형태의 협력에 기초하고(Cohen et al., 2000) 있는 실행 연구(action research)의 모델이다. 이 모델은 니즈/문제들의 확인, 니즈/문제들을 충족시킬 수 있는 가능한 중재 방법의 분석, 니즈/문제; 하나 또는 그 이상의 중재 실시, 해결책의 효과 평가, 새로운 니즈/문제의 확인 등과 같은 핵심 요소들로 구성되어 있다.

Fullan(2001: 125-6)은 일이 일어나는 맥락(현장 상황)에서 학습하는 것이 학교 조직학습의 필수적인 특징이며 가장 관련성이 높기 때문에 가장 큰 '결과'를 가져온다고 주장한다. 그는 상호 방문, 월간 교장지원단, 교장 간 동료 코칭, 스터디 그룹, 개별 코칭, 특정 교육과정 및 학교 문제에 대한 학습을 위한 교육기관(센터), 장학사의 현장방문 등의 예시를 통해 학교 리더들의 학습 사례들을 보여 준다(Fullan, 2001: 127-8).

Braham(1995)은 조직학습에서 학습은 일상적 활동의 필수적인 부분과 과정으로, 그리고 관계에 대한 프리미엄을 부여하는 협력 활동으로 중요하다는 점을 제시하였다. 학습은 주로 내부에서 이루어지며 공개적인 지식 공유가 필요하다(Conley et al., 1988; Southworth, 2000: 281). Leithwood와 Steinbach(1995)는 우수 학교의 교장이 의사결정 과정에서 여러 교사들을 광범위하게 활용했다는 사실을 발견하였다. Marquardt(1996)는 MIT 조직학습센터의 연구결과를 요약하여 성공적으로 학습한 조직의 열 가지 주요 특징들을 보여 주었다. 〈표 4-2〉는 이것들을 학교 상황에서 해석한 것이다.

Marquardt(1996)는 이러한 특성을 개발하는 데 동기부여와 인센티브의 중요성을 강조하였다. Hong과 Kuo(1999)는 학습조직에서 이루어지는 세 가지 유형의 학습을 확인하였다(pp. 209-10). 유지 학습(Maintenance learning)은 생존을 위한 학습이며, 대체로 일방적 가르침으로 구성된다. 적응적 학습

〈표 4-2〉 성공적인 조직학습의 10가지 주요 특징

학습조직의 특성	학교의 특성
1. 검색 요구 사항: 환경을 상시적으로 검색한다.	1. 학교에 대한 압력을 조사하고 어떤 학교가 응답해야 하는지 결정한다. 학교가 환경에 어떻게 영향을 미칠 수 있는지 조사한다.
2. 성과 차이: 성과 차이가 학습 기회가 된다.	2. 다음과 같은 영역에서 학교에서 개선해야 할 영역들을 확인한다(Rodger and Richardson, 1985): 부서별 업무; 목회 업무; 교직원 업무; 전체 학교 교육과정 계획; 모니터링 및 평가 업무; 연령대별 책임 업무; 관리 업무; 학교 개선 업무; 정보 기술 및 지식 관리 업무; 학교의 풍토와 건강; 대외 관계
3. 측정에 대한 관심: 새로운 벤처기업의 핵심 요소를 운영하는 데 상당한 노력이 필요하다.	3. 측정 가능하고 측정해야 하는 학교, 교사 및 학생 성과의 여러 측면을 파악한다. 어떠한 측정값이 유용하고, 이것이 어떻게 수행될 수 있는지 확인한다. 예: 부가 가치 측정 (예: (http://www.cem.dur.ac.uk)
4. 실험 정신: 실험을 많이 하면 할수록 더 많은 것을 배울 수 있다.	4. 교육의 여러 혁신과 실험을 장려(적절한 보호 장치 사용)한다.
5. 개방적 풍토: 열려야 할 지식과 의사소통	5. 의사소통이 원활하고 풍부한지 확인하고, 그 정보는 공유된다.
6. 계속 교육: 평생 교육이 필요하고 절실하다.	6. 학교 발전을 위한 전문성 개발체제를 구축한다.
7. 운영상의 다양성: 조직의 목표를 달성하는 데 여러 가지 방법이 있다는 것을 깨닫는다.	7. 작업 방식과 문제에 접근하는 방식의 다양성을 권장한다(예: 이 목록의 2영역).
8. 여러 옹호자/승리자: 조직의 모든 사람이 지속적인 개선을 위한 제안을 할 수 있다.	8. 개선 프로젝트를 위한 공동 참여 및 의사결정 운영
9. 참여적 리더십: 리더는 조직의 집단적 비전을 분명히 밝혀야 한다.	9. 리더들이 여러 시각을 수집하고, 그것들을 종합적이고 공유된 비전으로 통합한다(예, 델파이기법 또는 명목집단기법 활용).
10. 시스템 관점: 시스템의 단위들 간의 관계는 의도적으로 배양된다.	10. 유닛이 진정한(인위적인) 협동 작업을 경험할 수 있는 기회를 제공한다.

(Adaptive learning)은 벤치마크 학습(모방하기 위해 모범 사례를 찾는)이며, 대
부분 구성원들 사이에 공유된다. 창조적 학습(Creative learning)은 혁신성의
주도적 추진을 위해 고안되었으며, 주로 자율학습으로 구성된다(Miller, 1996
참조)[5]. 비록 조잡하고 추상적으로 여겨질 수 있음에도 불구하고 저자들은
학교가 스스로에게 물어볼 수 있는 질문으로 재구성될 수 있는 몇 가지 쟁점

〈표 4-3〉 학습조직으로서의 학교에서의 학습 유형에 대한 자기평가척도

학습의 종류

유지 학습
- 참여자는 학교의 운영 방식을 이해하고 있으며, 학교에서 일할 수 있는 적절한 준비를 하고 있고, 이를 지원하고 있는가?
- 문서가 사용 가능하고, 명확하며, 집중적이고, 정확하며 활용이 되는가?
- 신입 교직원에게 적절한 오리엔테이션이 있는가?
- 학교는 내 · 외부 관계를 다루기 위한 의전이나 행정 절차를 가지고 있는가?
- '알아야 할 필요가 있는' 사람들이 학교의 정보시스템에 접근할 수 있는가? 그리고 다양한 유형의 필수정보를 제공하는가?
- 참가자는 필요한 자원에 접근할 수 있는가?
- 참가자는 적절한 의사결정권을 가지고 있는가?

벤치마크 학습
- 부서의 다양한 경로(내부 및 외부)에서 데이터를 직접 검색하고 있는가?
- 증가하는 데이터의 양을 수집하고 분류할 수 있는 방법이 있는가?
- 참여자들은 학교 전체 그리고 비슷한 학교에서 일어난 일을 알 수 있는가?
- 참여자들은 자신의 업무 관행을 다른 사람들과 기꺼이 공유하고 있는가?
- 부서 및 그룹의 결정에 대한 피드백 메커니즘이 있는가?
- 학교 내에서 여러 의사소통 경로가 있으며 사용되고 있는가?
- 각 부서에는 명확한 의사소통의 절차가 있는가?

창조적 학습
- 최신 정보가 분류되고 저장되어 있는가(예: 서적, 문서, 컴퓨터 파일)?
- 학교에서 전문 및 학술 저널을 이용할 수 있는가?
- 학교는 무료 봉사를 위한 시간과 지원을 제공하고 있는가?
- 분석 도구가 토론에서 사용되는가?
- 참여자들은 계획을 세우는 데 익숙하고, 이것을 위한 지원구조가 있는가?
- 업무 관행과 절차를 재설계하는 기회가 제공되고 있는가?
- 참여자는 사례 연구 자료를 통해 적극적으로 학습하고 아이디어와 관행을 공유하는가?

들을 제시하였다.

이러한 사항들은 자기평가 척도로 제시된다(〈표 4-3〉).

조직학습을 위한 지식 공유

학습조직으로서의 학교는 지식을 얻기 위한 외부 자원을 활용하고, 새로운 지식을 학교에 통합하고 적용하는 새로운 지식에 접근하며, 새로운 지식을 창출할 수 있어야 한다(Huber, 1991). 이를 위해 학교는 다양한 미디어를 통해 지식을 선택, 저장, 접근, 검색 및 활용하는 메커니즘을 제공하고, 교사들이 새로운 지식을 배우고, 혁신하고 실천할 수 있도록 인센티브를 제공한다. 또한 학교의 모든 부서 간에 지식과 관행을 공유할 수 있는 인센티브를 제공해야 하며, 학교 발전을 위한 잠재적 기여 가능성이 있는 지식들을 평가해야 한다(Tetenbaum, 1998 참조).

정보를 조직의 신념 또는 가치체계로 통합하는 수단을 찾으면 정보가 지식으로 바뀌게 된다. 정보는 분류되고 해석된 자료이다(Devlin, 1991). 잠재적 정보인 사용되지 않은 자료와 정보는 일단 사용되면 지식 구축 조직을 강화하게 된다(Lissack, 1996: 7 참조). Weick와 Daft(1984)는 '정보 해석'이라는 개념에서 데이터와 지식을 구분하고 있다. 그들은 정보가 이해되고 개념적 체계(schemes) 속으로 구축되어야 한다고 주장한다.

지식은 학교 '비즈니스'의 핵심이며, 지식의 증가율은 12개월에서 18개월마다 두 배로 늘어나게 된다(Fullan, 2001: 22). 그것은 대개 조직이 아니라 개

---

5) Miller(1996년)는 조직이 6가지 방식으로 학습할 수 있다고 제안한다. 분석 학습(analytical learning), 종합 학습(synthetic learning), 실험 학습(experimental learning), 상호작용 학습(interactive learning), 구조 학습(structural learning), 제도 학습(institutional learning) 등이 그것이다.

인이 만들어 내고 보유하게 된다(Grant, 1999: 1). 지식을 분배하기 위해서는 정보를 공유하기 위해 확립되고 수용된 절차와 언어로 의미 있게 조직화되어야 한다(Drucker, 1999: 126)(참조 : Probst and Buchel, 1997; Hong, 1999). 실제로 Coleman(1999: 39)은 지식 공유가 조직의 인센티브 및 보상 시스템의 일부가 되어야 한다고 제안하였다. Youngblood(1997: 63)는 정보를 공유하는 보편적인 관점을 '알아야 할 필요성(need to know)' 기준으로 대체할 것을 제안하였다. 여기서 정보의 소유자는 알 필요가 있는 사람을 결정하고 수신자는 알 필요가 있는 것을 결정하게 된다. Youngblood는 정보와 지식이 조직의 생명력이라면, 높은 품질과 '다양한 상호작용은 뛰는 심장'이라고 주장하였다. 공유와 상호작용이 결여된 조직은 심장마비로 고통을 받게 된다.

Nonaka와 Takeuchi(1995)는 조직 내 양방향 지식 네트워크의 필요성을 제안하였다. 여기서 Rosenberg(2000)는 텍스트 기반 지식의 공유 측면에서 뿐만 아니라 시각 및 이미지 기반 공유가 가능한(즉, 가상대면 의사소통 및 풍부한 상호작용을 할 수 있는) 멀티미디어가 가지는 잠재력 측면에서 ICT가 강력한 역할을 할 수 있다고 제안하고 있다.

Stacey(2001: 4, 220)는 지식은 유익하고 상품화된 '사물'이 아니라 '관련 활동 과정'이며, 조직의 참여적 자기조직화의 일부라고 주장했다(Stacey, 2001: 5). 지식은 상호작용과 관계를 통해 생산되고 재생산되고 변형되며(Stacey, 2001: 6, 98), 지식의 창조는 참여적이고 소통적인 활동이다. 지식은 그것이 공유되고 사회적일 때만 지식이 된다(참조, Brown and Duguid, 1991, 2000)(Stacey, 2001: 121). 지식은 데이터베이스에 있기보다는 사람에게 있는 경우가 많은데, 지식의 가치를 평가하는 것이 바로 사람이기 때문이다. Cilliers(2000 : 10)는 해석된 자료로서 지식은 상호작용의 과정에서만 의미 있다는 Stacey의 견해를 반박하였다.

지식은 상호작용과 관계를 통해 지속적으로 구성된다(Stacey, 2001: 68). 그러므로 "지식 관리(managing knowledge)"의 과제는, 만약 그러한 과제가 있고

(Stacey, 2000: 5에서 이 문제 제기) 그 안에 리더십의 과제가 있다면, 지식 구축과 공유가 자동적으로 그리고 내재적으로 이루어질 수 있도록(예 : 조직 구조와 문화를 통해) 관계를 촉진하는 것에 있다. Stacey에게 있어 조직의 지식 창출 능력은 관계를 구축하는 능력과 유지하는 능력 간 함수이다. 지식의 구축은 의사소통의 과정으로 이루어져 있다. Stacey는 이것을 매우 중요하게 여기고 있는데, 구성원들이 참여하는 '대화 교류(conversational exchanges)'를 통해 조직의 미래가 끊임없이 구축되고, 재구성되고 변형되는 것을 강조한다 (Stacey, 2000: 181).

분산 체제(복잡계 이론이 지원하는) 내에서 어떤 정보를 자동적으로 또는 특정한 개입을 통해 공유할 것인지, 그리고 의사소통과 정보 과부하를 피하기 위해 어떤 선택을 내릴 것인지와 같이 지식 공유에 관한 이슈는 매우 중요한 문제이다. Stacey를 지지하는 Greengard(1998)와 Fullan(2001: 6, 87)은 충분한 동기부여와 적극적인 의지가 없는 한 사람들이 자발적으로 지식을 공유하지는 않는다는 점, 그리고 지식 교환과 공유는 사회적, 관계적 문제라는 점을 강조한다. Fullan은 강력한 교사 커뮤니티가 공동 학습을 통해 학습의 획기적인 발전을 이룬 학교의 사례를 제시하고 있다. 모범 사례 공유는 학교 발전의 열쇠이지만, 모범 사례가 발생하기 위해서는 지원 환경이 필요하다.

대부분의 학교가 엄청난 양의 정보 과부하를 겪고 있음을 감안할 때, 일부는 제거되어야 하고 일부는 선택되어야 한다(Hamel and Prahalad, 1994). 그리고 나머지는 해석되어야 하며, Drucker가 종종 주장한 바와 같이 실행될 수 있도록 유도되어야 한다(Drucker, 1999: 130). 복잡한 조직에서 분산된 지식을 관리하는 문제는 다음과 같은 몇 가지 질문들을 해결해야 한다.

- 어떤 지식이 유지되고, 제거될 것인가?
- 사람들이 효과적으로 일하는 데 필요한 최소한의 지식은 무엇인가?
- 지식을 선택, 저장, 접근, 검색, 처리 및 사용하는 방법은 무엇입니까?

- 누가 지식을 가지고 있고, 그 접근 권한을 가지고 있는가?
- 사람들로부터 얻고, 사람들에게 제공하기 위해 요구되는 정보는 무엇이고, 어떤 형태와 시간 틀이 필요한가?
- 사람들이 조직에서 효과적으로 일하는 데 필요한 정보는 무엇인가?

Drucker(p.124)의 말을 인용하면, 사람들은 "내가 필요한 정보는 언제, 어떤 형식으로, 누구로부터 받을 수 있는가?" "내가 다른 사람에게 주어야 할 정보는 누구에게, 언제, 어떤 형태로 제공해야 하는가?"의 두 가지 질문을 스스로에게 할 필요가 있다. Drucker는 경영진이 요구하는 대부분의 지식이 중앙 저장소에 존재하지 않는다고 언급하면서(p.125), 지식이 분산된 속성을 가지고 있음을 인지하고 있다. 지식은 실제로 부서 전체에 퍼져 있고, 조직 외부에 퍼져 있기 때문에 내부 환경에 대한 끊임없는 네트워킹과 스캐닝이 필요하다.

Grant(1996)는 네트워킹을 통해서만 지식을 통합할 수 있다고 제안하였다. 이후의 논문(1999)에서 그는 전문 지식에 대한 조정이 조직에서 특히 어렵다는 점을 지적하고 이를 다음에 제시된 것들을 통해 설명할 수 있다고 언급하고 있다.

1. 조정을 위한 규칙 및 지침
2. 순서화(전문 지식을 찾고 사용하고 도입하는 순서를 확인하는 것)
3. 조정 절차(전문가의 상호 조정을 통해 이루어지는)
4. 그룹 문제해결 및 의사결정

Grant는 1~3은 의사소통을 최소화하는 반면, 4는 의사소통을 극대화하는 경향이 있다고 설명하고 있다. 그는 효과적인 조정을 위해서는 공통의 지식이 필요하다고 주장한다. 이 공통 지식은 언어와 다른 상징적인 의사소통 형식을 포함하는데, 전문 지식 공유(어떤 지식 분야에 한 명 이상의 전문가가 있는 곳: 학교에서 종종 나타나는 특징), 의미 공유(광범위한 형식적 및 비공식적인 의사소통을 통해 획득), 지식 영역의 인식(다른 사람들이 소유한 지식에 대한 인식으로, 사람들이 다른 유형의 지식에 대해 의지할 사람을 알 수 있도록) 등이다. Grant(1999)는 계층 구조가 정보 처리에 유용할 수 있지만 통합 지식에는 도움이 되지 않는다고 강조한다. 이는 수평적 구조와 팀 기반 접근 방식을 통해 가장 잘 해결된다.

조직학습의 단계

학습하는 조직은 여러 단계를 거치게 된다(Jones and Hendry, 1992: 24)(〈표 4-4〉). Kelly와 Allison(1999: 110-12)은 조직학습이 다음 5단계를 거쳐 진행된다고 설명하고 있다.

무의식적인 자기조직화의 인식
(지휘 및 통제 리더십이 운영되는 곳과 자기조직화가 '숨겨진 문화'인 곳)
↓
의식적 자기조직화
(헌신적이고 훈련된 팀이 있고 열린 의사소통과 학습이 있는 곳,
'게임 계획'에 대한 헌신과 환경에서의 성과에 대한 모니터링)
↓
유도된 자기조직화
(헌신적이고 훈련된 지역의 팀이 성공적인 수업을 전파하고
더 넓은 기관에 걸쳐 의사소통을 하는 곳)
↓
양적으로 유도된 자기조직화
(통계 모델은 예측에 사용되는 곳)
↓
의식적으로 유능한 자동생산 체계
(환경 내에서 그리고 환경 간의 공동 진화)

〈표 4-4〉 조직학습의 단계

단계	각 단계의 요소
1단계: 토대(기초)	학습의 필요성 깨닫기 배우고 싶다 학습하는 법 배우기 개인 개발 훈련 그룹 및 팀 단위로 학습 팀과 그룹의 동기부여
2단계: 형성	추가 기술 개발 자체 학습 지원 개별 맞춤형 학습 프로그램
3단계: 계속	독립적인 학습 진로 계획 책임 공유 위계적 구조에서 벗어나려는 조직의 움직임 직무 확장, 확대 및 순환 공식 평가제도
4단계: 변형	다른 방식으로 생각하고 일하기 구조 변경 어떻게 다른지 배우기 리더십 강조 수평적 관리 구조의 개발 조력자, 가능자 및 코치로서의 관리자 학습 장애물 제거 다른 사람에게서 배우고자 하는 의지 자기 평가 제도 구상 활동
5단계: 변신	발전된 사람들을 통한 완전 발전 조직 변화에 대처하는 능력 모든 수준에서 학습 네트워크를 통한 책임 분산 개인의 전문 지식으로 대체된 공식적인 지위

비록 Kelly와 Allison이 교육보다는 산업과 비지니스를 중시하지만(통계적 예측에 대한 그들의 언급이 학교에 불편함을 줄 수도 있음), 그럼에도 불구하고 무의식적인 역량에서 의식적인 역량에 이르는 단계는 조직학습의 전개과정을 이해하는 데 유용한 증거이다. Kelly와 Allison의 연구는 의식적인 무능과 의식적인 능력을 통해 무의식적인 무능에서 무의식적인 능력까지 발전해야 한다고 주장한 Dubin(1962)의 연구와 일치한다. 학습 과정은 인식 제고에서 학습과 실습, 성찰과 평가로 이동한다(April et al., 2000: 50 참조).

이것은 앞서 Dennison과 Kirk가 제시한 학교의 선순환과 유사하다. 이 단계에서 학습은 변화를 가져오는 것이 분명하다. Beeby와 Booth(2000)는 학습 단계(개인, 팀, 부서 및 조직)와 공식 및 비공식 의사소통 경로가 학습의 여러 단계에서 사용된다는 점을 보여 주고 있다. Tierney(1999: 121)는 의사전달이 학습 증진에 필수적임을 제시하였다. 자기조직화의 창발을 위해서는 신뢰가 필요하다(Youngblood, 1997: 120; McNamara, 2001: 3). 신뢰는 Fukayama(1999: 16)가 그룹이나 조직의 원활한 운영을 향상시키기 위한 윤활제라고 제안한 반면, Youngblood(1997: 123)는 반대로 매년 업적 고과[분명 학교에서 평가(appraisal)와 감사(insperiton)라는 메시지]를 질적으로 저하시키는 것으로 보고 있다. 의사소통 및 학습을 위한 절차는 다음과 같다.

- 교육 및 전문성 개발
- 외부 벤치마킹
- 컨설턴트
- 다른 기관 방문
- 회의, 워크숍, 세미나, 공연
- 전문 저널 및 논문
- 전략적 제휴
- 서로 배울 수 있는 기회

Coghlan(1997)은 조직학습의 각 수준(개인, 팀, 부서 간, 조직, 조직 간)(Nonaka and Takeuchi, 1995: 57) 내에서 그리고 그 사이에서 정보의 경험, 처리, 해석 및 조치를 취할 수 있는 기회가 있어야 한다고 주장하였다.

개인 차원에서 이러한 기회는 학습 내용과 성찰을 배우는 문제이다. 또한 이 기회는 팀 차원에서 팀 학습과 대화의 특성을 더하게 된다. 부서 간 차원에서는 다른 문화적 관점에 주의를 기울여야 한다. 조직 수준 및 그 이상에서는 조직 발전을 위한 환경과 전략에 대한 학습을 이전 단계에서 학습한 특성과 통합해야 할 필요가 있다. 이 과정은 〈표 4-5〉에 제시되어 있다(Huber, 1991 참조).

〈표 4-5〉 조직학습의 내용 수준

수준	방법	입력 / 결과
• 개인	지식 습득	경험, 정보
• 팀	정보 배포	사적/공적인 대화
• 학과 간	정보 해석	공유된 이해; 상호
• 조직	조직화된 기억 개발	시스템의 조정과 상호작용
• 조직 간		

조직학습이란 조직 전반에 걸쳐 이루어지는 책임, 의사결정 및 권한의 위임을 의미한다. 이것은 조직의 고위 경영진 내에 있는 것이 아니라 네트워크의 모든 요소와 개인에게 '책임을 내리는 것'을 의미한다[6].

---

6) O'Brien(1993)은 조직의 학습준비도 또는 능력을 평가하고 조직할 때, 전략과 비전, 경영 관행, 관리 관행, 조직구조와 직무구조, 성과목표와 피드백, 훈련과 교육, 정보, 대인관계 행동, 보상과 인정, 개인 및 팀 개발 등 10가지 범주로 구분된 학습조직 프로파일(the Learning Organization Profile)을 제공하고 있다. 이것은 학습조직을 촉진하기 위한 Kline과 Saunders의 요소들 즉, 평가, 긍정적인 것을 촉진하기, 안전한 사고, 위험 감수 및 지원, 자원으로서의 인간에 대한 관심, 학습 능력, 조직의 비전을 계획하고 개발하기, 시스템 사고, 그리고 정보 제공 등과 유사하다.

결론

조직학습을 개발 중인 학교는 몇 가지 특성을 가지고 있다(Karsten et al., 2000).

- 외부의 압박에 반응한다.
- 참여자가 성공을 경험할 수 있도록 한다.
- 공동의 비전을 개발하는 과정은 공동의 비전의 산물보다 더 중요하다.
- 공식적 문화와 규칙을 준수하는 방향으로 이끌게 되는 '조화 모델'을 깨뜨린다.
- 피드백과 상호 의존성을 강조한다.
- 사람들이 자유롭게 아이디어를 표현할 수 있는 열린 문화를 가지고 있다.
- 실수로부터 배우고 실수를 용납한다.
- 교직원과 관리자 사이의 구별이 줄어드는 분산된 구조를 갖고 있다.
- 전통적인 교수 개념에서 벗어나 경험 학습, 개발을 위한 필요 활동에 중점을 둔다.
- 교직원과 관리자들은 팀워크를 활용한다.
- 다양한 방법을 사용할 수 있는 다양한 목적과 자율성을 가지고 있다.

Karsten 등(2000: 147)이 제시한 바와 같이 학교가 실제로 학습조직으로 발전한다면, 관료적이고 편협한 경향을 보이는 국가 교육과정과 목표를 준수하라는 압력에 불편함을 느끼게 될 것이라는 관점은 중요하다. 더 나아가, 학교가 학습조직이 되려면 학교가 해결해야 할 가장 중요한 항목은 지역 환경에서 정보를 얻는 것과 함께 학교 주변에서 정보를 선택, 처리 및 배포하는 메커니즘을 갖추는 것이다(Karsten et al., 2000: 154-5). 학교는 고객 및 이해 관계자의 소망을 명확하게 이해하고 이를 학교 자체의 강점과 일치시켜야 한다. 이는 학교 내에서 효과적인 의사소통을 사용하고 아이디어를 교환한다는 것을 의미한다.

분명히, 조직학습의 특징을 생산하는 것은 쉬운 일이 아니며, 항상 학교에서 만들어 내기가 쉽지만은 않다. Fullan(1998)은 아이디어나 제품보다는 과정, 즉 변화에 중점을 두어야 한다고 강조하였다. Karsten 등(2000)은 변화가 단순히 중요하다는 명시적 의미보다는 요소들의 상호작용을 의미한다고 주장하였다.

창발적이고 자기조직화된 학교는 문제를 해결하고 문제를 예측할 수 있는 높은 수준의 역량을 갖춘 학습조직이다. 이를 위해서는 조직 지능을 보유하고 개발해야 한다. 그리고 내적 및 외적 환경으로부터 학습할 수 있는 능력이 요구된다. 제4장에서는 학교가 조직의 학습 능력과 루틴을 개발하여야 하며, 이를 증진하는 데 리더십이 중요한 역할을 한다고 제안하였다.

제4장에서는 리더십이 여러 측면에 영향을 미친다는 것을 제시하였다. 리더십과 관련하여 리더들은 다음과 같은 역할을 수행할 것을 제안하고자 한다.

- 자기조직화 및 조직학습을 위한 플랫폼 식별
- 조직학습을 위한 핵심 메커니즘으로 팀과 네트워크를 개발
- 학교에서 비전, 헌신 및 조정을 개발
- 위험을 감수하고 실험적인 일을 장려하고 지원
- 학교에서 조직학습을 위한 체계적이고 기타 여러 가지 전략을 개발

조직학습을 위한 리더십은 다음과 같은 역할을 수행할 것으로 제안되었다.

- 문제 제기, 문제 진단 및 문제해결 능력은 학습조직으로서 학교의 핵심 요소이다.
- 학습 능력과 역량이 강화되어야 한다.

- 개방성과 공유는 모든 수준 내 그리고 수준 간에서 전범위적으로 발생하는 의사소통과 함께 학습조직의 중요한 특질이다.
- 정보 및 지식 공유, 관리, 사용 및 피드백은 학습조직으로서 학교의 중요한 구성 요소이다.
- 학교가 운영되는 환경을 이해하고, 이에 대응하기 위한 메커니즘이 학교 내에 있어야 한다.
- 유지 학습, 적응적 학습, 벤치마크 학습, 창의적 학습, 혁신적인 학습이 학습조직으로서 학교에서 촉진되어야 한다.
- 조직학습의 단계를 확인할 필요가 있으며, 각 단계에서 학교의 위치를 파악해야 한다.
- 학교는 자신의 조직 지능과 유연성을 개발하여야 한다.

조직학습의 선도적인 참여자와 관련하여 다음과 같은 사항들을 제안하였다.

- 긍정적인 대인관계는 학습조직의 중요한 요소이다.
- 학교의 문화는 학습조직의 중요한 기반이 되어 구성원들의 헌신, 동기부여 및 성공 경험을 촉진한다.
- 모든 참여자는 조직 메타인지 능력(어떻게 학습되고 있는지 그리고 어떻게 개선될 수 있는지를 검토할 수 있는 능력)을 개발해야 한다.
- 학습조직으로서 학교 내에서 의사결정은 분권화되어야 한다.

지금까지 살펴본 특징들은 복잡하고 자기조직화된 학교가 다차원적으로 운영되고 있으며, 학습조직으로 발전시킴으로써 창발 요구를 충족시키고 있다는 사실을 반영한다. 이러한 과정은 복잡할 뿐만 아니라 까다롭다(Cilliers, 1998). 학교가 학습조직이 되려면, 외부 환경에 민감하고 개방적이어야 한다. 이것은 다음 제5장에서 다룰 것이다.

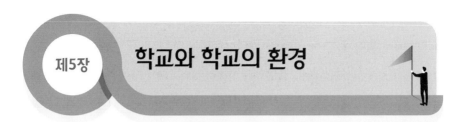

제5장 학교와 학교의 환경

도입

영국의 한 초등학교가 노후한 주택단지에 위치해 있다. 학부모들은 학교 운동장에서 지역 행정 당국에 대한 적대감을 표출하고 있으며, 많은 아버지는 감옥에 수감되어 있다. 이로 인해 많은 엄마들이 생계를 꾸려 나가는 데 어려움을 겪고 있다. 이 지역은 행정 당국에 의해 주택 임대료를 체납한 가구들을 이주시키는 곳으로 활용되고 있다. 불량배들은 거리를 배회하고 있으며, 여기저기 돌아다니는 개들은 아이들을 위한 몇 안 되는 놀이공간을 더럽히고 있다. 판자로 둘러쳐진 집들은 고철을 찾는 도둑들이 침입하고, 마약 사용자들의 투약 장소로 이용되고 있다. 여기저기 부서져 있는 가구들, 고장 난 자동차들 그리고 쓰레기들로 인해 이 지역의 물리적 환경은 매우 침울한 분위기이다.

학교의 많은 어린이가 심각한 이상 행동과 정서적 불안을 보이고 있다. 부모나 선배들의 부정적인 태도에 영향받은 많은 아이는 학교를 싫어한다. 그리고 교사들에 대한 반항을 당연시하는데, 그것은 교사들을 자신과 자신의 가족들에게 고통을 주는 권위적인 대상들과 동일시하기 때문이다. 이 학교는 학교규율을 유지하고 학생들에게 비폭력적이면서 사회적으로 허용되는 기본적인 사회성을 길러 주기 위해 노력하고 있다. 하지만 영국 국가 수준의 교육과정을 준수한다는 것은 교사들이 일상적으로 대처해야하는 어려운 일들로 인해 먼 나라 이야기가 되어 있다. 학교 상황은 절망적이다. 아이들의 학업성취도는 낮은데, 그들은 이에 전혀 개의치 않고 있다. 많은 아이들이 제대로 된 문장을 구사하지 못한 채로 학교에 입학하고, 문해력이나 수리력을 제대로 갖추지 못한 채로 학교를 떠난다.

100년 이상의 역사를 지닌 이 학교의 건물은 붉은 벽돌로 지어졌는데, 아이들이 생각할 수 있는 최악의 보호시설과 흡사하다. 내부 장식품들은 어둡고, 심지어 영국의 정신병원, 법원, 관공서, 경찰서 벽에 흔히 사용되는 녹색 세라믹 타일들도 볼 수 있다. 학교 안의 교사들은 당연히 의기소침해 있으며, 교실에서 질서를 유지하며 조금이라도 가르침을 주기 위해 애를 쓰고 있다. 점심시간에 교사들은 건물을 나서서 매번 아이들이나 부모들이 자동차의 타이어를 부수거나 고의적으로 차체를 긁지 않았는지 확인한다. 교사들은 교실로 다시 돌아가기 전에 잠시 마음을 가다듬는 시간을 갖는다.

전직 교장은 학교에 대한 절망감과 건강 악화로 은퇴했다. 신임 교장은 교육청으로부터 건물의 완전한 개보수와 건물 프로그램에 대한 재정지원에 대한 동의를 얻어냈는데, 이러한 지원은 그의 임기가 시작되면 1년 이내에 이루어질 것이다. 이와 더불어 특별히 건축된 건물에 보육부서가 들어설 예정이었는데, 이것은 어린 아이들의 교육과 사회화를 위한 조기 개입의 의도된 전략일 것이다. 부모들은 학교나 가정에서 자녀교육에 참여하도록 장려될 것이다. 명확하고, 인도주의적이고, 공정하고 일관된 학교규율 정책이 수립될 것인데, 여기에는 학부모, 사회복지사, 심리치료사, 그리고 필요한 경우 경찰 등이 참여할 것이다.

교장은 새로운 건물과 개보수가 완성되었을 때, 일어날 변화를 어떻게 예측할 것인지, 새로운 교육적 실천과 사회성 개발이 어떻게 촉진될 수 있을지, 그리고 교사들의 일처리 방식이 어떻게 효율적으로 이루어질 수 있을지를 교직원들과 논의하였다. 교직원들은 다음의 몇 가지 계획에 동의했다.

- 신관은 교실 조교의 지원으로 최대한 매력적이면서 동기를 자극하는 방식으로 유지될 것이다.
- 학부모들은 협의된 바에 따라 학급활동에 참여할 것이고, 이를 위한 준비 프로그램이 미리 제공될 것이다.
- 가정과 학교의 연계를 담당하는 교사가 임명될 것이고, 이들에게는 가정방문을 위한 시간이 부여될 것이다.
- 학교 내의 의사소통이 개선될 것이다.
- 공동의 기획과 수업이 장려될 것이다.
- 문해력과 수리력 향상이 강조될 것이다.
- 아동의 동기부여, 자존감과 성공 경험의 고취가 중시될 것이다.
- 성인대상 문해력과 수리력 향상 프로그램이 주간 및 일과 후에 학교에서 제공될 것이다. 이를 위한 공간이 제공될 것이며, 그 공간은 지역 커뮤니티 자원으로 또는 상담사가 상주하는 지역 상담소로서 역할을 할 것이다.

2년 내에 건물 프로그램은 완성되었고, 그 변화는 엄청난 것이었다. 밝은 조명과 학습의욕을 자극하는 인상적인 벽면 등으로 이루어진 매력적인 물리적 환경이 갖춰졌다. 교사들의 사기는 충만해지고, 학교의 문제점과 해결방안, 실망과 분노, 스트레스, 그리고 실행 계획 등에 대한 공유의식이 급격히 높아지고, 서로 간 상호작용 촉진과 함께 문제를 해결하려는 의지가 신장되었다. 또한 학생들의 학교 밖 생활에 대한 인식 고취로 학생들과 함께 문제를 해결하려는 의지도 신장되었다. 학부모들에 대한 효과는 초기에는 미약하였으나 빠르게 증가하였다(수확체증의 법칙). 학부모들은 더 이상 학교에 대해 분개하지 않으며, 이러한 느낌은 아이들에게도 전달되었다. 비록 많은 부모들이 배움은 부족하지만, 집에서 자녀들을 지도하기 위해 최선을 다했다. 효과적으로 자녀를 지도하는 법이라는 단기 교육프로그램을 학교가 운영했는데, 학부모들의 호응은 굉장히 좋았다. 모든 사람이 아동교육에 대해 공동의 책임을 인식함에 따라 가정과 학교 간에 존재했던 적대감은 협력으로 변했다.

물론, 이러한 과정에 아무런 문제가 없었다고 이야기하려는 것이 아니라 개선을 위한 노력들이 많이 있었다는 것을 말하고 싶다. 위에서 언급한 상황은 실제로 일어난 일이고, 단지 주요한 내용만 간단히 기술해 놓은 것이다. 이러한 상황 기술에서 주목하고 있는 것은 학교조직이 학교 내·외의 환경을 모두 감지했다는 것이다. 즉, 학교 내부에 변화를 주었더니, 결과적으로 학교 외부의 변화를 초래했다는 것이다.

두 번째 사례의 학교는 다수의 수상경력을 가진 영국의 Thomas Telford 시립테크놀로지 대학(City Technology College)이라는 우수한 중등학교이다 (Morrison, 1997). 이 학교는 영국의 교육부로부터 교육력을 인정받은 '우수 시범학교(beacon school)'로, 자신들의 교육방식을 다른 학교에 전파하도록 소액의 기금을 제공받고 있는 곳으로 알려져 있다. 우수학교에 대한 조사보고서는 이 학교의 여러 가지 특징들을 담고 있는데, 예를 들면 다음과 같다.

- 학부모, 보호자, 학생들 사이에서 큰 인기를 누리고 있는데, 학생들의 성적이 향상되면서 학교의 규모가 더 커졌다(수확체증의 법칙).
- 10개의 연례 보고서(즉, 4주 모듈이 끝날 때마다 하나씩)를 통해 학부모 및 보호자에게 자녀의 진전 상황을 꾸준히 알린다.
- 학부모가 자녀 교육을 어떻게 지원할 수 있을지에 대해 논의할 수 있는

모임을 제공한다.

- 부모, 보호자, 동료 및 학생들의 피드백을 적극적으로 장려한다.
- 국내외 다른 학교와 광범위하게 연계한다(해외 취업 알선 포함).
- 다른 학교에서 퇴출된 학생을 입학시킬 경우, 지방 교육 당국과 긴밀하게 연계한다.
- 팀 기반 활동[계획(예: 교과 모임), 개발, 모니터링, 평가 및 보고]을 하는데 시간을 제공한다.
- 교육, 학습(예: 모든 교육과정 온라인 탑재), 관리 및 행정을 위해 광범위하게 고성능 컴퓨터를 활용한다.
- 도서관 및 자습공간을 늘리고 재배치한다(분산적 시스템).
- 학생 공동체 구성원 간의 긍정적인 관계를 발전시키는 데 중점을 둔다.
- 학생들의 성취도를 높이고 유지하는 데, 핵심요소인 개인 맞춤 지도 시스템을 갖춘다.
- 교장과 9명의 대표, 그리고 교과목 부장은 학교의 모든 수준에서 함께 탁월한 리더십을 발휘한다.
- 팀워크와 비위계적 구조를 강조한다.
- 공개적으로 학교에 대한 사람들의 기여도를 평가한다.
- 학교 전체 차원에서 공개적, 시각적, 그리고 구두로 성공을 축하한다.
- 학부모, 교사, 그리고 기타 외부 당사자들이 함께 협력하는 것을 권장한다.
- 정보화 기기 및 멀티미디어를 광범위하게 사용하여 학교 내외의 의사소통을 원활하게 한다.
- 산업계에서 일한 경험을 가진 사람들로 구성된 조직을 이끄는 취업 및 진로 담당 전임자(큰 다국적 기업에서 인적자원관리를 했던 사람임)를 둔다.
- 산업계와 광범위하게 긴밀한 관계를 맺고 있다.
- 학생들이 교사들과 함께 활동할 수 있는 공유 및 개방된 공간이 있다(교

직원 전용공간은 없음).

이 학교 사례는 복잡계 이론의 몇 가지 특징을 구현하고 있다는 점에서 두드러진다. 즉, 수확체증의 법칙에 대한 관심(제1장 참조), 팀 기반 접근법(제2장 참조), 분산적 리더십, 서번트 리더십과 지식의 분산(3, 제4장 참조), 광범위한 내부 및 외부의 의사소통(제6장 참조), 그리고 관계의 중시(2, 3, 제4장 참조) 등이다. 더 나아가 이 장(제5장)에서 논의된 바와 같이, 이 학교는 학교 내외의 환경에 매우 민감하게 반응해서 이 두 환경 간의 연결, 관계, 그리고 피드백 신장을 매우 중시하고 있다. 즉, 학교 내부 환경은 외부 환경의 영향을 받고 동시에 영향을 준다. 그리고 내부 환경은 또한 변화하는 학교 상황에 따라 자신을 변화시키면서 재구조화시켜 나간다. 복잡계 이론의 본질은 유기체와 그 환경이 서로 상호작용하면서 상대방의 발달에 영향을 끼치는데, 이러한 과정은 어느 정도 서로를 예견하는 가운데 이루어진다는 것이다(Waldrop, 1992: 177). 개체들은 공진화하는데(Stewort, 2001), 앞에서 논의된 두 가지 사례는 이를 보여 주고 있다. 개방된 시스템은 투과성을 지닌 경계를 갖고 있어서 그러한 상호작용이 일어날 수 있다. 더 넓은 환경과의 연계는 생존의 필수요소이며, 관계에 대한 이해는 원인과 결과에 대한 이해만큼 중요하다. Gell-Mann(1994: 17)과 Schein(1992: 51)이 이야기하는 복잡적응체제(complex adaptive system) 주변 환경으로부터 정보를 획득, 평가, 활용한다.

Southworth(2000: 279)는 초등학교는 웹(webs)과 네트워크에 의존한다고 주장한다. 여기서 웹이라는 표현은 학교 내에서나 학교와 환경 사이의 관계를 나타낼 뿐만 아니라, 합리적이고 선형적인 계획을 통해 학교 개선이 성공할 수 있다는 단순한 생각에 도전하기 때문에 학교를 나타내기에 매우 적합한 은유라고 볼 수 있다.[1] Fullan(1993: 84)은 학교가 진정한 배움의 기관으

---

1) Bormann(1983)과 Schultz(1994)는 의사소통을 네트워크 생성 및 공유를 위한 필수적인 요소로 여긴다.

로 거듭나려면 지역공동체에 연계되어야 한다고 주장한다(Levinthal, 1995; McMaster, 1996: 10 참조).

　제5장은 학교 지도자들이 학교 환경을 다룰 때, 직면하게 될 몇 가지 과업들을 다음과 같이 제안한다.

- 환경에 대한 식별, 기술, 감지 및 신중한 검토
- 내부 환경에서 우선적으로 해결할 문제 규정하기
- 환경과의 관계 정립하기
- 환경에 대한 대응 및 전략 짜기
- 환경에 대한 자기조직화

　이 장에서는 학교가 변화하는 환경에 대처해야 한다면, 네트워크화되고 권한이 위임된 팀 기반 조직을 활성화하고, 내부 및 외부 환경의 모든 당사자 간의 의사소통 및 피드백에 관심을 기울일 것을 제안한다. 복잡한 환경 변화는 교육의 여러 수준에서 일어나고 있는데, 이 장의 마지막 부분에서 이러한 사례들을 보여 줄 것이다.

내 · 외부 환경을 관리하는 학교

　유기체와 주변 환경의 관계는 서로 밀접한 관련성을 갖고 있어서 서로의 변화에 민감하게 반응한다. 서로 다른 시기에 서로 다른 관계성을 갖는다 (Marion, 1999: 84-5, 116-22). 즉, 그들의 관계는 서로 다른 시기에, 서로 다른 정도로 경쟁적, 협동적, 대칭적, 비대칭적, 통제적, 조작적, 통합적, 고립적, 의존적, 상호 의존적일 수 있다.

　학교와 주변 환경 간의 관계는 일대일 대응관계나 일방적인 관계가 아니어서 주변 환경을 완전히 규명하는 것은 불가능하다. 그들의 관계는 쌍방향적이어서 결과 예측도 쉽지 않다. 학교, 학생, 가족, 지역사회는 서로 연쇄적으로, 쌍방향적으로 서로 영향을 미친다. 학교 리더십과 학교도 마찬가지이다. 학교와 그들의 리더십은 주변 환경에 매우 민감해야 한다. 서로 간에는 배움이 있어야 하는데, 환경교육 분야의 문구를 빌리자면, 학교는 주변 환경에 매우 깊은 관심을 가져야 한다. 학교조직은 지속적으로 주변 환경을 식별하고 감지하고 그리고 조직구조를 통해 그것에 반응해야 한다(Bradley and Nolan, 1998: 16).

Wheatley(1999: 83)는 정보가 어느 곳에서나 적극적으로 획득되어야 한다고 주장한다. 즉, 정보는 자유롭게 유통되어야 하고, 그 정보가 학교 변화를 초래한다면 당연히 받아들여야 한다는 것이다. 이렇게 하면, 리더에게 주어지는 정보가 기존의 관행을 확인하는 정도인 '방어적인 조직'의 학교에서 일상의 관행들을 재고해 보게 하는 정보로 가득 찬 역동적이고 변화하는 조직이 된다(Fullan, 2001). 정보는 관계를 만들고 조직들을 연계시킨다.

주변 환경에 대한 정보를 얻은 지도자들의 임무는 이제 그 정보에 대해 어떻게 대응할 것인가에 대한 전략(무시, 전파, 대응, 개선)을 개발하는 것이다. 학교의 의사결정 관련 전략 수립을 위해 다음과 같은 프로토콜을 갖는 것은 매우 중요하다.

- 반드시 공유해야 할 정보는 무엇인가?
- 공유해야 할 정보는 무엇인가?
- 공유할 필요가 없는 정보는 무엇인가?
- 특정 정보를 받을 사람은 누구인가?(이것을 결정하는 사람은 누구인가?)

예를 들면, 학교에 내려지는 정책적 압력이나 제약은 모든 교직원들에게 매우 중요한 사항이다. 특정 교과와 관련된 특정 사항은 단지 그 특정 교과의 교사들만 알면 될 것이다. 새로운 일반 교수법은 모든 교사들에게 유용할 것이다. 모든 사람들에게 영향을 줄 사항은 모든 사람이 함께 모여 논의해야 할 것이다.

학교 리더가 직면하고 있는 주요한 문제는 그들의 관리하에 있는 주변 환경을 어떻게 정확하게 규명해 내느냐는 것이다. 이것은 몇 가지 수준에서 논의될 수 있다. 첫 번째 수준은 참여자나 이해 당사자들의 그룹(cast)으로 파악하는 것으로, 다음의 예와 같이 파악하는 것이다(Southwest Educational Development Laboratory, 1999).

학생	단과대학	경제계
교사	직업학교	정치계
학부모	종합대학	지방 교육 당국
가족	고용주	사회기관
커뮤니티	조사기관	재계
시민단체	자원봉사단체	사회

다른 수준에서 환경은 거시적 차원에서 해석될 수 있다(Morrison and Ridley, 1988: 32; Hatch, 1997: 68-71; Nolan and Galal, 1998: 313)(〈표 5-1〉). 관계는 일방적이지 않아서, 학교와 주변 환경은 상호작용한다([그림 5-1]). 참여자 중심 또는 거시적 환경 수준으로 파악해 내는 것에 대해 모두가 동의할 가능성은 낮다. 왜냐하면, 유기체는 자기 스스로 끊임없이 변할 뿐만 아니라 다른 주변 환경을 지속적으로 변화시키기 때문이다. 따라서 자기조직화를 위한 리더십은 조류에서 수영하는 것[때론 파도의 흐름을 타고, 때론 거스르고, 때론 전혀 다른 방식으로 수영을 하고(상대적 자율성)]과 같다. 이것은 급류를 관리한다기보다는 급류를 타는 것이다.

비유는 매우 유용하다. 왜냐하면, 복잡계 및 카오스 이론의 특징인 '제한적 불안정성(bounded instability)'을 잘 드러내 주기 때문이다. 들끓는 강물을 관리하는 것은 불가능하기 때문에, 즉시 가야 할 곳과 즉시 해야 할 일들을 확인해야 하는 파도타기를 해야 할 것이다. 이것은 세밀한 그림이라기보다는 거친 그림과 같다. 실제에 있어, 이것은 학교 지도자들이 이러한 환경의 주요 압력과 제약을 이해하기 위해 주요 환경이 무엇인지 정확히 파악할 필요가 있음을 시사한다(Beeson and Davis, 2000: 185). 예를 들면, 교육에 대한 정부의 막중한 개입을 들 수 있는데, 이것은 흔히 가중된 책무성과 과잉규제와 같은 관료적 요소와 함께 학교에 교육내용 및 평가 관련 사항을 강제한다(Karsten et al., 2000). 이것은 교육과정 내용 제시와 같이 매우 구체적이거나 또는 학교를 시장주의에 기반하는 것과 같이 일반적인 용어로 제시될 수 있다.

〈표 5-1〉 교육에 대한 거시적 차원의 환경적 맥락

거시-환경적 맥락		영향력의 성격
정치적	→	교육 및 의사결정에 대한 권한과 통제
이념적	→	교육에 대한 가치와 신념
경제적	→	학교, 경제 및 고용 간의 관계; 학교의 우선순위 결정
인식론적	→	지식의 본질, 내용 및 구조
문화적	→	교육을 통한 문화 (재)생산; 문화적 가치와 실행
사회학적	→	교육의 접근, 수용 및 성과; 교육과 사회
사회적	→	가족 및 지역사회에 대한 서비스
기술적	→	정보혁명이 (학교)교육에 미치는 영향
심리적	→	학습과 학습 환경의 본질, 심리적 요구
역사적	→	교육적 의사결정의 원인, 선례 및 유산
법적	→	교육의 법적 제약과 요구 사항
물리적	→	학교의 물리적 자원의 제약; 학교와 지역사회
시장주의적	→	학교에 대한 소비자의 요구 사항
철학적	→	교육의 정당성과 목적

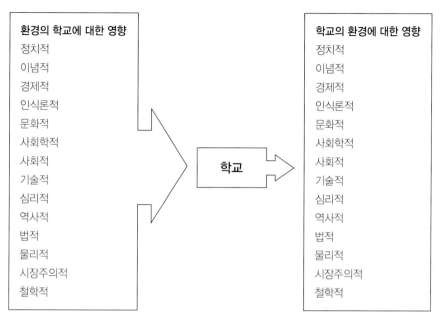

[그림 5-1] 학교와 주변 환경의 상호작용

Hatch(1997: 75)는 조직과 환경의 구별은 비교적 임의적이라고 주장한다. 오히려 그녀는 조직이 속해 있는 여러 환경을 정의해야 한다고 주장한다. Scott(1992)는 그러한 환경들은 제도화 수준에서 서로 다른 정도와 성격을 보인다고 이야기한다. 만약 그 환경이 고도로 제도화되어 있고 학교도 그러한 기관 중 하나라면, 학교도 공식적이고 강한 제도적 메커니즘과 구조를 가질 필요가 있다(Pfeffer and Salancik, 1978). 그러나 만약 환경이 덜 제도화되어 있고 학교에 더 많은 요구를 할 수 있다면, 학교는 보다 유연한 조직이 되어야 한다. 여기서 논의하고자 하는 것은, 생존을 위해 학교와 지도자는 피드백, 아이디어 테스트, 외부인과의 토론, 환경의 요구에 대한 대응 등을 통해 그들이 처한 환경으로부터 배워야 한다는 것이다(Hannan and Freeman, 1977).

제1장의 변형균류(變形菌類)(slime-mould) 예와 같이, 만약 학교가 환경에서 정보를 수집하려면, 학교는 메시지를 포착하는 센서와 메시지를 전달하는 의사소통을 필요로 한다. 어떤 센서는 거칠고 큰 규모의 정보를 감지하고, 어

떤 센서는 세밀하고 구체적인 정보를 포착한다. 또한 학교는 이러한 메시지를 처리하고, 선별적으로 필터링하고, 조치할 정보 시스템이 필요하다[예를 들어, Kauffman(1993)은 너무 많은 정보와 압력은 조직의 발전을 저해할 수 있기 때문에 조직은 조직에 유입되는 일부 정보와 외부 환경에서 오는 압력을 무시하는 법도 배워야 한다고 주장한다]. 이러한 정보 시스템은 학교가 유입되는 메시지를 처리함과 동시에 학교 밖으로 나가는 송신 메시지도 다뤄야 하는 양방향의 성격을 갖는다([그림 5-2] 참조).

Cohen과 Stewart(1995: 348)는 유기체는 주변 환경으로부터 학습을 위한 정보를 적극적으로 얻어야 한다고 주장한다. 그들은 귀에서 뇌보다 뇌에서 귀로의 신경 연결이 더 많이 있으며, 시신경에 있는 섬유의 10% 정도가 '잘못된 길'로 가고 있다고 이야기한다. "그들은 낚시를 하러 간다."라는 문장이 있을 경우, 감각기관은 또한 그 문장을 단지 수동적으로 인식하지 않는다고 이야기한다.

Bailey(2000: 202)가 언급한 바와 같이, 정보는 주변 환경으로부터 개인에게 유입되는 것이 아니라 개인으로부터 시작해 바깥으로 이동한다는 것이다. [그림 5-2]는 리더들이 다음과 같은 측면을 개발할 필요가 있음을 나타낸다.

- 주변 환경을 감지하는 데 매우 중요한 의사소통
- 주변 환경과의 작업에 요구되는 센서
- 메시지를 주고받고 처방할 수 있는 내부 구조와 시스템
- 학교의 모든 수준 및 단계에 분산되어 있는 정보에 대한 내부 조정
  (Swieringa and Wierdsma, 1992)

[그림 5-2] 학교의 주변 환경 감지와 대응

학교 리더들은 다음과 같은 질문들을 던질 필요가 있다.

- 학교에서 센서 역할을 하는 사람은 누구이고, 또 어떤 것들이 있는가?
- 외부 환경과의 연계를 위해 학교에는 어떤 메커니즘, 구조 및 프로세스
  가 있는가?
- 외부 환경 당사자들은 누구이고 이들과 어떻게 의사소통을 할 것인가?
- 외부 환경과 어떤 관계를 추구해야 하는가?
- 외부에서 오는 정보는 학교에서 어떻게 배포되고 대응되어야 하는가 ?
- 외부 환경에서 오는 압력들에 대해 사전 예방적 또는 대응적이어야 하
  는 이슈들에는 무엇이 있는가?(Coleman, 1999)
- 외부 환경과 윈-윈하는 상황(Lewin and Regine, 2000: 67)은 어떻게 만들
  어질 수 있을까?

Cohen과 Levinal(1990)은 조직의 '흡수 역량(absorptive capacity)'을 신장시
킬 필요가 있다고 주장하는데, 이 역량은 외부 정보에 대한 검색, 암호화, 해
독, 선택, 통합, 배포, 해석 및 조치를 위한 조직의 능력을 의미한다. 이러한
역량 구축은 조직학습을 위한 리더십의 핵심 요소이다(Hong, 1999: 174).
  Ashby와 Hatch(1997: 90)는 '필수 다양성의 법칙'을 제안하고 있는데, 이 법

칙은 조직이나 시스템(예: 학교) 내 다양성은 환경의 다양성만큼이나 커야 한다고 이야기한다. pheysey(1993: 28)의 말처럼, 공 모양으로 몸을 웅크리는 고슴도치의 방어 시스템은 포식자를 물리치는 데 유용하지만 자동차 앞에서는 쓸모가 없다! 그녀가 사용하는 용어는 '이종동형(異種同形, isomorphism)'인데, 이 용어는 내부와 외부 다양성의 일치를 의미한다(예: 지도는 실제 지형을 잘 반영해 그려져야 한다). 사실 Fullan(2001: 47)은 조직들이 환경과 '불일치'할 때 위기에 봉착한다고 주장한다. Capra(1997)에 의하면, '필수 다양성의 법칙'은 조직이 살아남기 위해서는 환경 변화에 따라 끊임없이 변화하고 발전할 것을 요구한다. 즉, 조직은 지속적으로 배워야 한다는 것이다.

환경이 주는 신호들에 대응하는 리더의 능력개발 방법은 먼저 불확실한 문제를 명확히 하는 것이다(리더에게 환경에 관한 어려운 질문을 던져 봄). 다음 단계로는 불확실한 문제들에 우선순위를 부여하고, 환경에 어떻게 대응할지 시나리오를 구축하며, 그리고 구체적 대응 방안을 마련하는 것이다(Clemons and Bradley, 1998: 93). 이러한 핵심 질문과 불확실성을 우선순위 관점에서 순위를 매기고, 환경에 대응하는 방법에 대한 시나리오를 구축하며, 이러한 것들에 대한 응답의 세부 정보를 제공하는 것이다(Clemons and Bradley, 1998: 93). 여기서 중요한 것은 학교 리더들이 더 넓은 환경과 관계를 맺고, 관계의 내용들이 학교 전체 차원에서 조정되고, 전파되며, 공유되어야 한다는 것이다.

학교와 환경 간에 주고받아야 하는 정보의 범위를 고려할 때, 환경과 연계된 리더십은 관료적이고 계층적으로 관리되는 학교 시스템을 통해서는 거의 실현이 불가능하다. 따라서 환경과 연계된 리더십은 학교 전체에 분산되어야 하고 모든 사람들의 책임이 되어야 한다(예: 교사, 학생, 학부모, 고용주, 지역사회 단체, 단과대학 및 종합대학). 환경과 연계된 리더십은 학교의 모든 교사들과 성인들이 열린 마음으로 더 넓은 환경과 많은 의사소통, 협력, 그리고 네트워크 채널을 가질 것을 요구한다. 교사 및 교사 집단들은 관련된 외부 환경과 어떻게 하면 가장 적절한 연계를 가질 수 있을지에 대한 전문지식을 갖고 있다. 따라서 리더십은 조직의 어디에나 존재한다.

　의사소통은 여러 방면에서 일어난다. 예를 들면, 정부는 공식적으로 교육자 및 고용주와 협의하고, 지역 교육 당국은 부모 및 교사들과 상담하며, 교사들은 전문적 협의회를 갖고 있다. 그리고 전문성 개발 기관은 학교와 더 넓은 환경 간의 연계를 돕고, 출판업자들은 학교 및 교사들과 연계한다. 학교는 후원금이 지원되는 영역에 대한 기금에 제안서를 제출한다. 이러한 부분들은 중등학교 학생들의 직업교육과 취업알선을 위한 수많은 포럼의 형태로 매우 발달되어 있다. 이러한 포럼에는 학교, 고용주, 고등 및 직업 교육 기관, 평가 기관 및 교육 당국의 대표자들로 구성된 위원회들이 포함한다. 초등학교 수준에서는 다양한 단체와 기관들을 방문하는 형태로 나타난다. 유치원 수준에서는 학부모들과 어른들이 교사들과 긴밀하게 협력하는 형태로 나타난다. 이러한 연계는 영국에서 흔히 볼 수 있는 것들이다.

　여기서 중요한 용어는 아마도 파트너십일 것이다(Cardona, 2000: 206). 그러나 파트너십이라는 용어는 개념적으로 제한적 요인이 존재하는데, 예를 들면 학교가 지역사회로 진출하고 지역사회가 학교로 진출할 때, 파트너들에게는 서로 다른 별개의 역할이 존재한다는 것이다. 그러나 꼭 그럴 필요는 없다. Apple과 Beane(1995)은 민주적인 학교를 발전시키는 과정에서 파트너의 역할과 과업을 상당히 모호하게 하고 중복시키는 예를 제공하고 있다. 이러한 논의는 새로운 것이 아니다. 예를 들면, 일부 사람들은 학부모들이 전문성을 갖춘 교사들과 상의하기 위해 단지 학교로 초대되어야 한다고 제안하는 반면, 또 다른 사람들은 부모들이 교과과정과 정책 결정 과정에 적극적으로 참여해야 한다고 제안한다.

　네트워크(학교 내부와 외부: 제7장에서 논의된 적합도 지형의 K 연결 및 C 연결에 해당)와 파트너십이 갖는 공통된 특성들은 다음과 같은 측면에 관심을 가질 것을 요구한다.

(a) 효과성 제고를 위한 참여자의 질

(b) 정보 교환 및 논의의 초점

(c) 정보 교환 및 논의의 기회

(a)와 관련하여, Kelly와 Allison(1999: 171)은 리더로서 '환경 기술자'의 중요한 자질로 효과적인 대인 관계, 광범위하고 전문적인 지식, 참여자들로부터의 존경, 발전을 위한 구조와 시스템에 대한 파악, 문제해결, 조사 기술, 세부 사항에 주의를 기울일 수 있는 능력과 인내력 등을 포함하고 있다. 여기에는 효과적이고 능동적인 경청 및 의사소통 전략이 포함된다(제6장 참조).

(b)와 관련하여, 주의 깊게 관심을 가질 부분들이 있다. 예를 들면, 영국의 교육기술부는 다음과 같이 '가정과 지역사회'가 관심을 가져야 할 부분들을 제안하고 있다.

- 기업과의 연계
- 종교생활
- 학교 시설의 지역사회 활용
- 지역사회와의 관계
- 가정과 학교 간의 협약(학교의 목표, 가치와 윤리, 교육 기준, 규율, 학부모의 학생 출석 및 행동 그리고 숙제에 대한 책임, 학교의 학생들에 대한 기대, 의사소통과 불만사항 처리)
- 학교 밖 활동(예: 현장 실무 경험 제공)
- 학부모의 파트너십(예: 특수아 교육)
- 학부모들에 대한 학교 안내
- 학생들의 성과에 대한 보고

(c)와 관련하여, 정보를 교환할 수 있는 여러 가지 기회들이 있다(〈표 5-2〉).

〈표 5-2〉 정보교환의 기회

서면 통신	가정 방문
학교 안내서	(비)승인된 결석 및 병가에 대한 후속 조치
등록 및 연락 절차	징계사안
알림, 편지, 뉴스레터 및 잡지(다국어)	학생을 집으로 데려감(예: 안전 및 질병)
법정 보고 및 평가	의심되는 자해(사회복지사 담당 사안)
공개 보고서/업적/포트폴리오	일상적인 문제(예: 교복/적절한 장비의 제공)
졸업 후 및 학교 밖 문제에 대한 조언	학업 발달 보고서
교육과정 조언(예: 필독서, 조기 문해력 및 수리력)	
교수법에 대한 설명	
학교 문제에 대한 이메일 서신	
학교의 웹 사이트 접속	
아동의 진척 상황 논의를 위한 초대	

학교경영	교실/학교 활동 참여
학교의 이사회	자원 목록 작성/작업
학부모/교사 협회 및 협의회	자료전시
교육과정 기획위원회(예: 고용주 포함)	지도(논쟁 사항에 대한)
숙제문제	대화(예: 전문지식 및 전문성)
주지사와의 연례 회의	교외활동에 대한 교통 및 지원
학교목표-학교 발전계획 설정	학교 활동
	과외활동 운영
	재료 준비 및 정리
	아동 독서 지도(들어 주기)
	학교 프로그램 참여(학습자로서)

학교 방문	시설 이용
부모의 저녁 또는 오후 방문	성인 교육 프로그램
학교 개방일	영아/유아/어린이 보호 시설
부모의 인터뷰	정보화 센터(정보기술의 연계)
특수교육이 필요한 아동 선정	자원 센터
교육의 필요성	현장 시설(예: 체육관, 수영장, 스포츠 공간,
개별 어린이에 대한 논의	어학실, 회의실, 정보화실, 공예실)
입학	직업교육
학교이전	
퇴학	
취업 인터뷰	

이벤트	조언
조찬모임	국내 문제
판매(예: 의류 판매, 박람회)	주택 및 국가 혜택
졸업식	법률 및 사회 문제
축제(예: 종교)	평등한 기회와 고용
스포츠/음악/드라마 행사	공식 부서와의 연락(예: 사회 서비스, 교육,
교육과정 이벤트(예: 환경 교육 행사 또는 과학 박	주택, 법률, 과세, 이민, 전기 및 수도 서비스
람회)	제공자)
사진 전시회	
직업 프로그램	

복잡계 이론의 관점에서 보면, 학교는 다음처럼 정보들이 주는 메시지를 수용하기 위해 스스로를 재조직화할 준비를 갖춰야 한다.

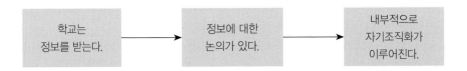

여기에서 '필수 다양성의 법칙'(Hatch, 1997: 90)은 더 넓은 환경의 복잡성 정도가 커질수록 환경을 다루기 위해서는 학교 내 복잡성의 정도도 더 커질 것을 요구한다[제7장의 낮은 단계의 외부 연계(낮은 수준의 C)에 대한 논의도 참조].

예를 들면, 과학부장은 (1) 과학협회, (2) 종합대학, (3) 전문대학, (4) 지역 고용주들과 함께 중등학생들이 사회에서 과학과 공학에 대한 긍정적 경험을 가질 수 있도록 하는 기회 제공의 필요성에 대해 진지하게 논의한다. 이것은 학생들이 졸업 후에도 과학과 공학 분야를 선호하게 하려는 의도에서 나온 것이다. 이 예에서 확인된 활동 당사자만 해도 네 집단인 것처럼 외부 환경은 매우 복잡하다.

과학과 공학 분야에 대한 긍정적 경험의 제공은 학교 내부의 복잡성을 증가시켜 대처할 수 있다. 이러한 일은 시간표나 교육과정에 상당한 영향을 미칠 것이라는 것을 인식한 과학부장은 먼저 자신의 부서에 있는 과학교사들과 논의하고, 이 일의 필요성과 영향력을 강조하는 공동의 보고서를 학교에 제출한다. 이후 과학교사들은 학교관리자들을 만나고, 학교단위의 교육과정 팀을 만나며, 교직원 회의에서 이 안건이 논의되게 한다. 교직원들의 논의를 통해 교과목 조정에 앞서 학생들이 상당한 시간을 갖고 과학과 공학에 대한 체험학습을 하기 위해선 먼저 시간표 조정이 필요하다는 의견이 제시된다. 학생들이 이러한 부분들에 대해 많은 기회를 제공받기 위해서는 학교의 진로 상담과 진로정보를 확대하고 이에 따라 시간표 조정이 이어져야 할 것이다. 마지막으로, 사회 및 고용 시장에서 과학과 공학 분야에 대한 인식이 제고될 필요가 있겠다.

다양한 요구를 수용하기 위해 학교일정표가 재구조화되는데, 이것은 단지 과학교사들만을 위한 것이 아니다. 학교일정표의 재구조화는 학교의 다른 영역에도 영향을 미치는 '연쇄 반응'을 일으켜, 결과적으로 주간 몇 개의 작은 공부 시간대에서 주 중 특정일의 두 블록의 수업 시간대로 변경된다. 또한 수학 및 언어와 같은 관련 과목들은 과학 및 공학 관련 내용을 더 강조하도록 요구받는다.

학교는 이공계 취업 및 교육 전망에 대한 인식을 높이기 위해 4주간의 교차 교육과정 프로젝트를 개발하기로 하고 이를 위해 부서간 프로젝트 그룹을 운영하기로 했다. 이러한 활동은 교사와 학생들에게 지속적으로 도움을 제공하는 교과 간 컨설팅 형태로 운영될 것이다. 학교는 또한 몇몇 주요 직원들이 고용 전망에 대해 제한된 지식을 갖고 있다는 것을 인지하고, (a) 두 명의 직원을 두 명의 지역 고용주와 함께하는 단기간 프로그램에 파견하고, (b) 직업 및 이공계 관련 정보 서비스업체에서 정기적으로 자문가를 불러 관련 분야에 대해 논의하며, (c) 지역의 직업 및 고등교육 제공자와 고용, 훈련, 교육에 대해 상담하게 한다.

제시된 예는 변화 관리의 주요한 속성(한 영역의 혁신이 다른 영역에 '연쇄반응' 효과를 준다는 사실)를 드러내고 있을 뿐만 아니라, 변화는 개발을 지원하는 시간, 헌신, 다른 교사들에 대한 영향, 예산 측면 등에서 비용을 초래한다는 사실을 인식시켜 준다. 한 영역의 재조직화는 다른 영역의 재조직화로 이어지는데, 예를 들면 예산 개편은 리더십 영역의 개편을 가져온다.

학교와 환경과의 관계는 쌍방향적이다. 학교는 단지 외부로부터 파생되는 정보를 받기만 하는 것이 아니다. 학교 리더는 학교를 전체적으로 그리고 학교의 각 부분들을 환경에 어떻게 투영시킬지 고민할 필요가 있다. 이러한 부분은 학교의 분산된 정보관리시스템의 일부가 되어야 하는데, 여기서 다음과 같은 몇 가지 질문들을 던질 필요가 있다.

- 학교는 공유된 정보관리시스템이나 학교 안팎에 특정 업무들을 담당할 특정 사람과 조직을 가지고 있는가?
- 정보관리시스템은 일반적으로 널리 활용되고 있는가?
- 교직원들이 비공식적, 개인적 접촉보다는 공식적으로 접촉할 때 준수해야 할 명확한 기준이 있는가?
- 교직원들은 어떻게 정보관리시스템에 기여하는가?
- 교직원들은 정보관리시스템에 기여하는 방법을 알고 있는가?
- 정보관리시스템의 정보들은 학교에 어떻게 활용 및 배포되고 있으며, 그러한 정보들이 주는 메시지는 어떻게 다뤄지고 있는가?
- 정보관리시스템은 어떻게 구성되어 있는가?(학교 내 연락처 및 위원회/집단, 학교 밖 연락처 및 조직, 지역/지방/국가/국제적 연계, 웹 사이트, 전문 위원회, 전문성 개발 활동에 대한 피드백, 학교의 모든 교육활동들(규율, 진단, 성적 통보와 예산 등)
- 교직원들은 어떻게 신속하게 정보를 배포하고 논의할 수 있는가?(매일 정보가 제공되는 시간이 있는가? 교직원들은 매일 내부 이메일 시스템에 접속해야 하는가?)

- 학교는 교사들에게 시간과 자원을 제공하여 주변 환경을 점검하고 대처하도록 하는가?
- 학교와 주변 환경의 연계 활동을 위해 교직원이 출장을 나가거나 학부모가 학교를 방문할 때 어떤 절차가 마련되어 있는가?
- 외부기관과의 특정 분야 연계에 대한 책임은 누구에게 있는가?(예: 기금기관, 평가기관, 사회봉사기관, 정부기관)
- 학교에서 정보에 대한 우선순위는 어떻게 결정되는가?

더불어, 학교 리더는 주변 환경에 주고 싶은 메시지와 누가 그 메시지를 전달할지에 대한 합의, 그리고 메시지 전달과 관련된 다음의 사항들에 대한 프로토콜들을 심사숙고할 필요가 있다.

- 어떤 메시지이어야 하는가?
- 누가 메시지를 전달할 것인가?
- 누구에게 메시지를 전달할 것인가?
- 메시지는 어떻게 전달되어야 하는가?
- 메시지는 언제 전달되어야 하는가?

이것은 의사소통과 관련된 주제들로 다음 장에서 다룬다. 학교 리더들은 학교 내에, 그리고 학교와 주변 환경 간에 의사소통 채널들을 학교구조와 운영과정(예: 공식위원회, 자문단, 비공식적 접촉)에 제도화시킬 필요가 있다.

요구분석

학교 리더들이 주변 환경과 그들로부터 얻은 정보들에 현명하게 대처하려면, 그들은 어떤 형태로든 '요구분석'을 수행할 필요가 있을 것이다. 요구분석은 다음과 같은 목적을 갖고 수행되어야 할 것이다.

- 외부의 요구들에 대한 교육과정의 대응 확인
- 프로그램 지원에 대한 요구 확인(현행 프로그램의 미흡한 점 확인)
- 현행 프로그램의 결점 파악
- 현행 요구들에 대한 정보 제공
- 관심을 가져야 할 미흡한 부분 결정
- 지출 및 연수 영역 파악

요구라는 것은 여러 가지 방법으로 정의될 수 있다(Scriven and Roth, 1978; Lund and McGechan, 1981; Stuffebeam et al., 1985; Rossi and Freeman, 1993; Suareth, 1994). 요구는 목표의 미달성 정도(목표와 성과 간 차이), 가치가 반영

〈표 5-3〉 요구분석의 구성 요소

요구분석의 요소	내 · 외부에 대한 영향 범위	의도된 개입
• 요구 형태에 대한 정의 • 문제나 요구 사항의 성질과 유형 • 문제나 요구 사항 지표 • 문제나 요구 사항의 규모, 범위, 복잡성의 정도 • 문제나 요구 사항의 하위 요소 • 요구 사항의 우선순위 • 문제나 요구 사항의 심각성 정도 • 요구 사항의 원인 • 요구 사항 미충족 시의 결과 • 요구 사항 충족 시의 결과	• 요구 사항에 대응하는 인원 • 영향을 받거나 관련된 사람의 수(예: 총인구의 비율) • 요구 사항이나 문제의 위치 • 문제 소재지 명확화 • 문제의 밀도와 분포 • 요구 사항 확산 정도	• 개입이 이루어질 정확한 상태, 요구 사항 및 문제 확인 • 요구 사항 해결을 위해 설계된 프로그램의 적절성 • 제안된 개입의 목적 • 개입 대상의 확인 • 현재와 추정된 미래의 대상 인원 규모 • 제안된 개입의 실현 가능성 • 개입에 대한 책임(누가 실행해야 하는가)

된 희망사항과 선호(예: 미래 계획을 위한), 미래 대비 요구 사항, 예상되는 미래의 문제, 미흡 사항(갖춰지지 않을 경우, 해가 될 수 있는 부분)으로 정의될 수 있다. 요구분석은 후속 계획 수립을 위한 진단과정으로, 조직의 문제와 요구 파악을 위해 조직 안팎에서 오는 정보를 모으는 것과 관련된 활동이다. 요구분석에는 몇 가지 요인들이 있다(Cohen et al., 2000: 391)(〈표 5-3〉).

요구분석의 의도는 인지된 문제나 요구 사항에 대해 적절한 개입이 이루어짐으로써, 학교가 주변 환경의 변화하는 요구를 충족시키고, 학교 밖의 요구를 충족시키기 위해 학교 내부의 변화 요구를 확인하는 데 있다. 요구분석 및 피드백에 필요한 데이터는 다음과 같은 방법으로 얻을 수 있다.

(a) 구조화된 설문 조사, '핵심인물'(정보제공자) 조사, 구조화된 인터뷰 (Rossid and Freeman, 1993), 공식 공개 자료 및 공문(예: 시험 데이터 및 기타 조사), 출석 데이터에서 도출된 정량적 데이터
(b) 개인 및 단체와의 반구조화된 인터뷰, 포커스 그룹 인터뷰, 사례 연구, 중요 사건 및 이벤트, 공개회의, 명목 그룹 기법 및 델파이 기법 (Morison, 1993, 1998)에서 도출된 정성적 데이터

Rossi와 Freeman(1993: 84)은 정량적 데이터는 요구의 정도를 결정하는데 유용한 반면, 정성적 데이터는 요구의 성격을 파악하는 데 유용하다고 주장한다. 요구분석의 성공 여부는 관련 당사자들에 대한 신중하고 적절한 표본 추출에 달려 있다. Suarez(1994)는 미래 기획과 개발을 위한 요구분석은 목표와 목적에 집중하는 경향이 있는 반면, 목표와 성과 간 차이를 확인하기 위한 요구분석은 내용, 실행 그리고 성과에 집중하는 경향이 있다고 주장한다.

문제점, 요구 사항 그리고 개입에 대한 우선순위를 정하는 문제는 매우 중요하다. 왜냐하면, 예산의 제약으로 인해 요구 진단 및 후속 권고안 실행에 영향을 미치기 때문이다. Witkin(1984)은 우선순위를 식별하기 위한 여러 가

지 정량적 방법에 대해 이야기한다(예: 평점, 목표와 성과 간 차이 정도). Lund
와 McGechan(1981)은 우선순위 지정 과정에서 다음과 같은 점들을 고려해
야 한다고 주장한다.

- 요구를 충족시키지 못했을 때의 결과[McMaster(1996)는 무지한 상태의 교
  육보다 더 많은 비용을 초래한다고 이야기함]
- 영향 받는 사람의 수
- 관련 당사자들의 요구 충족(예: 문제가 단지 교육자들만의 문제인지 아니면
  다른 서비스 부문과 관련이 있는지 여부)
- 요구 사항의 중요성과 심각성
- 요구 사항 처리 순서(요구 사항이 처리될 순서, 그리고 어떤 요구 사항이 논
  리적, 경험적으로 우선하는지 여부)
- 요구 사항 충족을 위한 가용 자원 여부(예: 인력, 재정과 예산, 시간, 자재와
  장비, 행정적 지원)
- 개입 시 성과 및 효용성의 범위

요구분석을 기획할 때, 다음의 주요한 네 가지 단계를 수행할 수 있다.

1. 요구분석의 목적과 형식을 결정한다.
2. 요구분석의 초점을 확인한다.
3. 요구분석의 크기, 범위, 정도, 심각성 등을 판단하는 데 사용할 방법, 표
   본 추출, 측정 도구, 데이터 수집, 분석 절차 및 기준을 결정한다.
4. 성과 보고 및 전파에 대한 부분을 결정한다.

   요구분석은 학교가 학교 안팎의 정보를 잘 파악할 수 있도록 해서, 학교 내
부 구조조정이 외부 환경에 더 잘 대응하여 수행될 수 있도록 한다.

거시적 차원에서의 복잡계 이론과 교육

지금까지 학교와 주변 환경에 대한 논의는 개별학교 수준에서 학교가 어떻게 특정 환경과 관련되는지에 관한 것이었다. 그러나 복잡계 이론은 시스템 차원에서 작동된다. 이와 관련된 네 가지 사례가 아래에 제시되어 있다. 첫 번째 세 가지 사례는 몇 개의 서로 다른 학교에 대한 상황 보고이고, 나머지 사례는 학교들 사이에서 이루어지는 상호작용 효과에 관한 보고이다.

첫째, Wallace와 Pocklington(1998)은 변화와 관련된 광범위한 연구를 진행하였는데, 여기서 그들은 이러한 변화(영국의 한 지방 교육 당국이 시행한 수백 개의 학교와 수만 명의 어린이가 관련된 대규모 조직개편)에서 복잡계 이론의 특성들이 어떻게 나타나고 있는지 이야기한다. 여기서 나타나고 있는 복잡계 이론은 상호작용, 다양한 수준에서 일어나는 자기조직화와 창발의 원리, 그리고 환경의 복잡성 등이다. 수준 내 및 수준 간 상호작용은 시간이 지날수록 점진적으로 증가하는 복잡한 문제이다.

학생 등록률 저하와 유휴시설의 증가에 직면한 지방 교육 당국은 학교를 폐쇄하고 관련된 모든 조항들을 개편해야 했다. 이러한 변화는 관련 이해 당사자들 − (1) 학교, 주지사, 교장, 교사, 학부모와 아이들 (2) 지방 교육 당국의 임원 (3) 교육부(관련된 정부기관) (4) 지역사회(예: 지역의원, 학부모, 지역 언론, 지역의 교육 서비스 제공 업체) − 간의 공조된 상호작용을 요구했다. 서로 다른 의제, 권력, 관심, 가치, 우선순위, 영향력 등을 지닌 너무나 많은 이해 당사자들로 인해 서로 간의 연계와 조정은 쉬운 일이 아니었다. 저자들은(상게서: 7-10) 이러한 복잡한 상황의 몇 가지 특성을 다음과 같이 말한다.

- 변화와 관련된 다수의 참여자(7쪽 참조)로, 제7장에서 논의한 적합도 지형 측면에서 높은 수준의 S(다수의 참여자)를 보여 주고 있다.

- 관련된 광범위한 집단들로, 그들은 서로 다른 영역의 전문지식과 서로 다른 우선순위와 관심사들을 갖고 있다(상게서: 8).
- 종종 발생하는 서로 다른 집단 구성원들의 양립할 수 없는 이해관계, 이러한 부분은 갈등, 협상, 타협으로 이어지고 결국 이행 계획의 조정으로 나타난다(상게서: 8).
- 개인이 두 가지 역할을 수행할 때, 종종 발생하는 개인의 이익과 조직의 이해 상충(상게서: 9)
- 지방 교육 당국이나 학교들이 수행하고 있는 엄청난 양의 관리 업무(상게서: 9), 그들 중 많은 부분이 '동시에 지속적으로 진화하는 관리 업무들'이다(상게서: 10). 이것은 복잡계 이론에서 장기간에 걸쳐 나타나는 '창발의 진화적, 반복적 특성'을 나타낸다.
- 서로 다른 수준의 참여자들이 한 행위에 대해 다른 해석을 할 가능성으로(상게서: 11), 제6장 의사소통에서 논의될 '지평의 융합(fusion of horizons)'의 필요성을 나타낸다.
- 수준 내, 그리고 수준 간에 서로 다른 수준의 시스템과 참여자들을 통해 분산되어 있는 서로 다른 정도의 권력(상게서: 11)
- 서로에 대해 제한된 통제력을 갖고 있는 참여자들 간 상호 의존성(공진화의 문제: Stewart, 2001).
- 시너지 효과를 통해 공감대를 형성하려는 노력(Wallace and Pocklington, 전게서: 11) (제2장의 '폭풍' 및 '규범'에 대한 논의 참조).
- 광범위한 커뮤니케이션에도 불구하고, 각 수준의 당사자 중 어느 누구도 다른 수준에서 발생하고 있는 모든 사항에 대해 완전한 지식을 가질 수 없음(상게서: 13)

이러한 부분들을 해결하기 위해, 저자들은 '시스템 수준 내 및 시스템 수준 간 원활한 상호작용'과 광범위한 '수준 간 교차하는 의사소통'의 필요성을 강조한다(상게서: 10). 적합도 지형 측면에서 보면(제7장에서 논의될 것임), 이것은 높은 수준의 K(내부 연결성)와 높은 수준의 C(외부와의 결합)를 나타내며, 복잡계 이론에서 논의되는 변화의 역동적이고 상호작용적인 성격을 상기시킨다.

전반적으로 매개변수들이 변하지 않았음에도 불구하고(제한적 불안정성), 복잡계 이론의 측면에서 해석되는 이러한 요인들의 조합은 고도의 점진적 공진화로 이어진다고 Wallace와 Pocklington은 주장한다(상게서: 14 참조). 비록 장기적인 측면에서 변화가 논의되고 그 경계가 식별될 수 있지만, 참여자들은 그것이 언제든 변형, 변화, 그리고 심지어 폐기될 수 있다는 사실을 깨달아야 한다는 Stacey(2000)의 제안을 상기시킨다.

Wallace와 Pocklington은 복잡계 시스템에서 변화는 완벽하게 관리될 수 없다고 하면서, 이러한 변화의 복잡성 측면을 완전히 이해하려면 시스템 내에서 병렬 처리와 계층적 수준을 갖고, 네트워크상에 서로 다른 참여자들이 연결되어 있으며, 광범위하게 의사소통이 일어나는 우리 뇌의 신경망과 같은 네트워크 개념으로 생각하면 좋을 것이라는 주장을 한다(상게서: 17).

사실 저자들은 복잡계 이론, 분산된 지식, 통제 없는 질서에 공감하고 있다. 예를 들면, 저자들은 네트워크가 모든 부분에 연결되어져 관리하는 단일 행위자 없이 운영되고(상게서: 17), '재조직화 과정도 전체적으로 과정을 조망할 수 있는 사람 없이 이루어진다.'라고 진술하고 있다(상게서: 17). 리더십은 모든 수준에서, 모든 참여자들에 의해 이루어지고 있는 것이다.

그들은 네트워크라는 개념이 유용한 은유이지만, 실제로 그들이 제공하고 있는 예는, 그것이 단순한 은유 이상의 것이고, 그러한 일들이 실제로 일어나고 있다고 주장한다. 이것은 Stacey(2001)의 복잡계 이론이 단순한 은유 이상의 의미를 가지며, 실제로 구현되고 있다는 주장을 상기시켜 준다. 그들은 관리보다는 긴밀한 협력이 커다란 변화를 담아내는 데 더 적절한 방법이라고 주장한다. 이것은 복잡계 이론이 통제나 관리가 아니라 질서 정연한 정합성을 전제로 하고 있다는 것이다.

두 번째 사례는 약 30평방 마일에 걸쳐 분산되어 있는 일단의 영국 시골 초등학교들에서 얻을 수 있다. 이 학교들 중 일부는 경제적인 이유로 인해, 특히 정부가 제시한 국가 교육과정 목표를 달성하는 데 어려움을 겪고 있어 학교를 폐쇄해야 하는 상황에 직면해 있었다. 이들 학교들이 안고 있는 주요한 문제는 다음의 두 가지이다. (1) 여러 분야에 적합한 자격을 갖춘 과목 전문가를 확보하는 인력충원의 문제로, 각 학교는 자체적으로 국가 교육과정 전반에 걸쳐 과목들에 대한 전문지식을 제공할 수 없다고 느꼈다. (2) 교육과정 전반에 걸친 서비스 제공은 더 많은 자원을 필요로 했다. 그러나 각 학교는 30~120명의 학생들이 다니는 작은 학교들이어서 예산이 제한되어 있었고, 또한 그 예산은 학생 1인당 기준으로 되어 있어서 각 학교의 생존은 불가능해 보였다.

해당 학교의 교장들은 함께 일하는 것이 모두에게 이익이 된다는 것을 인식했다. 그들은 함께 만나 해결책을 제시하였는데, 그것은 학교들이 컨소시엄을 구성하는 것이었다. 기획에 6개월이 조금 넘는 시간을 투입한 후, 새로운 시스템이 시작되었다.

여기서 일부 교사들은 한 개 이상의 학교에서 근무하는 형태로, 매주 2~3일은 한 학교에서, 그리고 나머지는 다른 학교에서 근무하였다. 그리고 음악 지도처럼 특정과목에 대한 요구가 많을 경우, 더 많은 학교를 순회하며 지도했다. 과학, 역사, 지리와 같은 과목의 경우, 수업에 필요한 자원들을 패키지화시켜 학교들 간에 학기 단위로 순회시켰다.

중앙의 자료 복제소와 교사들을 위한 자원센터는 컨소시엄에 참여한 학교들에게 가장 접근이 용이한 곳에 위치했고, 긴급하지 않은 자료들은 그곳에 보관되었다. 이 센터는 단위학교 차원에서는 구입하기 힘든 고가의 교육 자재를 보관하였는데, 이 자재들은 학교들이 공동으로 구입하여 합의된 방식에 따라 대여가 이루어지게 했다. 체육관 및 스포츠 경기장과 같은 특정 시설이 갖춰져 있지 않은 몇몇 학교의 경우, 서로 합의하에 아이들이 이동수업을 통해 그 시설들을 활용하게 했다. 인터넷 연결은 의사소통을 위한 매우 중요한 수단이었다. 컨소시엄 관련 일을 기획, 검토하는 회의는 학기당 적어도 2번 하는 것으로 결정되었고, 일정 조정 및 이동수단 제공과 같은 행정업무를 위해 필요한 경우 시간제 직원이 채용되었다.

이 사례에서는 어떠한 일들이 일어났는가? 내부 환경은 스스로 자신의 구조에 변화를 주지 않으면, 외부 환경의 요구에 대처할 수 없다. 각 학교의 새로운 내부 구조는 높은 상호 연결성과 외부 결합(제7장 참조)을 통해, '시스템'이 더 이상 하나의 학교가 아닌 '집단'으로 발전한 새로운 형태의 자기조직화 방식을 보여 주고 있다. 시스템의 원활한 운영의 핵심은 관계성과 활발한 의사소통인데, 이 사례는 이러한 것들을 잘 보여 주고 있다.

세 번째 사례는 영국의 1998년 교육개혁법안(교육과학부, 1988년)과 그에 따른 정부의 특수교육 요구의 식별과 진단에 관한 시행령(교육부, 1994년)에 따른 특수교육 관련 조항의 변경이다. 이 사례에 대한 내용은 Millward와 Skidmore(1998)의 연구결과에서 나온 것이다. 특수교육에 대한 행정 권한은 1988년 개정법이 통과되기 전까지 지방 교육 당국에 있었다. 법 통과 이후, 학교들은 지방 교육 당국의 간섭 없이 특수교육에 필요한 자원들을 구입할 수 있었다. 여전히 지방 교육 당국은 공식적이고 법률적인 지침과 소수 그룹의 특수아들에게 적절한 교육을 제공할 법적 책임을 갖고 있었다. 그러나 관리지침의 개정은 근본적으로 지방 교육 당국의 권한 약화를 가져왔다.

Millward와 Skidmore(1998: 57-58)의 주장에 따르면, 이러한 부분의 변화는 다음과 같은 측면의 활성화를 가져왔다.

- 학교에 대한 직접적인 통제가 아니라 좋은 정책 사례들을 촉진 · 전파하고, 약간의 제한된 자원을 제공하는 역할을 하게 된 지역 교육 당국과 특수교육 업무에 상당한 자율성을 갖게 된 학교, 이로 인한 지역 교육 당국과 학교 간 새로운 관계 정립

- 지역 교육 당국의 전략적 리더십은 변화와 개발을 촉진하는 지원자 역할로 대체되었다.
- 지역 교육 당국과 학교 간에는 일방적 지시방식이 아닌 새로운 협력적, 파트너십 관계 형성
- 지역 교육 당국이 제시하는 단일한 형태의 특수교육 모델보다는 학교 기반의 특화된 특수교육 모델 개발과 시도
- 지역 교육 당국자들 뿐만 아니라 학교들이 정책 수립과 의사결정에 관여하는 민주적 참여
- 특수교육을 제공하는 지역 교육 당국의 내부 조직 변화

Millward와 Skidmore는 복잡계 이론의 주요한 요소인, '창발' '새로운 거버넌스' '관계' '활성화' '내부 구조' '구조조정' '의사소통' '공동체' '협력' '신뢰' '통합' 등의 용어들을 사용하고 있다. Millward와 Skidmore은 설문 응답자들의 말을 인용하여, 경영이라는 것은 지시가 아니라 '기회의 창'을 포착하는 것이고, 청사진을 제시하는 것이 아니라 일어나는 사건들에 민감하게 반응하는 것이라고 말한다(상게서: 64). 또한 그들은 지역 교육 당국이 모든 것에 다 관여할 필요가 없다는 리더십에 대한 지역 교육 당국 고위관리의 견해를 인용하고 있다(상게서: 64). Millward와 Skidmore는 또 중앙과 지역 정부 간 특수교육 발전을 위한 광범위한 대화의 필요성(상게서: 65)과 지역 교육 당국과 학교의 특수교육 발전을 가져오는 중앙 정부의 여건 조성에 대해 논하고 있다. 모든 이러한 생각들은 복잡계 이론을 반영하고 있다. 그들은 이 글을 쓸 당시, 모든 이해 당사자들에게 미래는 불투명하지만, 그것은 창발되고 있다고 이야기한다.

이 사례를 살펴보면, 복잡계 이론의 몇 가지 요인들이 다음과 같이 나타나고 있다.

- 시스템 내/외부 활동 및 환경의 변화(예: 학교, 지역 교육 당국, 중앙 정부) 와 이러한 변화의 상호관계성(공진화)
- 특수교육 요구 관련 과정 및 내용의 예측 불가능성
- 변화로 인해 야기되는 지역 교육 당국과 학교의 새로운 창발적 (재)자기 조직화[예: 각각의 적합도 지형은 내부 환경(K), 외부 환경(S), 그리고 외부 환 경과의 연결 특성 및 범위에 따라 변화하였다(제7장 참조)]
- 네트워크상에서 특정 행위가 다른 행위에 영향을 주는 것처럼, 시스템 내 이해 당사자들 간 분산 제어 및 리더십(높은 수준의 K, 제7장 참조)
- 피드백, 의사소통, 긍정적 관계 및 개방체제의 중요성
- 조직학습의 필요성(예: 학교와 지방 교육 당국의 조직학습)
- 통합의 강조(복잡계 이론은 공진화를 위해 상호작용에 관련된 모든 참여자들 을 포함한다.)

　강력한 자치권을 갖게 된 학교와 약화된 통제력을 갖게 된 지방 교육 당국 은 먼저 내부 조직을 변화시킴으로써, 외부 환경에 대응하는 적합도 지형에 도 변화를 가져왔다. 그리고 학교, 지방 교육 당국, 그리고 중앙 정부 간의 활 발한 대화는 또한 그러한 환경을 변화시켰다.

　거시적 수준의 변화에 대한 세 가지 사례들은 시스템들이 대체로 경쟁자가 없이 독점적으로 운영되는 경향이 있다는 것을 보여 준다. 복잡계 이론과 적 합도 지형(제7장)은 경쟁자 간 역동적인 공진화를 이야기한다. 즉, 각각의 경 쟁자는 다른 경쟁자에 의해 영향을 받는 적합도 지형을 갖고 있다는 것이다 (예: 제1장과 제7장의 사례). 4번째 사례가 될 수 있는 이러한 사례는 교육 분야 에 시장주의적 요소 증가와 영국 학교의 자치권 강화에서 관찰될 수 있을 것 이다. 영국의 경우 단위학교들은 예산에 대한 관리권을 갖게 되었고, 교육 당 국자들의 권한은 축소되었다.

　1980년대 초, 영국 정부는 교육에 대한 교육자들의 '독점적 지배'를 타파하

면서(Adam Smith Institute, 1984), 하이에크 방식(Hayekian style)으로, 교육 소비자의 요구에 더 잘 부응하기 위해 교육 시스템의 개방을 지지했다.

1988년 교육개혁법(교육과학부, 1988년)은 지방 교육 당국이 갖고 있던 재정 관리 권한을 단위학교에 이관하게 했다. 이로 인해 단위학교가 수용할 수 있는 최대 학생 수 및 통학 가능 범위에 대한 제한이 없어지고, 이것은 시립 테크놀로지대학(City Technology Colleges) 설립으로 이어졌다. 또한 학교는 보조금을 지원받을 수 있는 지위는 유지하면서, 지방 교육 당국의 눈치를 보지 않는 자율권을 가질 기회를 갖게 되었다.

이렇게 함으로써, 영국 정부는 학교교육을 관리하는 지방 교육 당국의 권한을 타파하고(Morrison, 1995), 시장기반 교육을 증진시키는 다양한 조치들(Morrison, 1994: 417-8)—경쟁체제, 소비자주의, 개인주의, 선택, 다양성, 규제 해제, 민영화, 감시(inspection)를 통한 질 관리, 정보 공개(학교 현황 및 국가단위고사 성적 공개에 강제성 부여)—을 내놨다. 이러한 조치들의 의도는 '매력적'인 학교(확산될 우수학교의 중심—'수확체증의 법칙')를 만들고, 폐교시켜야 할 학교는 '가라앉혀서' 교육의 질을 향상시키는 데 있었다. 지방 교육 당국은 학교예산, 교사 임용, 그리고 일련의 서비스 분야(예: 식사제공, 심리적 서비스, 특수교육 지원, 악기 레슨비) 관리에 대한 권한이 축소되었다. 그래서 당국 스스로 변화를 통해 학교와 학교예산에 대한 조언자가 되고, 학교 지원자의 역할보다는 학교감시자가 되며, 교사 연수 및 전문성 개발 분야에 경쟁적 입찰을 제공하는 자가 되어야 했다.

시스템의 '자율화'라는 미명하에 이루어졌지만, 이것은 사실 확고한 정책적 의도를 가진 정부에 의한 '원격 조정'(관리에 대한 욕망)의 시간이었다(Morrison, 1995). 정부의 의도는 단위학교가 갖고 있는 문화자본 증대를 통해 그들에게 최상의 문화자본과 '소유욕이 강한 개인주의와 개인들의 정책적 시도'를 실행해 볼 수 있는 기회를 효과적으로 제공하는 것이었다(Bowe et al., 1992: 25). 이러한 정책은 효과가 있었지만, 단지 학교구성원 일부만이 그 효과의 수혜자가 되었다.

그 시스템은 차후에 다음과 같이 예상치 못한 방향으로 전개되었다.

- 좋은 성적에 대한 중압감으로 학교들은 학력이 부족한 아이들을 학교 밖으로 내몰아 학교에서 배제되는 아이들의 수가 급격히 증가했다.
- 어떤 학교들은 경쟁보다 협력을 추구했다.
- 학교 선별과 사회적 평등의 이슈는 점점 더 높은 관심을 받고 있었다.
- 교사들의 급격한 사기 저하로 인해, 1989~99년 동안(Cosgrove, 2000), 교사의 50% 이상이 근무 조건, 문서 작업, 관료제, 감사 시스템 및 스트레스 등으로 인해 학교를 떠났다.
- 교장들은 교수−학습 분야의 리더가 아니라 '예산 집행의 최고 경영자'로 자리매김되는 것에 반대했다(Grace, 1995).
- 교사 채용이 위기에 처해 있어 학교는 인원이 부족하고, 주 중 일부는 휴교를 실시하고 있다. 정부는 교사 채용을 위해 수백만 파운드를 광고비로 쓰고 있지만 효과는 별로였다.
- 감사제도에 대한 강력한 저항으로 감사일정을 축소해야 했다.
- 학교 내 문제행동이 증가하고, 무단결석이 주요한 이슈로 등장했다.
- 강좌 수가 줄어든 교육과정은 지속적으로 개설되기에는 너무 많은 비용이 들었다.
- 특수교육은 주요 문제로 등장했는데, 그 이유는 제한된 학교예산상 특수아에게 들어가는 비용이 너무 컸기 때문이다.
- 단지 소수의 학교들만이 문을 닫았고, 성공적인 학교는 기대했던 만큼 그렇게 많지 않았다. 왜냐하면 그들의 성공은 극히 제한된 영역에서만 일어났기 때문이다.
- 시립테크놀로지대학 프로젝트(City Technology Colleges project)가 수립되었다.

- '개혁'에 대한 반발은 지난 정부 축출의 한 원인이 되었다.
- 시장주의 논리에 교육을 맡기는 것에 대한 반대가 일어났는데, 그것은 교육이 공공재이기 때문이다(Tang과 Morrison, 1988).
- 유명 음악인들은 악기 레슨 비용의 자율화는 음악교육을 후퇴시키고 있다고 비난했다.

이해 당사자들 각각은 나름의 적합도 지형을 갖고 있는 것으로 보인다(예: 제7장에서 논의될 높은 수준의 S). 먼저, 정부는 정치적 이념의 실행과 관리에 대한 명백한 정책적 제안을 갖고 있었다. 지역 교육 당국도 자신들의 권한과 기능에 변화를 주었다. 그리고 학교는 자신들의 활동 및 예산 관리에 대한 권한과 책임을 가졌다. 부가적인 서비스들은 양도되거나 재구조화되었다.

여기는 현상들에 대해 정치적으로 논쟁하는 자리는 아니다. 복잡계 이론 관점에서, 이러한 사례들은 다음과 같은 측면들을 보여 주고 있다.

- 학교, 지역 교육 당국, 정부 및 보조 서비스 기관의 적합도 지형은 서로 간에 영향을 주면서 변한다. 즉, 각각은 서로를 변형 및 변화시킨다.
- 이해 당사자들에게서 새로운 형태의 자기조직화가 일어났다(학교는 자체적으로 관리하게 되고, 지역 교육 당국은 모든 권한을 자신들이 갖고 있지 않다는 것을 인식하게 되었다. 그리고 영국 정부는 변했고, 보조 서비스 기관들도 재편되었다).
- 변화의 결과는 미리 예측하거나 예측할 수 없었다. 즉, 종종 의도하지 않은 방식으로 나타났으며, 정부의 계획은 좌절되었다.
- 이해 당사자들 간 내·외부적 관계에 변화가 있고, 네트워크상의 이해 당사자들에게 새로운 권한이 생길 경우 새로운 네트워크가 개발되었다.
- 정부의 전략적 계획은 좌절되었고, 의도한 방식으로 실현되지도 않았다. 이렇듯 예측이 불가능한데, 그것은 외부 환경이 시스템상에 있는 이

해 당사자들(예: 학교, 지방 교육 당국)에게 압력을 가했고, 이는 다시 정부의 업무에 영향을 미쳤기 때문이다.
- 관리하려는 정부의 시도는 실패했다.

복잡계 이론은 장기적 계획의 헛됨을 이야기한다. 단순한 전략적 계획은 실패하기 마련이다. 시스템상의 이해 당사자들은 예측할 수 없는 방식으로 서로에게 영향을 미친다. 따라서 관리라는 것은 의도대로 작동되지 않고 차츰 사라지고 말 것이다.

결론

복잡계 이론에서 중요한 요소인 학교 리더십이 학교를 환경과 관련시키는 데 효과적이려면, 다음과 같은 측면에서 학교의 리더십 능력을 향상시켜 줄 필요가 있다.

- 그들이 위치한 환경의 범위를 확인, 식별, 기술한다.
- 주변 환경의 요구 및 그에 대한 대응의 우선순위를 정한다.
- 주변 환경과 효과적으로 의사소통한다.
- 주변 환경으로부터 정보를 모은다.
- 내부 환경을 주변 환경의 요구에 맞게 조정한다(필수 다양성의 법칙). 즉, 주변 환경으로부터 배운다.
- 주변 환경 및 지역사회와의 네트워크 및 파트너십을 개발한다.
- 요구분석을 실시하고 그에 따라 실행한다.

또한, 제5장에서는 '시스템'을 개별학교 또는 거시적 차원에서 정의할 수 있다고 제안했다. 적합도 지형(제7장 참조) 측면에서, 하나 이상의 학교를 수용하는 시스템이 매우 높은 K(시스템 구성 요소의 내부 연결성)를 만드는 것으로 여겨진다.

학교와 주변 환경 간 관계의 핵심은 의사소통—학교 내부, 환경 내부, 학교와 환경 간—에 있다. 다음 장에서 이에 대해 알아본다.

제6장 의사소통

복잡계 이론에서 의사소통의 본질

제5장에서 언급된 Thomas Telford 시립테크놀로지대학의 사례는 학교의 대내적 및 대외적인 의사소통과 의사소통의 외적 환경이 공식적, 비공식적 경로들을 사용하면서 포괄적이고 쌍방향적인 성격을 갖는다는 것을 보여 준다. 이에 더하여, 소통의 결과물은 예시(豫示)되기보다는 소통 자체를 통하여 형성됨을 보여 주었다(예를 들면, 교장이 체육 교육 시설의 공급에 대한 학생들의 요구를 청취하고 이에 응하는 행동을 취함). 피드백은 끊임없이 리더들에 의하여 장려되었고, 학교는 이러한 피드백에 대하여 행동하였다.

이처럼 네트워크화되어 있고(networked), 연결되어 있고(connected), 지식 기반으로 움직이며(knowledge-working), 자기조직화(self-organizing)된 학교는 상호 의존성을 강한 특징으로 갖고 있고, 조직 대내외적으로 효과적인 의사소통과 대화, 협의에 우선순위를 둔다(Popper and Lipshitz, 2000: 143). 창발과 네트워크 형성은 의사소통과 정보를 필요로 한다(Ludlow and Panton,

1992:5). (학교 혹은 학교 환경, 혹은 학교 내 요소들의) 공진화는 효과적이고 풍부한 의사소통을 필요로 한다(Stewart, 2001: 제7장).

제6장은 복잡하고 자기조직화된 학교에서 리더들과 분산적 리더들에 의하여 일어나는 의사소통이 몇 가지 특징들을 나타낸다는 것을 제시한다. 예를 들면, 이러한 의사소통은 독백체이고 발화 효과 행위적(perlocutionary)이기보다는 대화체이고 발어 내 행위적(illocutionary)일 것이며, 수용자 및 전달자의 맥락(예: 감정, 상황, 가능한 반응 등)에 대해 사려 깊고 세심한 주의를 기울일 것이다. 또한 시스템에 대한 왜곡을 최소한으로 유지하면서 표현, 매개, 내용, 방향, 어조, 타이밍, 메시지의 공식성에 영향을 미칠 것이다. 이러한 작업에서 교류분석에 대한 언급은 의사소통에서 교차선(crossed wire)을 회피해야 할 필요성과 긍정적 피드백을 제공해야 한다는 점을 역설할 것이다. 마지막으로, 학교 내의 의사소통과, 리더의 행위에 영향을 미치는 복잡성 관리와 의사소통 방식의 적합성을 기술하도록 하는 자기 보고적인 일련의 질문이 제공될 것이다.

의사소통을 거친 정보는 조직의 생명소이며(Marsick, 2000: 14), 리더의 임무는 통제를 통하여 이를 관리하고 제한하기보다는 정보를 널리 분산시키고, '정보의 정조대(chastity belts)'를 채우기보다는 정보를 배우자(helpmate)와 같은 협력자로 이용해야 한다(Wheatly, 1999: 97). 또한 정보는 단지 권력이라기보다는 영양소이며, 조직은 지식을 관리하는 것과 마찬가지로 무지함을 적절하게 관리해야 한다(Marsick, 2000: 14)[1]. 의사소통은 효과적인 복잡계 리

---

1) 역자 주: Marsick(2000: 14)은 복잡한 정보가 혼재하는 환경 속에서 학습조직(learning organization)의 의사소통이 효율적으로 일어나야 한다는 것을 설명하며 다음과 같은 Robert Johansen의 말을 인용했다. "Robert Johansen 미래연구소장은 콜롬비아 경영대학원에서 열린 세미나에서 미래는 지식 관리보다는 무지(無知) 관리에 의해 결정될 것이라고 말했다. 무지 관리란 단순히 무시해도 되는 정보에 대한 선택을 내리는 것이다." 한편, Roberts는 무지 관리를 "무지를 식별하고, 고려하며, 무지를 통제하거나 사용하는 동시에 조직의 성과를 향상시키기 위한 목적으로 미지의 것에 대한 개방성을 유지하는 의도적인 과정 또는 관행"이라고 정의한 바 있다(Roberts, 2013).

더십의 핵심이며(Bryman, 1992: 146; Mendez-Morse, 1999: 15), 변화의 촉진은 담론, 의사소통, 대화 등의 형식의 차별화를 활성화하는 것이다(Stacey, 2000: 365 참조). 기실 Stacey(2000: 296, 412)는 조직의 의사소통 내에 내재된 기존의 권력 관계가 변동되거나 파괴되고, 새로운 관계가 형성될 때 조직이 변화한 다는 것을 암시한 바 있다.

Clampitt과 Downs(1993), Gilsdorf(1998)는 생산성과 효과적 의사소통의 긴밀한 관계를 보여 주었다. Gilsdorf(1988)의 실증적 연구는 조직 내 의사 소통의 명확성과 효과성이 조직 문화의 강점과 높은 상관관계가 의미 있게 (p=0.0001) 있음을 보여 주었다. 그녀는 의사소통에 관한 더 명확한 정책이 있다면 조직 문제의 20%까지는 해결할 수 있다고 주장했다.

Kowalski(1998: 36)는 의사소통이 학교 리더십 준비의 필수 요소가 되어야 한다고 제안했으며, Bennis와 Nanus(1985: 33)는 효과적인 리더십이 효과적 인 의사소통과 분리될 수 없다고 주장했다. 이는 아마도 상식적이며 논란의 여지가 없는 주장일 것이다. 오히려, 제6장에서는 특정한 의사소통의 유형이 자기조직화된 학교에 중요하다는 것을 제시할 것이다. 복잡계 이론에서 수 평적인 조직이 증가하면서(제2장 참조), 수평적인 의사소통에 대한 필요성도 함께 증가했다(Ludlow and Panton, 1992: 3). 창발은 대화의 과정이다(Isaacs, 1993 참조). 의사소통은 사람들에게 정보를 알리고 사람들을 참여시키는데, 창발과 수평적 의사소통은 자기조직화된 조직의 두 가지 측면이다. 또한 의 사소통은 긍정적인 관계, 더 나은 이해, 그리고 주인의식을 촉진한다(Kanter et al., 1992).

정보가 더 쉽게 공유되고 그 과정이 투명하고 가시적이며 참여자들이 더 나은 자신감을 얻을 수 있다는 점에서, 전자 정보를 공유하기 시작한 것은 신 속하고 민주적인 관리를 향한 움직임이라고 간주할 수 있다(Buchanan and McCalman, 1989). 이는 네트워크화된 조직의 중요한 특징이다. 인트라넷(내 부 전산망)의 발달은 집합적이지만 분산적인 조직의 지식과 기억을 제공한다

(April et al., 2000: 50 참조, Gronn, 2000: 323).

April(1997: 51)은 기술이 모든 구성원들의 학습과 권한 분산을 증대시킬 것이며, 이는 단지 균형장치의 역할을 하는 것만이 아니라 '지식이 조직의 핵심 자산이 된다'는 것을 확신시킬 것이라고 하였다. 더 나아가, April 등(2000: 51)은 (a) 기술이 조직 구조를 평평하게 하고 통제의 핵심을 옮기며 (b) 신속하고 용이하며 적시성 있는 지식의 보급을 통하여 조직에 정보를 더 부여하고 (c) 지식을 접근 가능한 자원으로 전환함으로써, 학습에 대한 장벽을 감소시키는 데에 사용될 것이라고 하였다. 분산적이고 집합적인 지식은 조직의 주요한 자산이 된다.

April(1997; 1999: 232)은 그리스인들에게 있어서 어떻게 대화가 자치(self-government)의 심장부에 있었는지를 설명하며 대화와 자기조직화 간의 공명 관계를 강조한다. 사실 Pondy(1976)와 Piccardo(1990)는 '언어를 통한 리더십'을 논한 바 있다. 커뮤니케이션을 시작하려면 적어도 당사자 중 한 명은 약속을 증명해야 하며(Guest et al., 1993), 이 역시 제2장에서 제안한 대로 자기조직화된 학교를 이끄는 핵심이다(April et al., 2000: 69 참조). 참여는 공식적 및 비공식적 의사소통 통로에 대한 관심을 통하여 일어난다. Ford와 Ford(1995: 541, April, 1999에서 재인용)는 의사소통과 대화는 변화의 중심에 놓여 있으며, 변화란 의사소통을 기반으로 하고 의사소통에 의해 주도되는 현상이라고 하였다.

April(1997: 240)에 따르면, 대화와 소크라테스식 문답법은 질문을 발생시키고 '협력과 팀 학습, 집합적인 비전에 대한 사람들의 권한 이양, 학습을 포착하고 공유하는 시스템의 형성 등'을 촉진한다(Watkins and Marsick, 1993 참조). 대화는 판단의 중지, 가정의 규명, 경청, 질문 그리고 숙고로 구성된다(Gerard and Teurfs, 1997: 16). 학습하는 조직은 의사소통을 전제한 사회적 기관이다.

철학적 단계에서 Habermas(1970a; 1970b; 1972; 1979; 1984; 1987)는 발화는

불가피하게 원칙적으로 합의를 지향한다고 하였으며, 모든 문장은 참여자들의 자발적 책임을 재확인한다고 하였다. 그는 언어가 공정한 사회의 기반이 되는 원칙이라고 주장한다(1982: 252). 그의 '이상적인 발화 상황'은 몇 가지 점에 있어서(〈표 6-1〉 참조) 공정하고 자유로운 사회의 특징을 포함하고 있다(Morrison, 1996: 2-3).

〈표 6-1〉 이상적 발화 상황의 특징

- 공통 관심사 지향
- 담론에 대한 자유로운 접근
- 주장에 대한 질문 가능 여부를 확인할 수 있는 자유
- 설명을 평가하는 자유
- 주어진 분석틀을 수정할 수 있는 자유
- 지식의 본질에 대해 고찰할 수 있는 자유
- 정당한 이유를 평가할 수 있는 자유
- 규범을 고칠 수 있는 자유
- 정치적 의지의 본질에 대해 고찰할 수 있는 자유
- 참여자들 간의 상호 이해
- 동등한 발언권 획득 기회
- 대화에서 참여자들을 자발적이고 동등한 상대로 인정하며, 그들의 주제의 정당성을 인정
- 토론에 대한 동등한 기회
- 지배와 영향력 왜곡으로부터 자유로운 토론
- 토론으로부터 비롯된 합의가 참여자의 지위 혹은 정치적 권력으로부터 오는 것이 아니라 더 나은 주장의 힘에 의해서만 도출되는 것
- 진리 탐구에 대한 협업을 제외한 모든 동기 배제
- 진리, 정당성, 진정성 그리고 이해 가능성을 주장하는 발화 행위가 다뤄짐
- 발화 내 행위가 발화 효과 행위를 대체함
- 일반화 가능성이 있는 주제에 대한 헌신

〈표 6-1〉은 어떤 기준으로 봐도 강력한 일련의 요소이고, 대화적 관계의 몇 가지 특징을 내포하고 있다. 그 특징의 예로는(April, 2000: 70-1) 판단 없이 듣고 말하기, 각 발화자를 인정하기, 차이를 존중하기, 역할과 신분의 유예, 탐

구와 옹호의 균형, 혼선 방지, 학습에 초점을 두기, 이해의 다음 단계를 추구하기, 구체적인 결과에 대한 필요성을 표출하기, '움직일 때에' 말하기가 있다.

무엇으로부터의 자유 혹은 무엇을 위한 자유라고 할 때에 그 '자유(freedom)'에 대한 빈번한 인용은 동등한 기회, 지배의 부재, 협력에 대한 강조, 헌신, 동의, 그리고 고등 사고 기술이다(Vygotsky, 1978). 이는 네트워크화되고 자기조직화된 학교를 위한 효과적인 의사소통의 핵심 요소가 이상적 발화 상황에 있음을 암시한다. Habermas의 원리는 이전 장에서 설정된 자기조직화된 학교의 구성 요소들을 매우 강력하게 강조하는 것처럼 보인다.

대화는 조직의 더 나은 앞날을 탐색하는 협력의 목적에서 논쟁을 대체한다. April(1999: 234)은 대화와 대화적 관계가, 그리스어를 번역하면 '의미의 흐름'이라는 전제하에 (역동적인 조직 내에서는 역동적이며) 바람직하다고 주장한다. April은 Senge(1995: 19)의 주장으로 초점을 옮기는데, Senge는 생산적인 대화를 유지할 만한 능력이 없다면 결국 남는 것은 누가 이기고 지는가를 바라볼 수밖에 없는 전투적인 소리들의 불협화음이라고 말했다. Senge 등(2000: 75)이 주장한 진정한 대화란 일상적인 가정들을 중지시키는 것, 즉 고의적인 불신의 유예이다.

발어 내 행위와 발화 효과 행위에 대한 언급은 발화 행동 이론과 관련이 있다. 발화 행동이란(Austin, 1962; Searle, 1969) '무엇을 말하면서 어떤 행동을 하는 것이다'. Habermas가 말하는 언어적 표현이란 '결코 단순한 문장이 아니며'(Habermas, 1970b: 368, 371), 여기에서 단순한 문장이란 맥락으로부터 분리된 것을 의미한다. 그러나 오히려 그것의 의미는 사실로부터 분리되고 간주관적인 맥락에 놓이게 된다. 즉, 모든 발화는 행동과 의도의 맥락에 존재하게 되는 것이다. 명제적 내용(의사소통 내용의 발화성에 해당)과 수행적(performatory) 내용(의사소통 목적의 발어 내 행위적 측면)(Morrison: 1995: 94)의 '이중 구조(Habermas, 1979: 42)'는 어느 발화 상황에나 포함되어 있다. 의사소통은 간주관적이며 참여자, 혹은 참여자의 자유를 존중한다.

의사소통의 발화적인 그리고 발어 내적인 측면에 더하여, Habermas는 발화의 '표현적인' 측면, 즉 의도, 감정, 발화자의 소망 등에 주목했다(Habermas, 1979: 49). 이것은 제3장에서 언급된 감정적 지능에서 상기된 바 있다. 이러한 발화의 세 가지 행위(발화적, 발어 내 행위적, 표현적)는 각각의 타당성 기준을 갖고 있다. Habermas(1970b)에 따르면, 발화적 측면은 진실(우리가 진실이어야 한다고 말하는)에 전제를 두고 있고, 발어 내 행위적 측면은 옳음 혹은 정당성(우리가 정당화할 수 있고 수용 가능하다고 말하는)에 전제를 두고 있으며, 표현적 측면은 진실성 혹은 진정성(우리는 우리가 말하는 것에 대해 진실해야 한다)에 전제를 두고 있다. 어구는 객관적 내용과 관련이 있고, 발화는 간주관적 세계와 관련이 있으며, 표현은 주관적 세계와 관련이 있다(Morrison, 1995: 97).

발화와 발화 효과 행위의 차이점은 이것이다. 발화는 단지 '무엇을 말하면서 어떤 행동을 하는 것'에 반하여, 발화 효과 행위는 '무엇을 말하면서 어떤 것을 획득하는 것이다'. 발어 내 행위에서 의제는 늘 열려 있기 때문에, 우리는 무엇이 의사소통 혹은 대화의 결과물이 될지 알지 못한다. Habermas의 표현에 따르면, '무조건성의 순간이 존재하는 곳'은 바로 '상호 이해 지향적인 행위'에서이다(Habermas, 1987: 322). 사실, Senge(1990: 243)의 의견을 다시 상기하자면, 이는 진정한 대화가 참여자들에 의한 판단 유보를 필요로 하고, 모든 참여자들은 상대방을 동료(전투 상대라기보다는)로 간주해야 한다는 점을 암시한다. 만약 우리가 선형적 사고의 목적론적 운명론을 지양하고 진정으로 개방적이고 싶다면, 복잡계 이론에서는 발어 내 행위가 발화 효과 행위보다 더 편안하게 자리 잡아야 할 것이다(Stacey, 2000).

학교에서 발화 효과 행위적 의사소통은 교사가 학생에게 '앉아'라고 말할 때 일어나며, 이때 교사는 미리 어떤 결과가 요구되는지를 안다. 유사하게 교장은 교사들에게 시간표나 교육과정 변경을 지시하는 과정에서 발화 효과 행위적으로 행동한다. 반면에 교장이 교수 활동을 지원하는 ICT를 개선하기 위하여 함께 어떠한 변화를 결정하기 위하여 교사들에게 의견을 물을 때에는 발어 내 행위적으로 행동한다. 이때 상황은 계획된 것이지만 결과는 알 수 없다. 물론 학교 교사들은 발화 효과 행위를 발어 내 행위로 가장시키는 데에 능숙하다. 유아 학교 교사는 유아들에게 '색칠하고 싶니?'라고 물어보고, 심지어는 '네 옷이 더러워지지 않도록 내가 전반적으로 도와줄게'라고 말하며 강요하기도 한다. 사실 이 유아 학교 교사는 아이가 원하든 원하지 않든 그 아이가 색칠을 할 것이라고 의도한 것이다.

발어 내 행위의 또 다른 예시는 강변 공원을 방문하고 그곳에서 무엇이 흥미로웠는지를 이야기하는 학교 수업의 '표현적인' 교육과정 목표이다. 여기에서 상황은 이미 계획된 것이었지만, 그 결과물은 계획되어 있지 않다. 발어 내 행동은 이해 및 상대를 이해하는 것과 관련이 있다. Habermas와 Gadamer(1975)의 용어인 '지평융합'은 이 상황에서의 의도를 나타내는 말이며, (Habermas의 표현으로는) 해석학적으로 '사람은 어디에서부터 오는지' 즉, 그들의 배경, 전기, 그리고 의제 등을 이해하기 위한 것이다(Cilliers, 2000: 10 참조).

반면에 발화 효과 행위는 의제(행동적 목표)를 달성하는 것에 관심이 있다. Habermas에 따르면 발화 효과 행위는 이해관계를 실현하기 위한 것으로, 그것은 미리 계획된 목표를 향한 전략적이고 중요한 행동과 관련되어 있다. 발어 내 행위는 이해하는 것과 관련되어 있다면 발화 효과 행위는 성취와 관련되어 있다. 발어 내 행위의 경우에는 권력 문제가 논의에 포함되지 않는 반면 발화 효과 행위의 경우에는 권력 문제가 가장 상위에 있다.

학교의 수학 과목 부장은 출제 기관에서 새롭게 요구한 기준을 직원에게 알려 주기 위하여 수학 교사 회의를 소집할 때에 발화 효과 행위적으로 행동한다. 부장 교사는 학생들의 문제해결 능력을 개선할 수 있는 방안을 토의하기 위하여 회의를 소집할 때에 발어 내 행위적으로 행동한다.

진정한 대화적 의사소통은 발화 효과 행위적이기보다는 개방적이고 발어 내 행위적이다. 발어 내 행위는 결과를 모른다. 참여자들은 단지 정보를 부여

받기보다는 협상한다(제5장에 나오는 Thomas Telford School의 토의 참조). 여기
에서 도출할 수 있는 시사점은 발어 내 행위가 개방적, 민주적, 동료적인 관
리 시스템에서 활발하게 일어나는 것인 데에 반하여, 발화 효과 행위는 위계
적, 관료적인 관리 방식의 산물이라는 것이다. 이전 장에서의 논의로부터 자
기조직화되고, 창발적이고 복잡한 학교의 리더십의 경우에는, 분산적 리더십
이 위계적이며 지휘통제적인 리더십을 대체하듯이, 발어 내 행위가 발화 효
과 행위를 대체함을 알 수 있을 것이다.

　지시 및 통제적인 사고방식은 발화 효과 행위적인 반면에, 창발적이고 권
한을 부여하는 시스템은 발어 내 행위적이다. 의사소통의 방향을 설정할 때
에 발화 효과 행위는 일방적이고 대개 하향식인 반면에, 발어 내 행위는 (관료
제적 조직에서는) 쌍방향적이거나 다방향적이며, (네트워크 조직에서는) 360도
이다. 따라서 복잡한 조직에서의 의사소통 행위는 조직 내 권력 구조 혹은 각
참여자의 정체성에 불편함을 줄 수 있으며, 이에 따라 모든 이들은 변화를 대
비해야 한다(Stacey, 2001: 182-3 참조). 이러한 맥락에서 의사소통은 위와 같
은 변화가 부재한 단일 고리 학습보다는 이중 고리 학습(사고 구조 및 모형과
가치, 원리를 변화시키는 것)을 가리킨다(Stacey, 2001: 194). 거래적이고 변혁적
인 리더는 본질적으로 발화 효과 행위적인 반면에, 선험적이고 서번트식의
리더는 발어 내 행위적이다.

　수직적인 조직에서 하향식 의사소통은 통제, 지시, 결정, 정책 및 명령의 형
태인 정보와 관련이 있는 반면에, 상향식 의사소통은 기록, 보고, 의견과 반응
의 형태로 정보를 제공한다. McMaster(1996: 174)는 그러한 수직적이고 계층
적 조직에서는 의사소통의 두 통로가 서로 독립적으로 유지되고, 실제로 서로
격리되어 있으며, 그 영향은 전체적으로 주장되어 온 바와 같이 자기조직화에
필요한 핵심 요건을 위반하는, 개입을 최소화하는 것이라고 제안한다. 네트워
크 조직에서는 발어 내 행위적 의사소통이 모든 방향으로 가며, 모든 이를 위
한 모든 정보를 포함하고 있다(Robbins and Finley, 1998a: 120 참조).

복잡계 이론에서의 의사소통 네트워크

Law와 Glover(2000: 96) 그리고 Brown(2000: 118)은 학교의 다섯 가지 의사
소통 네트워크(체인형, Y형, 스타형, 원형, 전체 경로형)를 규정했다. 체인형([그
림 6-1])은 중앙 집중적이고 발화 효과 행위적이며, 비록 정보를 신속하고 효
과적으로 소통하지 못할지라도 의사소통의 분명한 라인을 가지고 있는 의사
소통 체계이다. 이 모형은 정보가 사람들을 거칠수록 조금씩 변형될 수 있다
는 약점이나 위험성만큼이나 강력한 모형이다. 부장교사는 부부장교사에게
수학 과목에 예산이 과다 지출되어서 학교 예산 조정이 필요하다는 메시지를
전한다. 이때 그 메시지는 교장, 수학과 부장, 타 부서의 교사들을 거쳐 전달
되고, 신참 교사는 그녀의 고용계약이 위기에 처했다고 믿게 된다.

Y형 모형은([그림 6-2]) 노드(Y자에서의 교점)에 있는 사람을 강력한 위치에
놓는다는 점에도 불구하고 발화 효과 행위적 체인과 유사하다. 노드에 가까
이 있는 사람은 멀리 있는 사람보다 메시지를 더 빨리 (그리고 아마도 덜 왜곡
되게) 받는다. 이 모형은 중앙집권형을 강하게 암시하고, 네트워크형 조직에
서는 유용하지 않을 수도 있다. 노드는 비공식적인 중심(예를 들면, 부대 내 법
규를 잘 아는 군인)이며 어쩌면 공식적인 중심(과목 부장 교사)일 수도 있다.

스타형([그림 6-3])은 매우 중앙집권적인 시스템이면서 중앙부와 주변부
간의 발화 효과 행위를 촉진한다. 이 모형의 성공은 중심의 '크기'에 달려 있
으며 중앙은 주변부보다 훨씬 강하고 자원이 풍부해야 한다. 이 모형은 학교

[그림 6-1] 체인형 의사소통 모형

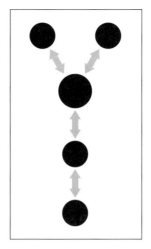

[그림 6-2] Y형 의사소통 모형

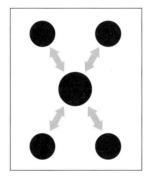

[그림 6-3] 스타형 의사소통 모형

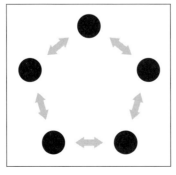

[그림 6-4] 원형 의사소통 모형

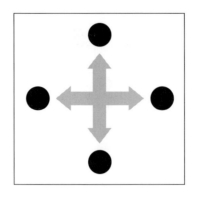

[그림 6-5] 전체 경로형 의사소통 모형

리더들과 구성원 간의 신속한 의사소통에 유용하다. 반면에, 모든 의사소통이 중앙을 향하고 있으므로, 앞서 언급한 정보의 방향 설정 실패나 중앙집권형 통제와 같은 의사소통의 장애를 감수하고 있다. 따라서 이는 네트워크형 조직에 적합한 모형이 될 수 없다. 이러한 경우의 예시는 부장 교사가 학부모 공지 시스템을 개혁하기 위한 제안을 전파하려는 목적으로 부서 회의를 소집할 때이다. 이는 원심적인 모형인 반면, 스타형에서 구심적인 모형은 학교의 학년 부장이 학내 폭력의 문제와 필요 조치를 논의하기 위하여 피드백을 듣기 위해 회의를 소집할 때에 일어난다.

원형([그림 6-4]) 구도는 분권적이며 분산적이며 연결되어 있고, 이러한 측면에서 네트워크형 학교에서 움직임을 보인다. 이 모형에서는 중심에 있는 원이 다른 원과 크기가 동일한 것을 주목할 수 있다. 원들은 다른 원보다 크거나 작지 않으며, 이는 동등한 공동체임을 의미한다. 그러나 단위 간에 간극이 없어서 의사소통은 오직 가까운 이웃 사이에만 일어난다(Homans, 1951). 그런데, 메시지가 시스템을 거치면서 왜곡이 될 수 있다는 위험이 있고 메시지가 전체에 모두 전파되기 위해서는 시간이 느리게 걸릴 수 있다는 단점이 있다. 동년배 중 일인자인 수석 교사는 기록된 메시지를 평가팀 리더에게 전달한다. 평가팀 리더는 그녀의 코멘트를 덧붙여 부장 교사와 수석 교사에게 전달하고, 다시 수석 교사는 그녀의 코멘트를 덧붙여 부장 교사에게 전달하는 등으로 순환한다.

의사소통의 전체 경로형 모형([그림 6-5])은 발어 내 행동적이며 연결되고 네트워크화된 학교에 더 적합하며, 지식이 완전하게 분산되고, 모든 의사소통의 통로가 공유된다(Malone, 1998: 267). 이는 민주주의와 공유를 암시하고, 정보의 자유롭고 완전한 흐름을 암시한다. 반면에, 이는 정보의 과부하를 감수해야 하는데, 이는 각 단위가 자신의 수단을 사용하여 사소한 정보로부터 유의미한 정보를 걸러 내야 하는 경우이다. 학교의 모든 리더들은 동등한 검은색 원의 크기에서 알 수 있듯이 그들의 지위와 상관없이 다른 구성원들에게 모든 방향으로 정보를 공유하며, 모든 구성원들은 의사소통 과정에서 동등하게 간주된다.

Law와 Glover(2000: 96)은 Y자형이 추가된 위에 제시된 의사소통 모형에서 '목적의 적합도'라는 개념을 어떻게 다룰 수 있는지 그리고 어떤 것이 학교의 조직으로서의 측면을 다루는지를 나타내는 표를 제공한다(〈표 6-2〉).

〈표 6-2〉 의사소통에서 목적을 위한 적합도

특징	체인형	Y형	스타형	원형	전체 경로형
속도	단순 업무에 신속	가장 가까운 노드에 빠름	오직 단순 업무에 빠름	대체로 느림	유연함
정확성	대체로 좋음	대체로 좋음	단순 업무에 적합	대체로 낮음	나쁠 수도 있고 좋을 수도 있음
가치	체인의 끝에서 낮음	노드와의 거리에 따라 다름	매우 낮아질 수 있음	높을 수 있음	대체로 매우 높음
리더십 안정성	뚜렷함	뚜렷함	매우 단호함	없음. 팀 중심 적임	변동 가능
조직	창발적인 안정성	대체로 안정적	대체로 안정적	불안정할 수 있음	유연할 수도 있고 불안정할 수도 있음
유연성	낮음	낮음	낮음	높음	높음

	단순 업무에 좋음	단순 업무에 유리, 복잡한 업무에는 불리	단순 업무에 유리, 복잡한 업무에는 불리	단순 업무에 유리, 복잡한 업무에는 불리	복잡한 업무에 매우 좋음
성과					

누군가는 창발적이고 자기조직화된 학교(유연성, 복잡성, 가치, 조직)의 주요 특징들에서 '전체 경로형'이 가장 유리한 의사소통 유형이라고 볼 수 있다. 스타형과 전체 경로형 모형에서 잠재적 피드백이 가장 강력한데, 스타형에서는 피드백이 중앙 집중적이고 전체 경로형에서는 어디서나 일어난다. 풍부한 정보와 분권적 지식, 그리고 분산적 리더십 시스템에서는 전체 경로형 접근이 가장 적합하다.

의사소통의 공식적 통로는 비공식적 통로에 의해 보완되고 매개되며, 대개 비공식적 통로는 공식적 통로보다 더 강력하고 이는 흥미, 의무, 영향, 지위, 전략이라는 측면에서 조직 역학의 유의미한 요소를 강조한다(자기조직화는 역동적인 과정이다). 미시정치학에 관한 Hoyle의 연구는(1986; 125-49) 공식적 의사소통과 비공식적 의사소통의 차이점을 다음과 같이 제시한다.

- 공식적 의사소통: 목표, 권위, 부서, 모든 기관, 절차와 프로토콜, 공식적 권력, 결정과 위임, 부과된 행동, 보고, 회의, 결정, 게시, 제안, 명령
- 비공식적 의사소통: 흥미, 영향력, 연합, 부서와 그룹, 전략, 비공식적 지위, 토의, 저항, 반응, 협상과 거래, 조언, 상담, 비공식적 지지

공식적 분류뿐 아니라 비공식적인 것이기도 한 비공식적 의사소통은 학교에 잠재력을 발휘할 수 있다. 예를 들면, 변화를 지지 혹은 저항하거나 특정 리더십의 제안을 받아들이거나, 그것들을 전복 혹은 약화시키고 공개적으로 반박할 때에 일어난다. Doloff(1999)와 Gilsdorf(1998)는 다음과 같은 쟁점들을 제기하면서 리더들이 소셜 네트워크 지도 제작에 참여할 수 있다고 제안했다.

- 조직 의사소통의 구성원과 함께
- 의사소통의 본질
- 의사소통이 일어나는 빈도
- 의사소통을 시작하는 사람
- 교사와 리더가 특정 종류의 정보를 얻기 위해 찾아가는 사람
- 교사와 리더가 피드백을 찾는 사람
- 리더들이 결정을 내리기 전에 조언을 요청하는 사람
- 다양한 의사소통이 일어나는 형태
- 의사소통에서 공식적 정책의 존재 여부와 그것들이 얼마나 잘 사용되는지
- 교사들이 그들의 일상 업무 중 누구와 의사소통하는지

이것은 예를 들면 아래와 같은 현상이 나타나는 학교에 유익한 연습이 될 수 있다.

- 수석 교사는 거의 의사소통을 시작하지 않고, 소수의 사람과만 말하며, 의사소통의 특정 유형에만 개입되어 있다.
- 학교의 신입 혹은 무명의 구성원들은 다른 교사나 동료보다 더 멀리 떨어져 있는 것처럼 보인다.
- 중요하지 않은 위치에 있는 교사는 다른 교사들의 상당한 지배 혹은 영향을 받는다.
- 특정 그룹 내에서 침묵이 존재한다.
- 의사소통에 비공식적인 게이트키퍼(문지기)가 존재한다.
- 교사는 의사소통, 정보 공유, 문제 탐색을 위하여 늘 공식적인 채널을 사용하지는 않는다.
- 의사소통에 유의한 격차가 있다(매체, 메시지, 송신자, 수신자).

- 교사들의 섬이 있고, 선배 교사는 자기들끼리만 이야기하고 더 이상 대화하지 않는다.

학교에서 일어나는 이러한 비공식적 의사소통은 공식적 의사소통은 아닐지라도 이와 동등하게 강력할 수 있다. 기실 기업의 경우, Ibarra와 Andrews(1993)는 직원들이 조직의 비공식적 의사소통에 더 가까울수록, 그들이 조직의 풍토를 더 긍정적으로 본다는 연구도 있다. 게다가 Johnson 등(1994: 119)은 제4장에서 언급된 것과 같이 조직 문화에 관한 메시지를 전달하는 데에 있어서 의사소통의 공식적 통로보다 비공식적 통로가 더 많이 사용되고 있으며, 여기에 조직적 학습의 발전이 핵심적으로 자리 잡고 있다고 제안한다.

자기조직화와 창발의 경우, 리더의 의사소통은 반드시 대화적이고, 발어 내 행동적이고, 종합적이어야 한다. 이는 반드시 진리, 정당성, 진실성과 진정성을 증명해야 한다. 의사소통은 의도와 목적과 관련이 있으며, 이는 논제들을 지위나 권력과 분리시켜야 하고, 가하여질 수 없는 주장의 힘만이 영향력을 발휘해야 한다. 의사소통은 다방면을 향하고 있어야 한다.

의사소통 모형화하기

의사소통이 객관적 사실, 간주관성, 주관성과 관련이 있다는 것(Habermas, 1987)을 인식하는 것은 의사소통 실행에 관한 익숙한 모형을 만들 수 있게 해 준다. 의사소통의 모형화는 리더가 고려했을 때 유용하다고 여겨지는 의사소통의 발신자와 수신자의 특징들을 포함하게 된다. Hunt(1980)와 Barker와 Barker(1993: 11)는 의사소통의 핵심 요소로 정보의 출처, 인코더, 메시지 자체, 의사소통의 수단(그리고 의사소통에 방해가 되는 '왜곡'도 포함하여: Byers, 1997: 34), 수신자, 메시지의 해석자 등을 설정하였다. 이것은 [그림 6-6]에

[그림 6-6] 의사소통 과정 이해하기

제시되어 있다(Hunt, Baker and Baker의 연구물을 재구성함).

　이러한 요소들은 구조적, 조직적, 문화적, 사회기술적, 관리와 같은 맥락 안에 포함되어 있다(Leavitt, 1964). 물론 의사소통 모형은 상황을 단순화한 것이기 때문에, 유의미한 요소(예를 들어, 맥락, 의도, 문화, 의사소통 수단의 형식, 지위, 권력, 피드백, 정보의 양과 질)는 생략된다. 정보의 출처는 발신자이다. 인코더는 메시지가 암호화되는 방식을 의미하고[예를 들면, 음성적으로, Kelly(2000: 93)], 소통 수단은 매개체이다(예: 이메일, 강의, 보고서). 모형상에서 '메시지'를 두 가지로 지칭한 것은 소통되는 메시지와 수신되거나 해석되는 메시지 사이의 잠재적 차이를 나타낸다. 왜곡은 시스템 자체 내에 있는 효과적인 의사소통에의 방해를 의미하며, 디코더는 반드시 메시지가 필요한 사람만을 의미하지는 않는다(마치 옛날에 수신인에게 메시지를 전달해 주던 전신국 직원과 같다). 그리고 수신자는 정보를 받는 주체를 의미한다.

　화살표는 의사소통이 일방적인 것을 암시하기보다는 단지 과정을 모형화할 뿐이다. 양방향적인 모형에서는 수신자와 발신자의 역할이 뒤바뀌고 혹은 양자 모두 두 역할을 맡는다. Stacey(2001: 15)는 복잡계 이론에서 일방적 모형이 목적론적으로 결정적이라는 이유로 이 모형을 경계한다. 이 모형에서 몇몇 요소들은 약간 제외(unpacked)될 수도 있다.

　발신자는 메시지를 내보낼 때 메시지의 내용(발화적)과 의도(발어 내 행위적 그리고 발화 효과 행위적)를 모두 고려해야 한다. 메시지의 발신자와 수신자는 모두 조직에서 특정한 위치를 점하고 있으며 메시지의 내용, 목적, 수신에 영향을 미칠 수 있는 일정한 권력, 지위, 영향력을 갖는다. Stacey(2001: 149)가 언급하듯이, 권력은 의사소통 행위를 배재하거나 포함시키는 구속력이다. 드물게 의사소통은 유사한 권력 관계에 있는 동등한 두 참여자의 상호 호혜적인 상호작용이다(Kcale, 1996). 빈번한 경우, 특히 위계적인 조직 내에서 발신자와 수신자가 의사소통에 대해 갖는 요구(needs)는 다르다.

의사소통은 지위, 나이, 계층, 인종, 문화, 복장, 언어, 억양, 준언어(언어의 부수적 측면, 예를 들어 몸짓, 비언어적 의사소통), 그리고 '표명(register)'의 인식(언어의 형식, 예를 들어 공식성과 비공식성의 정도, 구어체 사용 정도, 문학적 인용 사용, 청중과 내용에 관한 표현의 적절성) 등에 의하여 매개된다. 그러므로 메시지의 내용은 그 내용의 설득력과는 관계없이 어떤 참여자에 의해 완전히 거부될 수 있다. 그 대신에, 오히려 확실성 없는 메시지가 특정 참여자에 의하여 환영받을 수도 있다. 인터뷰와 마찬가지로 메시지와 의사소통은 단순히 차가운 데이터를 다루는 일이 아니라 제도적, 개인적, 그리고 대인관계적 맥락 속에 위치한다는 것이다. Cohen 등(2000: 278-81)이 언급하였듯이, 의사소통은 사회적 만남이지 단지 정보의 교환이 아니다. 의사소통은 단순한 정보 교환이 아니라 사회적인 만남이다. 의사소통은 인지적(이해), 감정적, 표현적 내용, 그리고 비언어적 행동을 포함할 수 있는데, 이 모든 것들이 메시지에 영향을 미친다.

어쩌면 메시지의 내용 자체보다 의사소통에서 내용이 표현되는 문제(예를 들어 누가 무엇을 이야기하는지, 그가 얼마나 매력적으로 말하는지)를 고려하는 것은 인간의 자연스러운 반응일 수 있다. 이는 마치 우리가 종종 학교에서 지장을 주는 학생들을 대할 때에 문제의 원인이나 함의보다는 그들이 행동을 표현하는 방식에 대응하는 것과 마찬가지이다. 즉, 우리는 인지적으로 반응하기 전에 먼저 감정적으로 대응하는 것이다.

우리는 종종 대면적 만남에서 언어적 의사소통보다 비언어적 의사소통에 대하여 더 먼저, 그리고 더 강하게 대응하곤 한다. Van de Van(1992)과 Luke(1998)가 제안하듯이, 비언어적 행위(예를 들어, 표정, 동작학적으로는 행위, 시각적으로는 눈 맞춤과 응시)는 신뢰에 강력한 영향을 발휘한다. 이전 장에서 주장했듯이 신뢰는 복잡하고 자기조직화된 학교에서 중요한 요소이다. 신뢰는 개방적인 의사소통과 개방적인 학교에서 특히 중요하다(Tschannen-Moran, 2000: 313). 따라서 발신자는 의사소통의 의도뿐만 아니라 그것이 수신자에게 미칠 수 있는 영향에 대해서도 고려할 필요가 있다. Drucker(1999: 185, 187)가 말하듯이, 리더들은 의사소통에 대하여 책임을 질 필요가 있고, 강요보다는 신뢰가 새로운 조직의 특징이다.

발신자는 또한 정보를 수신하는 사람이 될 수도 있고 수신자가 발신자가 되는 경우도 있다. 이것은 피드백의 문제가 효과적인 의사소통에 매우 중요하다는 것을 암시한다. 수신은 발신과 같이 동적인 과정이다. 이미 제2장에서는 피드백이 사람들을 움직이고 기관으로 하여금 창의성과 상상력의 가장 유익한 상태인 자기조직적인 임계점으로 진전시킬 수 있다고 제안한 바 있고, 제4장에서는 피드백이 조직학습의 필수불가결한 특징이라고 강조하였다(Karsten et al., 2000). 학교에서 피드백은 다양한 형식을 취할 수 있는데 그 예는 다음과 같다(Sherman and Schultz, 1998: 163-4).

- 대화
- 대응
- 회의
- 보고(구두, 서면, 팀별로 혹은 개인적으로)
- 성과 정보
- 외부 매체

적극적인 청취와 반응은 피드백에서 매우 특징적인 요소이다. 적극적인 청취자와 수신자는 그들이 정확하게 학습하고 듣는 능력과 반응, 숙고, 지지, 확인, 명확화, 구조화하는 능력, 흥미를 보이고 증명하고 촉진하는 능력에 의하여 구별된다. Greenberg와 Baron(1997: 319)은 적극적인 청취의 몇 가지 요소를 제안한다.

- 발송된 메시지 내용 이해
- 발송된 메시지 기억
- 해석(의도되지 않은 것들을 읽으려 하지 않기)
- 평가(발송된 메시지에 대한 판단 유보)
- 반응(메시지에 관심이 주어지고 있다는 반응 혹은 표시)
- 경청(메시지에 주의 깊게 관심을 둠)

Ludlow와 Panton(1992: 9)은 발신자와 수신자 모두 상대방에 대하여, 첫인상에 지나치게 영향을 받은 나머지 계속 그 사람이 그러할 것이라는 고정관념을 갖는 위험을 갖고 있다고 지적한다. 또한 사람들이 자신과 비슷한 특성을 가지고 있는 사람을 긍정적으로 평가하는 후광 효과가 발생하기도 하며, 자신과 다른 특징을 가진 사람을 부정적으로 평가하는 경우도 있다. 그들은 사람들의 부정적 측면을 간과할 수 있고, 그들의 꾸민 모습을 과하게 강조할 수 있으며, 아니면 한두 가지 부정적인 점들을 일반화할 수 있다(예를 들면, 어떤 사람이 장기 교육과정 계획에 강하지 못하다는 이유로 그가 단기 교육과정 계획에도 능하지 못할 것이라고 가정하는 것).

의사소통의 매개는 중요하다. 매개는 다음과 같은 여러 형식을 취할 수 있다.

- 구술: 질문, 코멘트, 문장, 요청, 회의
- 비언어: 미소, 몸짓, 움직임, 자세
- 언어: 서면 메시지, 공식 보고서, 비공식 메모, 공개적 게시, 개인적 메시

　지, 뉴스레터, 성과 보고, 설문, 브리핑 보고서
- 전자: 이메일, 오디오, 비디오 회의
- 그래픽: 공고, 사진, 컴퓨터로 만든 이미지
- 시각자료: 인공물, 상징물, 의식 혹은 축하(Kouzes and Posner, 1995).

　상술한 것들은 Stacey(2001: 183-5)가 의사소통의 도구(예: 전화, 편지, 컴퓨터, 문서, 신문 등)라고 칭한 것과 같다고 볼 수 있다. 이 도구를 매개로 소통되는 자료에는 감시와 평가, 데이터베이스, 그리고 사명 선언문, 정책, 혹은 비전 선언문과 같은 항목들을 위한 자료들이 포함된다.
　뿐만 아니라, 타이밍(timing)과 접촉의 형식(nature of contact)에 관한 문제 또한 의사소통에서 고려할 중요한 특징이다. 예를 들면, 다음과 같다.

- 동시발생적: 전화, 휴대폰, 비디오 회의, 컴퓨터 토의 프로그램, 면대면 회의, 오디오 회의, 온라인 즉석 화상 회의 혹은 포럼 토의
- 통시적(비동시적): 이메일, 보이스 메일, 편지, 페이저, 공고, 게시판, 팩스, 비즉시적 일대일 포럼 토의
- 면대면: 회의, 토의 집단, 친선그룹, 인터뷰
- 원격: 비면대면, 지리적으로 분리된 서면 혹은 전자 형식에 의존하는 형식. 예를 들면, 인터넷과 인트라넷

　Stewart(2001: 60)는 또한 면대면 의사소통이 방해에 대해 갖는 잠재성에 대해 고려할 필요성을 제안한다. 전화, 비디오 회의, 토의, 회의 및 그룹 토의 등 많은 의사소통의 구술적 형식이 중단될 수 있다(우연히 혹은 고의로). 이메일, 보이스메일, 편지, 메모, 공고와 같은 의사소통의 많은 서면 형식은 중단될 가능성이 적다. 의사소통의 어떤 형식은(Wallace and Pocklington, 1993: 10) 양방향적이고(예를 들면, 면대면 토의, 전화 대화, 동시발생적인 의사소통), 반면

다른 것들은 일방적이다(예를 들면, 편지, 팩스, 메모, 통시적 의사소통).

의사소통의 타이밍은 중요하다. 질문지를 학교 학기의 처음에 혹은 마지막에 발송하는가에 따라 환영의 반응을 얻을 수도 있고, 아무런 응답을 얻지 못할 수도 있다. 학교 일정이 공식적으로 시작되기 바로 전날 회의를 소집하는 것은 적대감을 유발할 수 있으며, 마치 근무시간 이후까지 회의를 길게 갖는 것과 같다. 의사소통의 횟수, 질, 그리고 비율은 적시성과도 연관이 있다. 너무 많고, 너무 빠른 것은 과부하를 유발할 수 있으며, 너무 적게 그리고 너무 늦게 하는 것은 적대감과 추진력 상실을 유발할 수 있다.

Nonaka와 Takeuchi(1995)는 정보 기술과 기타 수단을 통하여, 연결성이 조직의 우선순위를 차지하고 다중 연결이 확보되어 있는 하이퍼텍스트 조직의 진전을 옹호한다. 정보 기술의 발전 중 하나는 정보 교환 및 전파를 위하여 하이퍼텍스트 링크로 이메일과 메시지가 구축된 것이다. Malone(1998)은 분권적 결정 방식이 결정의 분산적 주체들과의 의사소통을 통하여 연결성이 확보될 때에 가장 효율적이라고 제안한다.

타이밍이나 접촉의 형식과 같은 매개는 효과적인 의사소통의 충분조건이기보다는 필요조건이다. 이러한 매개들을 보완하기 위해서는 발신자, 수신자, 그리고 매개 간의 매치에 관심을 기울여야 한다. 형식적인 메시지에는 숨겨진 메시지가 있다. 한 측이 익숙하지 않은 혹은 아예 접근이 어려운(때로는 이런 술책을 쓰기도 하지만) 매개나 수단으로 메시지를 보내는 것은 도움이 되지 않는다. 예를 들어, 이메일은 발신자에게는 매력적이겠지만 수신자에게는 저주일 수 있다. 편지나 메모는 내용과 관계없이 수신자를 두렵게 하거나 혹은 짜증나게 할 수 있겠지만, 어떤 이들은 전화 사용을 불편해하기도 하고, 어떤 이들은 면대면 회의에서의 친밀감을 불편해하기도 한다.

예를 들어, 교장은 그의 안락한 사무실에 앉아 명령을 보내는 '메모에 의한 관리자'로 알려져 있다. 그는 선임 교사들(senior teachers)에게 형식적이고 독이 있는 공격적인 언어로 개인적 분노를 불러일으키며, 거의 해독할 수 없는 필기체로 즉각적인 답변을 요구하는 식의 분노를 촉발할 수 있는 명령을 내리곤 한다. 이에 대한 많은 선임 교사들의 반응은 우선 며칠간 아무것도 하지 않는 것이며, 결코 가능한 시간 내에 모두 답하지 못할 정도로 긴급한 응답을 요구하는 메모를 교장에게 과다하게 보내는 것이다(이것을 상향식 관리로 볼 수도 있다!). 그리고 교장이 패배를 인정하고 사과하고 후퇴하기까지 면대면 만남을 통하여 자신들이 보낸 메시지에 대해 계속 후속 조치를 요구하면, 교장은 더는 면대면 의사소통을 감당할 수 없게 되고 서류 종이라는 방패 뒤에 숨게 된다.

회의는 팀 내에서 즉각적이고 신속한 전파에 유용하다. 면대면 의사소통은 감정적인 문제를 다루기에 서면 의사소통보다 더 효과적인 수단이며, 복잡한 메시지는 이메일보다는 만남과 같은 깊은 매개를 통해서 이루어지는 것이 가장 좋다(Lengel and Daft, 1988). 메시지가 더 풍부할수록 면대면 의사소통의 필요성은 더 높아진다. 매개는 메시지와 어울려야 한다. 예를 들면, 큰 학교에서 한 직원이 암으로 죽었을 때에, 그녀의 죽음이 단지 이메일로만 공식적으로 알려진다면 많은 직원들은 이것의 무성의함에 불쾌감을 느낄 것이다. 더 나아가 Larkin과 Larkin(1994)은 중요한 정보는 중요한 사람을 통해서 직접적으로 전달되어야 한다고 제안한다.

Leonard 등(1998: 290, 292)은 면대면 의사소통이 가장 풍부한 매개라고 주장했는데, 이는 다양한 의사소통의 수단을 사용하기 때문이다. 이 논문에 따르면, 면대면 의사소통은 비언어적(서면, 시각 그리고 청각) 감각뿐 아니라 구술을 사용함으로써 실제 시간 속에서 일어나고, 즉각적 피드백이 주어질 수 있도록 하며, 종종 각 개인에게 맞춤형으로 이루어진다(personalized). 논문의 저자들은 면대면 의사소통을 덜 풍부한 의사소통(예를 들어, 일방이며 사회적 존재가 없고, 메시지 전체에 대해 반응하도록 하는 팩스)과 비교했는데, 사람들이 더 복잡한 업무를 위해서는 더 풍부한 매체를 선호하고, 덜 복잡한 업무에 대해서는 일방적 의사소통을 선호한다는 것을 알아냈다. Gilsdorf(1998)는 직원들의 행동을 형성하고자 하는 리더들과 조직의 기대에 부응하기를 바라는 직원들이 성공적인 의사소통과 정보의 흐름을 달성하기 위해서는 상당히 다양한 채널을 사용하는 것이 효과적일 것이라고 제안한다.

발신자는 주요하고 숨겨진 메시지에 주의를 기울이거나 혹은 기울이지 않도록 한다. 아니면 선택적으로 해석되거나 잘못 해석되도록 고의적이거나 비의도적으로 메시지를 보내기도 한다. 사실, 메시지에 사용되는 언어는 미묘한 메시지를 전달할 수 있기에 주의를 요한다. 예를 들면, 여러 인종 집단을 포함하는 학교에서 한 언어로만 서면 메시지를 보내는 것은 특정 수신자에게 전혀 전달이 되지 못하게끔 하거나 혹은 그 수신자가 친구를 통해서 번역할 수밖에 없도록 하는 것이다. 만약 학교에 열 개의 공동체 언어가 있는데 그중 다섯 개로만 메시지를 보낸다면, 이는 그들의 공동체와 언어의 서열에 대한 메시지를 불가피하게 부과하는 것이 된다.

일본 사회에서 사람들은 빈번하게 고개를 끄덕이면서 그들이 '아니요'를 말하고 싶을 때에도 '예'라고 말한다. 지중해 국가에서 사람들은 빈번하게 동의를 구할 때, 즉 청취자가 '예'라고 말하기를 원할 때에 말끝의 억양으로 질문하듯이 '아니요'를 붙이곤 한다. 말은 본질적으로 모호하다. 다른 사람에게 다른 식으로 받아들여질 수도 있고, 악의 없는 말이 누군가에게는 불쾌한 말이 될 수도 있다. 중국어 표현으로 '내가 이전에 말했듯이'와 '물론'은 악의 없게 의도된 말이지만, 많은 영어권 화자에게는 불쾌하게 들리곤 한다. 이는 그들이 이전에 제대로 듣거나 학습하지 않았다는 것을 암시하기 때문이다. 이전과 같이, 함의(implication)는 발신자가 자신의 메시지가 청취자에게 어떤 영향을 미칠 것인가에 대해 고려해야 할 대상이다.

여기에서의 요점은 '왜곡'이다. 메시지가 왜곡되는 몇 가지 방법이 있고, 메시지를 받거나 이해하는 데에 작용하는 장애물들이 있다. 이는 다음과 같은 사항들을 포함한다(Ludlow and Panton, 1992: 12; Robbins and Finley, 1998a: 116-22; 1998b: 119-28; Kelly, 2000: 93-4; Law and Glover, 2000: 89-107).

- 수신자에 의한 선택적 인지(우리가 듣고 싶은 것만 듣듯이). 수신자가 원 메시지가 아니라 메시지에 대한 자신의 인식에 대하여 반응할 때에 일 어난다(Beck, 1999: 5). 이는 의사소통의 명확성을 확인함으로써 해결할 수 있다.

- 용어 사용과 이해에 있어서 의미론적 효과와 차이가 발생. 이는 참여자 가 같은 용어를 같은 방식으로 사용하고 있는가를 확인함으로써 해결할 수 있다.

- 의사소통의 내용이나 의도를 이해하는 데에 실패. 이는 의미와 명확성 에 주의를 기울이는 것으로 해결할 수 있다.

- 언어적 그리고 비언어적 의사소통의 불일치 혹은 서면 메시지의 내용과 형식의 불일치, 메시지의 수단과 내용의 불일치. 이는 가장 어울리는 것 이 무언인지 깊이 고려하는 것, 의사소통의 다양한 채널을 채택하는 것, 의사소통에서 정직성을 확실하게 하는 것, 그리고 적절한 비언어적 행 위를 사용하는 것에 의해 해결할 수 있다.

- 의사소통을 소화하고 적절하게 반응하기에 불충분한 시간. 이는 메시지 가 일찍, 간결하게, 가능한 한 접근 가능하게, 지연 없이 그리고 현실적 인 반응 시간과 함께 소통되도록 보장함으로써 해결할 수 있다.

- 집중력의 분산. 이는 메시지를 발신하고 수신할 때에 주변 환경에서 발 생하는데, 예를 들면 왜곡, 지원 시스템, 혹은 잘못된 기구에 의해서 발 생한다. 이는 소통 수단의 오류와 방해를 방지하고, 의사소통의 기회를 적절하게 포착함으로써 해결할 수 있다.

- 발신자와 수신자의 차이. 이는 더 높은 지위를 가진 이에게 사회적 혹은 지위적 거리를 줄이는 책임을 부과하고(Hunt, 1985), 의사소통이 수신자 의 자신감을 높이도록 보장함으로써 해결할 수 있다.

- 의사소통의 감정적, 권력적, 관계적 측면을 무시. 이러한 문제들은 수신 자의 눈높이에서 고려함으로써 해결할 수 있다.

- 메시지의 정보가 과부하가 되어, 사소한 것과 중요한 것의 구별 불가. 이는 특정 정보가 양질이고, 유용하며, 우선순위화 된 것이라고 보장함으로써 해결할 수 있다. 또한 모든 사람이 최소한의 필요한 정보를 얻을 수 있도록 올바른 사람에게 올바른 정보가 전달되도록 보장함으로써 해결할 수 있다. Conger(1991)는 리더십의 역할이 과부하를 방지하는 것이라고 하였다.

- 발신자와 수신자의 문화가 다를 때 발생하는 문화 차이 효과. 예를 들면, 한 문화에서는 응답을 신속하게 했는데 다른 문화에서는 매우 느리게 한 것 같을 때, 혹은 한 문화에서는 제안에 도전하고 싶지 않을 때 발생한다. 이는 세심한 훈련과 상호 문화 이해를 통해 해결할 수 있다.

- 의사소통의 부적절한 경로 설정. 예를 들어, 의사소통이 고위 관리에 의해 차단되거나 약간 변경되었을 때에, 혹은 특정한 '방향 조정'이 가해졌을 때에 발생한다. 이는 모든 참여자에게 동시에 메시지를 보냄으로써 해결할 수 있다.

- 메시지와 어울리는 가장 적절한 매체 선정 실패. 예를 들어, 면대면 회의가 더 적합한 상황에서 긴 보고서를 사용하는 것을 들 수 있다. 이는 가장 적합한 매체를 확실하게 확보함으로써 해결할 수 있다.

- 불충분한 피드백. 일방적 의사소통이 빠르지만 부정확할 위험을 포함하는 반면, 양방 의사소통은 오래 걸리지만 더 정확하다. 이는 정보의 광범위한 전파와 다양한 경로를 통한 광범위한 피드백 수렴을 통해 해결할 수 있다.

- 고의적인 오보, 숨겨진 안건 혹은 불충분한 정보. 이는 개방성, 정직성, 포괄적이고 종합적인 정보의 제공으로 해결할 수 있다.

- 메시지의 모호성. 이는 명확성 보장과 의사소통 시 적합한 수단을 선정하는 것으로 해결할 수 있다.

- 불충분한 정보와 정보 부족 부하. 단편의 정보가 수신자의 작업 방식과

성격에 따라 차별화된 여러 채널의 조합을 통해 소통되고 있는지 확인함으로써 이 문제를 해결할 수 있다(Hanson, 1991). 이로 하여금 사람들은 자신이 의사소통의 피해자가 아니라 참여자라는 인식을 더 갖게 된다(Robbins and Inley, 1998a: 123).

- 충돌하는 정보를 무시하기. 어떤 대상이나 사람에 대한 일반적인 견해가 그 대상이나 사람의 구체적인 특성을 평가하는 데 영향을 미치는 현상인 후광효과(halo effect)가 그 예이다. 이 문제는 명확성, 포괄성, 성찰, 그리고 다수의 의사소통 경로를 보장함으로써 해결할 수 있다.
- 의사소통의 타이밍과 속도를 무시하기. 이는 신중한 시점의 선택으로 해결할 수 있다.
- 의사소통의 장소 무시하기. 누군가의 사적인 공간, 중립적인 공간, 공식적 혹은 비공식적 장소에서 의사소통이 일어나는가에 따라 달라진다(Youngblood, 1997: 264).
- 피드백을 주고받는 기회를 무시하기.

자기조직화된 기관을 리드하는 효과적인 의사소통은 단지 기제가 올바른가를 보장하는 문제만은 아니다. Quirke(1995)는 동의보다는 비동의가 대부분의 의사소통의 특징이며, 이는 의사소통에서 합의를 촉진하고 모욕감을 최소화하는 데에 관심을 기울여야 함을 시사하는 것이라고 한다. 그는 메시지의 발신자보다는 수신자와 그들의 필요, 희망, 감정, 가능한 반응 그리고 기질 등에 대해 초점을 두어야 한다고 제안한다. 이것은 이전에 발신자와 수신자 사이에 '지평 융합'이 있어야 하고, 각자의 맥락을 이해해야 한다고 제안했던 논지와 같은 맥락에 있다.

의사소통과 교류 분석

'왜곡'과 '지평 융합'의 개념을 검증할 때에, 상담에서 파생된 '교류 분석 (Transactional Analysis)'이 유용하다(Berne, 1964). 교류 분석은 사람들이 '나도 좋고 너도 좋다'는 기분을 경험하기 위한 필요를 충족하기 위하여 의사소통에 참여한다는 관점을 기반으로 한 의사소통의 이론이다(Harris, 1973). 여기에서 의사소통은 권력, 감정, 관계의 문제로 특징지어진다. 교류 분석은 참여자의 세 가지 '자아 단계', 즉 다음과 같은 행동의 마음 혹은 틀의 상태를 규명한다.

1. 부모(P): 비판적, 한계 설정, 규칙 설정 및 부과, 가이드 제공, 권위
2. 성인(A): 논리적, 개인의 자율성을 인식
3. 아동(C): 질서 순응, 보상과 만족 추구, 감정에 의해 이끌림, 권위에 굴복

우리는 모두 긍정적인 강화와 인정을 필요로 한다(교류 분석에서는 '긍정적 스트로크'라고 함). 반면에 부정적인 스트로크는 매우 위험할 수 있다. '스트로크(stroke)'란 인정 표현의 한 단위이며(Porpiglia, 1997), 교류 분석에서 '교류 (transaction)'란 이러한 스트로크의 교류(긍정적이든 부정적이든)를 의미한다. 사람은 심지어 그것이 부정적인 것이라 할지라도, 스트로크를 필요로 한다 (예를 들어, 잘못된 행동을 함으로써 교사의 관심을 지속적으로 받고 싶어 하는 어린이의 경우). 교류 분석은 이 세 가지 단계 중 교류가 일어났을 때에 어느 것이 교류(스트로크의 교환)에서 적용되었는지를 분석하는 것이며, 이는 [그림 6-7]에 제시된 바와 같다.

여기에서 두 당사자는 성인(A)으로 의사소통하고, 의사소통은 수평선이 공유됨으로 직선적으로 일어난다. 부서의 장은 권력 차이에 대한 의문이 없이 동료와 전문적인 대화를 나눈다.

[그림 6-8]에서 관계는 상호 호혜적인데, 이는 부모(P)의 행위가 어린이(C)의 역할을 하고 있는 사람에 대해 반응하기 때문이다. 양측은 그 역할에 대해 만족한다. 교류 분석에 따르면 의사소통이 교류가 상호 보완적일수록 부드럽게 진행된다(즉, 화살표가 평행인 만큼). 비유를 들면, 선임 직원은 신입 직원에게 멘토가 되어 줄 수 있으며, 멘티는 그 선임의 날개 아래에서 보호받는 것을 기뻐할 수 있다.

[그림 6-9]에서 일어나는 의사소통의 양측은 차별적이면서 비상호 보완적인 역할을 취하고 있다. 한 측은 상대를 성인으로 대하고 있으나, 그 상대는 다른 측을 어린이가 부모를 대하듯이 행동하고 있다. 부서의 초임 교사는 선

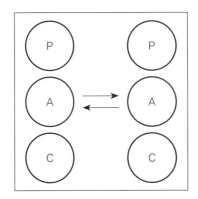

[그림 6-7] 교류 분석에서 성인 간 의사소통

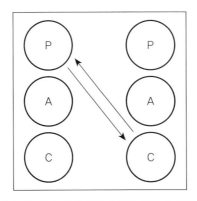

[그림 6-8] 교류 분석에서 부모와 아동 간 의사소통

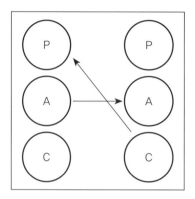

[그림 6-9] 교류 분석에서 성인과 아동 간 의사소통

임 교사로부터의 일정한 지시, 조언, 그리고 지지를 원하는 반면에(C→P), 선임 직원은 그를 오랜 경력을 가진 능숙한 교사로 인식하는 경우이다(A→A). 초임 교사는 불안하고, 특정 상황에서 무엇을 해야 할지 모르며, 무엇이 선임 교사를 화나게 하는지 모른다. 누가 이 초임 교사에게 '성장하고' '그의 책임에 직면하라'고 말해 줄지 모른다(사실, 초임 교사가 이 모든 것을 하려고 시도할 시에 해당함). 초임 교사와 선임 교사의 관계는 약화되고, 초임 교사는 선임 교사의 다양한 부정적 메시지를 읽게 되며, 업무 환경은 점차 악화된다. 의사소통은 교차적 거래(crossed wire)가 일어날 때에 문제를 겪으며, 부정적인 스트로크로 이어질 수 있다("나는 괜찮은데 너는 안 괜찮다." 혹은 "나는 안 괜찮은데 너는 괜찮다."와 같은 상황으로). "나는 안 괜찮다."라는 위치에 처해진 사람은 아직 존재하지도 않을 수 있는 상황에 대하여 부정적인 의미를 도출해 낸다.

[그림 6-10]에서 한 측은 다른 측을 동등한 성인으로 대하고 있는 반면에, 다른 측은 상대에 대해 권위를 행사하기를 원한다(부모가 아이에게 하듯이). 교장은 인문부장에게 '하향식으로' 말하고 싶어 하지만(P → C), 교장을 동등한 존재로 간주하려고 시도하는(A → A) 인문부장은 교장에게 가부장적이고 거만한 태도로 자신을 대하지 말라고 요구할 수 있다. 이러한 상황은 교장을 분노하게 하고 교원부장(head of faculty)이 뛰쳐나오게 하는 등 파탄을 초래

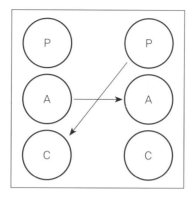

[그림 6-10] 교류 분석에서 부모와 성인 간 의사소통

하게 된다.

　여기에서 분명한 것은 의사소통 이론에서 '지평 융합'의 개념이 교류 분석에 쉽게 적용된다는 점이다. 특히, 의사소통에 참여하는 리더들은 다른 참여자들의 자아 상태, 그들의 자아 상태가 갖는 감정적 함의와 자아 상태가 암시하는 권력의 차이에 대해 인지할 필요가 있다. 또한 리더들은 의사소통에서 긍정적인 스트로크를 통하여 '나도 괜찮고 너도 괜찮다'라는 상태가 가능하다면 달성되게끔 보장해 줄 필요가 있다. 물론, 교류 분석은 이보다 훨씬 복잡하며, 더 깊게 연구할 필요가 있다. 특히 교류가 의사소통에서 시각적으로 교차 상태를 보일 때에 그러하다.

리더십과 의사소통

　앞서 논의한 것들을 모두 종합해 보면, 리더들이 고려해야 할 사항들을 다음과 같이 제시할 수 있다.

　• 메시지가 누구에게 전달되는가

- 의사소통의 목적
- 의사소통의 내용(예를 들어, 사실, 의견, 감정, 가치)
- 의사소통의 명확성, 정확성, 정밀성
- 수신자에게 일어날 수 있는 의사소통의 효과
- 당사자들의 감정
- 의사소통의 맥락
- 의사소통에 작용할 수 있는 가능한 장애물
- 의사소통의 타이밍
- 의사소통의 매체와 도구
- 발신자와 수신자의 권력 지위
- 의사소통의 언어
- 정보로부터의 피드백과 피드백의 경로

Ludlow와 Panton(1992: 14-16)은 리더십 스타일과 의사소통에 대해 유용한 지도를 제공한다. 이는 Hersey와 Blanchard(1993)이 제공한 상황적 리더십의 그림과 같다.

여기에서 관찰할 수 있는 몇 가지 주요한 내용은 다음과 같다.

1. 지시 스타일이 의사소통의 양을 나타낸다.
2. 컨설팅과 설명적인 스타일은 의사소통의 높은 정도를 나타낸다.
3. 사람에 대한 관심이 많을수록, 의사소통의 양이 증가한다.
4. 업무에 대한 높은 관심 또한 의사소통의 필요성을 나타낸다.
5. 높은 업무 준비도(전문성)와 낮은 업무 준비도는 의사소통을 훨씬 증가시킨다. 즉, 의사소통이 만연하게 된다.
6. 높은 심리적인 준비 상태와 낮은 업무 준비도(동기, 의지, 자신감, 헌신)는 의사소통을 증가시킨다. 즉, 의사소통이 만연하게 된다.

Morrison 등(1989)은 중등학교에서 집단적인 과학 수업을 발전시키는 것과 이 모형을 연결시켰다. 여기에서 과학 부서 혁신을 위해 '폭포형(cascade) 모형'을 사용한다면, 과학 수업은 목적이 이끌기보다는 내용에 의해 주도될 것이다. 교사들에게 일어난 변화를 지원하기 위하여 Morrison 등(1989)은 프로젝트의 시작 단계에서 대규모의 의사소통이 필요하고 강력한 리더십(리더십과 프로젝트에 있어서 자신감을 고취하기 위하여, 즉 리더가 상황을 인식하고 있다는 것을 재확인하기 위하여)과 어느 정도 리더의 독재력이 필요하다고 말한다. 프로젝트가 개시되면 더 민주적인 리더십 스타일에 대한 움직임이 발생하고, 다른 참여자들도 프로젝트에 대한 어느 정도의 권력을 갖게 된다. 이때, 최종적인 결과는 민주적인 스타일의 협동적이고 협력적인 작업이다.

Hersey와 Blanchard는 다른 리더십 모형(예: Blake and McCanse, 1991)과 대조적으로 단 하나의 최선의 리더십(one-best leadership)은 없다고 말한다. 이들에 따르면, 리더십 스타일은 특정 상황의 요구에 의해 다르게 선택되고 결정된다. 그림에서 분명히 보여 주고 있는 것은 리더십 스타일과 별개로 의사소통이 핵심적인 요소라는 것이다. 이 모형에서 Hersey와 Blanchard의 장점은 의사소통과 연결해서 생각해 보면, 의사소통의 종류도 다른 리더십과 상황에 대해 적합한 것이 달라질 수 있는 점을 암시하는 것이다. 따라서 준비도가 낮은 사람(1번 셀 그리고 1점)에게는 더 지시적인 의사소통 방식이 가장 적합할 것이다. 준비도가 높은 사람(2번 셀 그리고 2, 3점)에게는 의사소통의 풍부한 형식이 리더로부터 요구된다. 민주적이고 위임된 리더십에서는 리더의 일방적, 전략적, 목적론적, 발화 효과 행위적 의사소통이 줄어들고, 이것이 다른 참여자들에게 전해진다.

지금까지 제기된 논점들을 종합해 보았을 때, 자기조직화된 학교를 위한 의사소통의 통합적 모형은 [그림 6-12]에 제시된 바와 같다.

이 모형은 의사소통의 여러 쟁점이 학교와 몇 가지 시스템(기술적, 구조적, 역할, 업무, 관리, 유지, 및 발전 등)의 사회적, 문화적, 배경적 맥락에 내재되어 있다는 점을 나타낸다. 이는 정보의 양방향 흐름과 이것이 몇 가지 요소(권력, 왜곡, 감정 등)에 의해 완전히 스며든다는 것을 보여 준다. 즉, 도식의 중심에 위치한 요소들은 의도와 피드백에 있어서 중요한 역할을 담당한다. 이 모형은 의사소통이 진행되고, 일방적이지 않으며, 복잡계 이론의 핵심인 의사소통의 관계적이고 상호작용적인 본질을 반영한다는 점을 보여 준다. 여기에서 각 참여자는(개인으로 혹은 집단으로 정의되든) 서로에게 영향을 주고 받는다.[2]

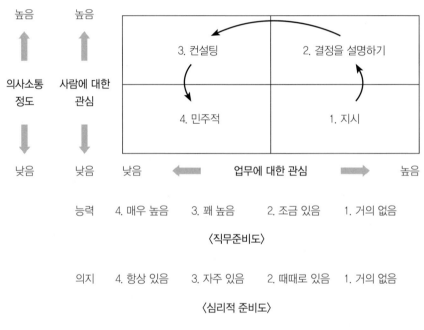

[그림 6-11] 리더십 유형과 의사소통

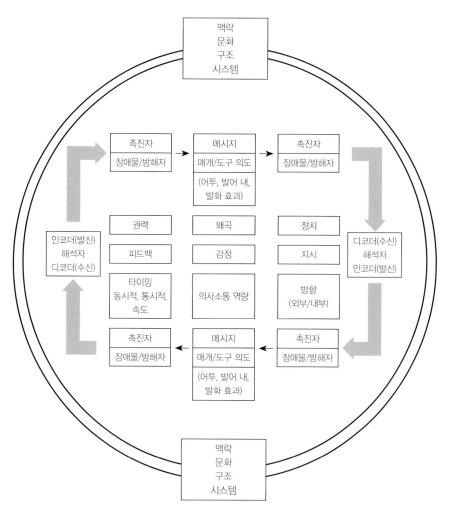

[그림 6-12] 의사소통의 통합모형

---

2) 물론 이 모형은 시간의 차원과 4차원을 간과하였다. [적합도 지형의 역동성, 시간과 관련한 진화
   적 발전을 가리키면서 적합도 지형의 한계에 관하여 언급한 Kauffman(1995)의 글과 Stacey(2001:
   94)를 참조하라.]

결론, 함의, 그리고 평가

제6장은 복잡하고 자기조직적인 학교에서 리더십이 분산적 혹은 서번트 리더십과 관련한 의사소통의 몇 가지 특징들을 포함해야 한다는 것을 제안하였다. 그러한 의사소통은 다음과 같이 제시될 수 있다.

- 대화적
- 발어 내 효과적
- 의사소통의 사회적 상황과 의사소통하는 사람들을 인지함
- 표현과 맥락에 주의를 기울임
- 다중 방향, 다중 경로, 다중 매체
- 공식적, 비공식적 경로를 충분히 활용
- 진실성, 정당성, 진실성과 진정성을 증명
- 메시지, 사람, 매체의 가장 적절한 매치를 추구
- 시스템에서 왜곡을 최소한도로 감소
- 업무와 사람에 따라 차별화됨
- 리더십 스타일에 따라 차별화됨
- 목적에 대한 적합도를 증명

이러한 영역은 학교 리더들이 의사소통에 참여할 때에 다음과 같은 질문들을 자신에게 물어봄으로써 다뤄질 수 있다. 이것들은 제6장의 내용을 구성하며, 복잡계 이론에서 의사소통의 중심성을 강조한다.

1. 메시지가 다른 강조된 영역과 맺는 연결성은 무엇인가?
2. 다른 종류보다 우월한 종류의 메시지는 무엇인가? (예. 지시, 명령, 컨설

팅, 정보, 요청, 조언 추구)

3. 어떤 종류의 메시지가 어떤 출처에서 나오고 어떤 수신자와 대상 청중에게 전달되는가?

4. 어떤 사람들이 메시지, 서류, 보고서의 다른 종류에 포함 혹은 배제되어 있는가? 그 이유는 무엇인가?

5. 메시지의 출처는 무엇인가?

6. 발신자는 누구인가? 그들이 메시지를 보내는 이유는 무엇인가?

7. 의사소통에 어떠한 매체와 경로가 사용되는가? (예: 구술, 비언어, 언어적, 전자, 그래픽, 시각) 왜 그러한가? 주어진 메시지를 전달하는 데에 그 매체는 얼마나 유용한가?

8. 어떤 표현이 사용되는가? 왜 그러한가? 어떤 것이 가장 혹은 덜 효과적인가? 그 이유는 무엇인가?

9. 누가 수신자이며 타깃인가? 누가 포함되고 배제되었는가? 그 이유는 무엇인가?

10. 의사소통의 목적은 무엇인가? 왜 이러한 목적을 설정하였는가?

11. 그 목적은 얼마나 효과적으로 성취되는가? 그것을 어떻게 알아내는가?

12. 목적은 대화적인가, 독백적인가?

13. 의사소통의 방향은 어떻게 되는가? 그 이유는 무엇인가?

14. 의사소통의 노선은 어떻게 되는가? (예: 체인형, 스타형, 폭포형, 원형, 다중 방향형, 360도형 의사소통)

15. 실제로 수신되는 메시지는 무엇인가? 이것이 의도된 메시지와 얼마나 일치하는가?

16. 어떤 메시지가 비공식적이기보다 공식적인가? 왜 그러한가? 얼마나 효과적인가?

17. 의사소통의 공식적인 그리고 비공식적인 경로는 무엇인가? 가장 많이, 덜 이용되는 것은 무엇인가? 무엇을 위해 사용되며 그 이유는 무엇인가?

18. 무엇이 '왜곡'을 일으키고, 공식적 혹은 비공식적 의사소통의 시스템을 깨뜨리는가? 그것은 어떤 효과를 일으키고 왜 일어나는가? 예를 들어,

- 수신자의 선택적 인지
- 언어적 효과, 용어를 이해하고 사용하는 차이
- 의사소통의 내용과 의도를 이해하는 데에 실패
- 언어적 그리고 비언어적 의사소통 간의 불일치, 혹은 서면 메시지의 형식과 내용의 불일치, 메시지의 내용과 매체의 불일치
- 의사소통을 소화하고 적절하게 반응할 만한 시간 불충분
- 주의 산만
- 발신자와 수신자의 지위 차이
- 정보 과부하
- 문화적 효과
- 부적절한 의사소통 경로
- 의사소통 매체
- 충분한 피드백
- 고의적 오보, 숨겨진 안건 혹은 불충분한 정보
- 메시지의 모호성
- 불충분한 정보와 정보 과소 부하
- 충돌되는 정보를 무시

19. 의사소통에서 가능한 왜곡에 대하여 참여자들이 얼마나 인지하고 있는가?

20. 업무 현장에서 의사소통 시 사용되는 준언어는 무엇이며, 그 목적과 효과는 무엇인가?

21. 의사소통에서 참여자들이 얼마나 효과적으로 수신하고 듣는가? 예를 들면,

- 발송된 메시지 내용 이해

- 발송된 메시지 기억

- 해석(의도되지 않은 것들을 읽으려 하지 않기)

- 평가(발송된 메시지에 대한 판단 유보)

- 반응(메시지에 관심이 주어지고 있다는 반응 혹은 표시)

- 경청(메시지에 주의 깊게 관심을 둠)

22. 의사소통의 결과와 효과는 무엇인가? 왜 그러한가? 무엇을 의도한 것이었나? 왜 그러한가 혹은 그렇지 아니한가?

23. 의사소통에서 호손효과와 후광효과를 어떻게 다룰 수 있는가?

24. 의사소통에서 타이밍과 접촉의 형식은 얼마나 효과적인가?

25. 의사소통 시스템은 얼마나 신속한가? 의사소통의 속도가 의사소통의 성격 및 목적과 얼마나 효과적으로 일치하는가?

26. 어떤 의사소통이 공시적이며, 통시적이며, 면대면 만남이며 원격인가? 왜 그러한가? 그것들이 얼마나 효과적인가? 메시지와 채널, 그리고 매체 간의 적합성은 얼마나 효과적으로 확보되는가? 왜 그러한가? 혹은 왜 그렇지 아니한가?

27. 무엇이 의사소통 전후에 오는가?

28. 의사소통으로부터 오는 피드백의 본질, 용도, 후속 조치는 무엇인가? 어떤 종류의 피드백이 요구되고, 누구로부터의 피드백이 요구되는가? 왜 그러한가?

제6장은 학교 리더십에서의 효과적인 의사소통이 참여자들의 자아 단계와 대인관계 속에서 긍정적 스트로크를 받고 싶어 하는 필요를 확인하는 교류 분석으로부터 온다고 제안하였다. 의사소통은 명백하게 관계적인 문제이지 단지 데이터 교환만의 문제가 아니다. 리더십이 분산된다는 것을 고려한다면, 분산적 리더와의 의사소통은 최적의 수준에 도달할 것이다.

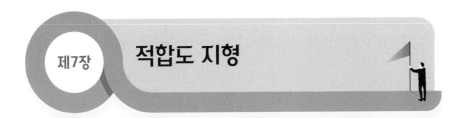

제7장 적합도 지형

적합도 지형이란 무엇인가

학교의 리더들은 학교, 부서, 과목 팀과 같은 집단들이 처한 환경에 잘 적응하고 있는가를 확인하기 위하여 적합도 지형을 형성하는 구체적인 프로젝션 기술을 사용한다. 적합도(fitness)는 어떤 종(예를 들어, 학교, 부서, 과목 팀 등)이 처한 변화하는 환경에 적응하는 정도를 가리킨다. 적합도란 시스템(예: 학교) 내 구성 요소의 수와 시스템 외부의 구성 요소에 연결된 수와 강도의 맺는 함수라고 주장될 것이다. 적합성을 높여야 하는 경우, 시스템 내부와 외부의 다른 구성 요소가 상호작용하고 공진화하기 때문에 의사소통이 필수적이다. 제7장은 어떻게 적합도 지형(fitness landscape)을 그리고 해석하는지를 설명할 것이다. 이를 위해 다양한 학교의 적합도 지형의 예시들이 제공될 것이다.

적합도 지형은 학교, 부서, 직원, 공식적 및 비공식적 집단이 학교를 평가하고 개선하기 위하여 다뤄야 하는 영역을 표시하고 사용되는 흥미로운 도구이다. 적합도 지형은 연결성과 내적 관련성을 전제로 한다. 한 종류의 적합도 지형은 다른 종류에 의해 영향을 받는다. 예를 들어, 교육 영역에서 학교의 공간적인 수용 인원과 문화 자본의 쟁점들이 맺는 관계를 연구한 Byrne과 Rogers(1996: 9, 14-15)는 부모의 다른 사회경제적 배경에 따라 학생들이 학교에 분포하고 있는 현상을 이해하고 설명하기 위하여 적합도 지형이라는 개념을 사용한다. 그들은 부모가 두 종류로 나뉠 수 있다고 설명했는데, 하나는 약탈적(포식적)이며 교육적 특권을 소비함으로써 이득을 얻는 부류이고(성취도가 높은 학교가 모인 학군으로 이사하는 것) 또 다른 집단은 '훨씬 더 초식적'이고 단지 그들의 아이가 배정되는 학교를 받아들이는 부모들이다. 전자의 적합도 지형은 기복이 심한 정상들이 있는 것이 특징이고, 후자의 적합도 지형은 넓은 협곡을 지닌 더 적고 낮고 둥근 정상들이 있는 것이 특징이다. 저자들은 중등학교를 '평형 상태로부터 거리가 멀고' '매우 환경 의존적인' 조직으로 간주한다. 중등학교의 각 종류는(학교 전체로, 부서로, 혹은 직원이든) 각각의 적합도 지형을 가지고 있다.

'적합도 지형'은 Kauffman(1995), Marion(1999), Stacey(2000) 그리고 Stewart(2001)에 의해 논의되었다. Lewin(1993: 57), Cohen과 Stewart(1995: 109)는 1930년대에 생물학자 Sewall Wright가 사용한 '적응성의 정상(peaks of adaptiveness)'을 언급했다. 적합도 지형은 적응이 필요한 환경에서 생존을 위하여 적합도 지점의 지형을 움직이는 종들의 적응적 진화를 특징화한다(MaCarthy and Tan, 2000). 적합도란 지형을 탐색하고 그 안에서 생존하는 능력이다(예: 내재, 모방, 적응 문제에 대한 해결 방법 개발).[1] 자연에서 종들은 정교한 예측 기술을 사용하지 않고도 끊임없이 변화하고 예측 불가능한 자연에 적응한다(MaCarthy and Tan, 2000). 그들은 스스로 자기조직화하고, 진화하

---

1) Schein(1992: 51)은 긍정적 조직 문화를 생존의 핵심 요인으로 간주했다. Schultz(1994)는 조직의 '생존' 모형이 학교의 상황을 적절하게 묘사하는지, 혹은 더 적합한 모형으로부터 도출되는지(예를 들어 상징적 상호작용)에 관한 문제를 제기하였다.

며, 생존을 위하여 끊임없이 자신의 영역과 환경을 수정한다.

적합도 지형의 개념과 적합도 지형의 도식을 혼동하지 않아야 한다. 적합도 지형은 개념이지 실제 지형이 아니다. 이 개념을 어떻게 도식화하여 종이 내재적 및 외재적 환경과의 최적조건에서 살아남기 위한 능력을 3D 지도로 나타낼 수 있는가에 대해 많은 논의가 이루어져 왔다. 적합도 지형은 다음과 같은 구성 요소들을 포함한다.

(a) 봉우리와 산 (각각의 봉우리들은 생존 혹은 적응 적합성의 요소를 나타낸다. 적합성 지형에서 봉우리는 적거나 많고, 높거나 낮고, 거칠거나 가깝거나 떨어져 있고, 기복이 있거나, 매우 앙상하거나, 넓게 분리되어 있거나 끝이 뾰족하거나, 둥글거나 완만한 등의 모습이 있을 수 있다.)

(b) 협곡 (봉우리와 관련이 있는데, 적합도 간의 공간 혹은 적합도 내의 기압골을 의미한다. 협곡은 적거나 많고, 좁거나 넓고, 크거나 작고, 길거나 짧고, 높거나 낮고, 떨어져 있거나 가까이 있고, 가려져 있거나 노출되어 있을 수 있다.)

(c) 평지(조직에서 활동이 거의 없는 영역을 의미한다. 평지는 적거나 많고 높거나 낮다.)

(d) 도로와 산길(지형도에서 점들 간의 연결 혹은 의사소통을 제공한다. 어떤 도로와 산길은 쉬울 수 있지만 다른 길들은 위험하다. 어떤 길은 넓고 인기가 많지만 어떤 길은 용감한 사람만이 갈 수 있는 진흙길일 수 있다. 어떤 지역에서는 도로가 없어 의사소통이 원활하지 않을 것이고, 다른 지역에서는 연결과 통신이 풍부할 것이다.)

[그림 7−1]에 예시가 주어져 있다.

Kauffman(1995), Stacey(2000) 그리고 Stewart(2001)는 언덕을 올라가는 것이 적합도 증가의 움직임을 나타내고, 언덕을 내려가 협곡으로 가는 것은 적합도 감소를 나타낸다고 언급한다. 물론 때로는 다른 언덕의 지반에 도달하

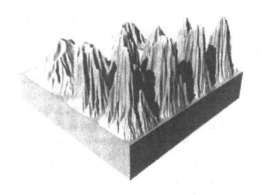

[그림 7-1] 적합도 지형의 구성 요소

기 위해서 언덕을 내려갈 필요가 있기도 하지만 말이다(MaCarthy and Tan, 2000). 즉, 조직이 생존하고 전반적으로 더 나은 적합도로 나아가기 위해서는 일시적인 적합도 상실과 더 큰 안정성이 필요할 수도 있다(싸움에서는 지지만 전쟁에서 이기는 것처럼). 생존에서의 핵심은 어느 곳이 편안하게 맞는지 이해하는 것이다. 샤무아[2]는 예민한 감각, 발이 단단한 다리를 갖고 있다면 환경에서 살아남기에 높은 적합도를 가지고 있다. 표범은 속도가 빠르고, 발톱이 뾰족하며 위장술이 완벽하다면 환경에서 살아남기에 적합할 것이다. 심지어 유기체도 자신만의 적합도 지형을 진화시킴으로써, 다양성은 '혼돈의 가장자리(edge of chaos)'까지 확장되었다. 진화하지 않고 그들의 적합도를 개발하지 않는 것들은 살아남지 못하고, 다른 종들에 의해 파괴된다. 따라서 각 종들 혹은 유기체들은 다른 요소들과 경쟁하면서 살아남기 위해 자신만의 적합성 봉우리를 향해 움직여야 한다(Stacey et al., 2000: 113).

적합도는 다음과 같은 요소들의 함수이다(Kauffman, 1995: 230; Stewart, 2001: 제1장).

---

2) 역자 주: 샤무아(Pyrenean chamois, 학명: Rupicapra rupicapra)는 영양(羚羊)과 비슷한 초식 동물이다. 몸길이 약 1.3m. 뒤쪽으로 갈고리처럼 굽은 뿔이 있으며, 바위를 잘 타고 오른다. 유럽·알프스 등지에 서식한다.

- N(각 종 혹은 유기체의 요소 수)
- K(각 종 혹은 요소 사이의 연결의 수 – 내적 연결)
- C(지형에서 다른 외부적인 종 혹은 요소 내의 연결의 수 – 외적 연결)
- S(각 유기체들이 상호작용하는 외부적 종의 개수)

사실 이 모형은 Kauffman이 종종 지칭하는 용어로 NK 모형이라고 한다. K가 0일 때에 시스템의 다른 부분들은 독립적이다. K가 N−1일 때에 시스템의 다른 모든 부분들은 내적으로 연결되어 있으며 서로에게 의존되어 있고, 지형은 거칠게 보인다. C가 0일 때에 외적 연결은 없고, C가 N×S일 때에 외적 연결은 매우 높게 나타난다.

열 개의 과목 부서와 평가팀, 교육과정 개발팀, 상급생 관리팀, 직업팀, 목회팀이 있는 중등학교에서 N은 15이다. 여기에서 단 세 개의 과목 부서만이 서로 연결되어 있고 나머지는 모두 떨어져 있다. 평가, 교육과정 개발, 상급생 관리, 직업, 목회팀은 서로 연결되어 있다면 K는 53이다. [(5개 학교 팀 × 10개 부서) + 3 부서 간 연결]. 학교가 여섯 개의 주요 당사자(진로 조언, 고용자, 부모, 시험 출제 기관, 사회복지 부서, 지역 교육청 특별 서비스)와 외적 연결을 맺고 있다고 하자. 그러면 S는 6이고 C(외적 연결의 수)는 최소한 6일 것이며, 만약 학교가 각각 개별적으로 이 연결을 맺고 있다면 C는 높아질 것이다.

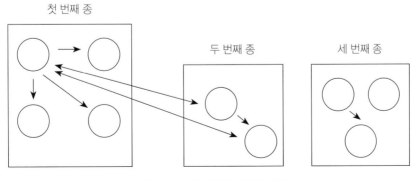

[그림 7-2] 세 종류의 적합도 지형

복잡한 환경에서 적합도(F)는 N, K, 그리고 S의 함수이다([그림 7–2]). [그림 7–2]에서 첫 번째 종의 경우에는 N=4,(종 내의 구성 요소들의 숫자), K=3(내적 연결의 숫자), C=2(외적 연결의 숫자)이다. 두 번째 종의 경우에는 N=2, K=1, 그리고 C=2이다. 세 번째 종의 경우에는 N=3, K=1, C=0이다. 전체 도식에서 각 종은 S=2이다(전체 종의 숫자 –1, S는 종들이 자신 외에 관계를 맺고 있는 종들의 숫자이다).

다음과 같은 장면을 상상해 보라(Stewart, 2001: 6-12 참조). 여우와 토끼가 생존을 위해 경쟁하고 있다. 생존에 능한 토끼의 특징은 (1) 여우로부터 벗어날 수 있는 빠른 속력 (2) 멀리서도 여우를 볼 수 있는 시력 (3) 강하게 자랄 수 있는 풍부한 초원을 발견할 능력 (4) 종의 번식을 위하여 후손을 생산하는 능력이다. N=4, K=6(네 가지 요소들 간의 내적 연결) 그리고 C=2이다. 이러한 능력이 없는 토끼들은 굶어 죽거나, 여우의 먹이가 되거나, 자손 번식에 실패하여 멸종할 것이다.

여우가 성공적으로 살아남을 조건은, (1) 좋은 후각, (2) 토끼 굴에 들어갈 수 있는 능력, (3) 토끼를 잡을 수 있는 능력이다(N=3; K=2; C=2). 각 종은 각자의 적합도 지형을 가지고 있으며, 각각 토끼는 죽지 않기 위하여, 여우 또한 죽지 않고 살아남기 위하여 적합도의 정상으로 향하면서 진화한다. 그들은 서로에게 적응하며, 진화하고 생존을 위해 발전한다. 적응은 끊임없는 변화를 요구한다. 토끼는 여우를 피하기 위해 더 빠른 능력이 필요하고, 여우는 토끼를 잡기 위해 더 빨리 달리는 방법을 익혀야 한다. 모두는 그들이 있는 곳에서 살아남기 위하여 더 빨리 달려야 한다(제1장의 Red Queen 효과 참조할 것: Kauffman, 1995; Stewart, 2001: 7).

토끼의 생존은, 그리고 서로에 대한 적응은 부분적으로 C(여우와의 연결 수)에 달려 있다(역으로도 마찬가지이다). MaCarthy와 Tan(2000)은 생존 경쟁이 조직을 자기조직화된 임계성에 이르도록 학습하고 적응하게 한다는 점에서 긍정적이며, 그렇지 않으면 멸종될 것이라고 한다. 이제 이 장면에 소총을 든 인간(S1)과 개(S2)와 흰담비(S3)를 넣어 보라. 흰담비 역시 여우와 같이 토끼를 사냥하고 죽일 수 있다. 그러면 상황이 어떻게 더욱더 복잡해지는지 볼 수 있을 것이다.

앞에서 언급한 예시에서는 토끼의 적합성 지형도의 강도가 작은 봉우리의 수 혹은 N(N=4)과 높이인 K(K=6)에 달려 있고, 더 높을수록 산맥이 더 거칠어지며 적합도는 더 높아진다. 여우에게도 상황은 유사하다. 지형 적합도의 강도는 N 연결의 수(N=3)에 달려 있으며, K의 높이(K=2)에 달려 있다. 더 나아가 토끼의 적합도 지형은 여우의 적합도 지형에 의해 혹은 C(C=2)에 의해, 그리고 사실 다른 종(S)에 의해 영향을 받는다. 유사하게 여우의 적합도 지형은 토끼의 적합도 지형에 의해 혹은 C(C=2)에 의해, 그리고 사실 다른 종(S)에 의해 영향을 받는다. 토끼의 개체 수가 많아질수록, 그와 함께 여우의 개체 수가 많아질수록, 그래서 다시 토끼의 개체 수가 작아지고, 이와 함께 여우의 개체 수도 작아지는 식으로 적합도 지형은 계속 변화한다. 토끼와 여우는 서로 영향을 주고받는다. 즉, 이들은 공진화한다. 나의 적합도 지형은 타인의 적합도 지형에 의해 영향을 받고 역 또한 마찬가지이다. 나와 타인은 상호 연관되어 있다.

교육적 맥락에서 한 고등학교의 현대 언어 부서에 있는 두 과목이 생존을 위해 서로 경쟁하고 있다고 상상해 보자. 스페인어 교사는 중국어 교사보다 전통적으로 더 높은 지위와 자원을 점하고 있고, 스페인어 교사는, (1) 서유럽과 남미, (2) 무역, (3) 관광, (4) 음악과 문화에 있어서 중요성을 가지고 있다(즉, N=4). 반면 중국어 교사의 경우, 지금까지는 중국어가 지역성에 있어서 소수의 언어이자 제한된 필요성을 가진 언어로 취급받아 왔지만, 지금은 점점, (1) 무역, (2) 관광, (3) 전 세계에 걸친 커뮤니티와 일하는 것, (4) 중국과 접촉하는 것, (5) 대륙에서 증가하고 있는 중국어 사용자들에게 서비스를 제공하는 이유로 인해 매우 중요하게 여겨지고 있다(N=5). 이 두 종(스페인어와 중국어)에서 (외적 연결—그들의 연결점의 수인) C는 3이다. 언어 부서의 자원이 제한되어 있으므로 미래에 학교에서 이 두 언어를 가르쳐야 할 것인가에 대해 결정이 내려져야 할 것이다. 스페인어가 더 발전할수록 중국어는 쇠퇴할 것이다. 스페인어 교수의 적합도는 중국어의 적합도 만큼 강하지 않고, 같은 점들에 있어서(무역, 관광, 외적 계약) 중국어는 더 강력하게 보인다(C=3). 중국어의 적합도 지형은 학교 내에서 스페인어의 적합도 지형에 영향을 미친다. 따라서 스페인어 교수가 쇠퇴할 것인가? 이러한 경우에, 학교는 언어 전문가 센터를 설립하여 두 언어 모두 추가적인 지원을 받을 수 있도록 하면 된다.

학교 A와 학교 B가 지역사회에서 중등학교의 시장원리 내에서 학생 유치를 두고 경쟁하고 있는 두 번째 예시를 상상해 보라. 학교 A는 모든 과목에서의 우수한 자원, 매우 긍정적인 감사 결과, 전 과목 학력고사에서 받은 우수한 성적, 학부모와의 훌륭한 의사소통, 학교 자체적인 홍보 자원이 풍부함, 높은 학생 만족도 등을 내세워 학교를 자랑한다. 적합도의 용어로 단순하게 장면을 요약하면 다음과 같이 나타낼 수 있다. N=6, K=15(N=5일 때 가능한 내적 연결의 수, 즉, 5+4+3+2+1). 반면에 학교 B는 (1) 취업률에 있어서 지역사회와의 연계가 강하며 (2) 많은 과목에서 학력고사 평균 점수 이상을 받았고, (3) 행위가 부적절한 학생들을 규칙적으로 배제함으로써 규율이 매우 엄격하며 (4) 홍보에 매우 신중하여 매우 적은 예산을 소비하고 (5) 학생들이 열심히 일하는 것으로 유명하다. 이 시나리오의 적합도로 보자면, 명확성을 위해 과도하게 단순화시킨다면 N=5, K=10(4+3+2+1), 그리고 두 학교 사이의 C=2이다. 이 모든 것을 고려하면, 학교 A가 학교 B보다 더 강한 적합도 지형을 가지고 있는 것처럼 보임에도 불구하고, 이 두 학교는 서로 영향을 미친다. 만약 학교 A가 홍보를 증가하고 다른 요소들을 추가시킨다면, 이 학교의 적합도는 높아질 것이다. 만약 학교 B가 학생 성취도를 개선하고 시장을 강화한다면, 이 학교는 학교 A보다 더 적합해질 것이다. 그들은 공진화한다.

상술한 내용에서의 요점은, 제5장에 나온 바와 같이 학교의 리더들이 환경 내에서 구성원과 환경을 지각하고 상호작용해야 한다는 점을 상기시킨다. 환경에 대한 둔감함과 형편없는 연결성은(낮은 C) 학교 외부 환경(S)에 있는 다른 참여자들에 의한 학교 적합도 지형의 변형을 발생시킬 수 있다. 유사하게 내적 연결(낮은 K)에 대한 무감각과 학교의 요소들을 사용할 능력의 부재(N)는 학교의 적합도 지형을 덜 거칠게 만든다. 거친 정도를 개선하기 위한 핵심적인 방법은 의사소통과 독립을 통한 연결이며 K, C, N 그리고 S가 높아질수록 의사소통의 필요도 높아진다. 이 책의 앞에서 주장했듯이, 환경을 지각하고 구성원들과 상호작용하는 것은 모든 학교 수준에서 리더들에게 핵심적인 문제이다.

한 종이 다른 종과 연결되는 정도와 강도(C)는 각각의 적합성에 영향을 미친다. 예를 들면, 낮은 언덕의 정상에 밧줄이 묶여진 종은 잡힐 수 있다는 두려움을 가지지 않아도 되는데, 이는 지형이 자연과 C의 양에 의하여 계속 변하기 때문이다(외재적 연결). 다른 종의 효과는 적합도 지형을 분해 혹은 개혁하고, 다른 종들로 하여금 이동하도록 한다(Stewart, 2001: 11 참조).

낮은 K를 가진 종들은(적은 내부적 연결) 후지산과 같이 단일한 둥근 언덕만을 가지고, 매끄러운 적합도 지형을 갖는다(McCarthy and Tan, 2000). 반면 높은 K를 가진 종들(많은 내부적 연결)은 거친 적합도 지형(많고 작은, 경사가 높은 언덕들, 주요 정상을 향한 작은 언덕들)을 갖는다(Stewart, 2001: 9 참조). 소규모 학교들은 대규모 학교에 비하여 봉우리가 적고 가로지르기가 힘들다. 생존은 매우 매끄럽고 매우 높은 지형 사이에서 일어난다(Stacey et al., 2000: 151).

Stewart(2001: 33, 44)는 적합한 지형에서는 K(내부적 연결)는 C×S(외부 종 숫자에 외부적 연결을 곱한 것)의 결과이며, 이는 필수다양성의 원리와 유사하다고 하였다. 이는 제5장에서 논의된 것과 같다. C×S가 높다면 종이 C와 S에서의 변화에 매우 민감하게 되면서, 낮은 K는 상대적으로 적합하지 않게 된다. 만약 C가 높다면 어떤 조직의 변화는 유의한 '연쇄적인' 효과를 일으킬 것이며, 따라서 조직이 예측 불가능하게 된다. 만약 C가 너무 높다면, 조직은 어떤 변화나 반향에도 취약하게 될 것이다. 만약 C가 너무 높다면, 전자에서

C를 감소시켜야 할 경우와 후자가 C를 증가시켜야 할 경우에는 조직 환경에 대한 조직의 민감성은 매우 낮아질 것이다.

Stewart(2001: 36)에 따르면 만약 K가 높고 조직 내 연결이 매우 복잡할 때에는 조직이 더 내향적이 되고, 자기 성찰적이 되고 충분히 C와 S를 다룰 수 있도록 조직 운영에 몰두하거나 외부 환경에서 일어나는 행위를 살펴보게 된다. 따라서 환경을 파악하고 이에 대응하는 능력을 기르기 위하여 내부적 복잡성을 다듬어야 할 필요가 있다. 과도하게 내부 연결망이 많은 학교는 외부 환경을 개관하고 대응하며 적극적으로 행동할 수 없다. 여기에서 다양성 필요의 원리(제5장)는 너무 많은 내부 복잡성은 조직으로 하여금 외부 환경에 대응하고 그것을 변화시킬 수 없게 만든다는 사실과 결합하여 고려되어야 할 것이다.

부서가 많은 학교에서는 각각의 부서가 서로에게 있어 하나의 환경으로 인식될 수 있고, 너무 높은 C(외부 연결)를 만드는 것은 K(부서 내의 연결)에 지나치게 위험할 수 있다. 이는 각 부서의 안정성이 감소하기 때문이다. 상술한 것과 같은 상황은 조직이 매트릭스 구조에 너무 많이 의존할 때 발생할 수 있는 위험을 보여 주며, 때로는 계층 구조가 더 큰 안정성과 통합을 제공할 수 있음을 시사한다(Stewart, 2001: 44). 기실 K가 낮은 학교는 결정을 빨리 내릴 수 있다.

K=C×S 가 높을 때에 자기조직화된 임계성이 충족된다. K가 낮은 곳에서는 예측 가능성이 높지만, 조직은 끊임없는 변화를 필요로 한다. K가 높을 때에는 예측 가능성이 낮으며, 한 부분 요소가 다른 부분 요소에 미치는 영향의 변화도 낮다.

비록 적합도 지형의 발전이 자기조직화를 통하여 일어난다 하더라도, 진전이 더 신속하게 진행되지 못한다는 것은 아니며, 효과적인 리더십이 이 상황에서 촉매가 될 수 있다. 예를 들어, 표류 상태와 저평가를 겪고 있는 적합도가 낮은 학교의 경우(다음 장에 나오는 실패하는 학교의 예시 참조할 것), 새로운 교장의 부임은 개혁을 위해 명확하게 설정된 아젠다와 임무를 부여받은 책임감 있는 교원들과 함께 학교를 호전시키는 효과를 가져온다.

적합도 지형에 대하여 몇 가지 질문이 제기될 수 있는데, 이는 학교 전체, 부서, 공식 및 비공식 집단, 팀 등에 대해서 제기될 수 있다. 예는 다음과 같다.

- 학교, 부서, 집단에 얼마나 많은 봉우리가 있는가?
- N, K, C 그리고 S를 구성하는 요소는 무엇인가?
- 봉우리는 얼마나 높은가?
- 지형은 얼마나 거친가? 올라가는 것(즉, 관리하는 것)이 얼마나 직선적이고 쉬운가?
- 봉우리 사이가 얼마나 가까운가? (학교, 부서, 집단 등의 핵심 활동이 얼마나 연관되고 통합되었는가?)
- 지형이 얼마나 완만하며, 협곡이 얼마나 깊은가? (학교, 부서, 집단을 관리하는 것이 얼마나 용이한가?)
- 주요한 혹은 부수적인 봉우리들의 수는 몇 개인가? 그것들을 구성하는 것들은 무엇인가?
- 일반적으로, 봉우리의 양각은 얼마나 높거나 낮은가? (얼마나 적합한가?)
- 봉우리는 어디에 위치하고 있는가? (그것들은 넓게 분산되어 있는가 혹은 모여 있는가? 한 직원인가, 부서인가, 혹은 학교 전체인가?)
- 주요 봉우리 사이에 무엇이 위치해 있는가? 예를 들면, 협곡, 넓은 협곡, 높은 고원, 작은 봉우리 (각 지형의 형상은 무엇인가?)
- 사람들은 분명하고, 상용되고 있으며 유용하고, 충분히 구체적인 봉우리의 지도를 갖고 있는가? (구성원들은 학교, 부서, 집단 등에서 어떤 일이 일어나고 있는지 알고 있는가?)
- N, K, C, 그리고 S를 변화시키는 요인은 무엇인가?
- 지형이 유지되도록 하는 경로는 어떻게 되는가? (어떤 자원, 유지 및 개발

지원이 학교, 부서, 집단 등에 존재하는가?)

적합도 지형의 개념은 Hall과 Hord(1987: 107-140)의 연구에서 언급된 학교의 '혁신 형태'와 같은 맥락에 있다. 여기서의 의도는 혁신의 주요 특징을 기술하는 것이며, 특히 참여자와 이해 관계자의 인식의 관점에서 기술하여 참여자의 인식 사이의 일치 정도가 드러날 수 있도록 하려는 것이다. Hall과 Hord는 학교 혁신의 몇 가지 요소들을 언급하는데, 그 예는 기존 관습에 비해 상대적으로 갖는 장점, 기존 관습과의 공존가능성, 복잡성, 개척 가능성, 관찰 가능성이다. 이에 더하여 두 연구자(Hall과 Hord)는 가치 체계 및 기타 체계에 대한 관심을 촉구한다. Hall과 Hord의 주장에 따르면 혁신의 핵심 요소(이 요소들은 보장되어야 할 필요가 있는 것이다), 변화의 전체 과정 속에서 혁신의 횟수, 학교 혁신의 우선순위 등을 검증할 필요가 있다.

Hall과 Hord(1987: 116, 123-125)는 아마 무의식적으로 복잡계 이론에 대한 선견지명을 가지고, 학교의 외재적 요구와 내재적 기능 간의 '상호 적응'의 필요성을 예로 든다. 그들은 참여자들 스스로 혁신 형태의 주요한 특징 혹은 구성 요소에 대한 체크리스를 토의, 인터뷰, 대화(자기조직화) 등을 통하여 개발해야 한다고 말한다.

적합도 지형 해석하기

지형학적 지도인 적합도 지형의 그림은 산맥, 고원, 혹은 산맥과 고원의 조합을 닮았는데, 예시는 [그림 7-3]에 제시되어 있다.

[그림 7-3]에 보면 왼쪽에 두 완만한 봉우리가 있는 반면 오른 쪽에는 빽빽하게 모인 더 높고 뾰족한 봉우리와 더 거친 산맥이 있다. Kauffman(1995)에 따르면 가장 적합한 조직은 가장 높은 봉우리를 가지고 있다. 이때 최고의 봉

우리는 복잡계 이론의 주요 특징인 다른 봉우리를 탐색할 수 있도록 하는(즉, 환경을 조사할 수 있도록 하는), 너무 거칠지도 너무 완만하지도 않은 것이라고 한다.

만약 조직 내 봉우리가 너무 가까이 있다면(가깝게 연결된 조직), 조직 한 부분의 방해가 다른 부분 또한 방해할 수 있다(이는 유익할 수 있기도 하지만, 반대로 부차적인 손상을 일으킬 수도 있다). 만약 수학 부서가 IT 부서와 지나치게 가깝게 연결되어 있었다면 IT 부서의 변동은 수학 부서에 영향을 미칠 것이다.

[그림 7-3] 울퉁불퉁하고 완만하게 경사진 적합도 지형

[그림 7-4] 적합도 지형에서 폭넓게 흩어진 봉우리

봉우리가 넓게 퍼져 있는 있는 경우(약하게 연결된 조직), 봉우리들은 상대적으로 고립됨으로써 부차적인 손상을 덜 입게 된다는 장점이 있지만, 의사소통이 약해지는 문제를 겪을 수 있다. 만약 수학 부서가 IT 부서와 충분히 가깝게 연결되지 않았더라면, 수학 부서에 미치는 IT 부서의 영향력은 불충분할 것이다([그림 7-4]).

봉우리의 거친 정도는 시스템 내의 참여자(예: 개인, 부서, 직원)의 숫자의 기능(K)이다. Kauffman(1995)은 상호 의존성이나 연결성의 숫자가 더 클수록 지형은 더 거칠어지고, 상호 의존성이 적은 곳일 때에 봉우리가 더 명확하게 보인다고 말한다. Kauffman에 따르면, 매우 복잡한 시스템은 낮은 적합도의 봉우리가 많고, 높은 적합도의 봉우리가 적거나 거의 없다. 따라서 개별 부서나 단위의 적합도는 단지 상황에만 의존하는 것이 아니라 다른 독립적 부분과의 관계 속 상황에도 의존하고 있다. 예를 들어, 학교에서 IT 교육과정의 효과성은 전체 학교 교육과정 개발팀의 효과성에 달려 있다. 전체 학교는 각각의 하위 시스템이 최대한으로 적합할 때에 최대한의 적합성을 갖는다.

바로 여기에 문제가 있는데, 한 부서가 적합성을 획득하면 또 다른 부서의 적합성에 손상이 일어날 수 있다는 점에서 제로섬 게임이 일어날 수 있다는 것이다(이전 장에서 여우와 토끼의 예시를 참조할 것. 물론 여기에는 공진화가 전제되어 있기는 하다). 예를 들어, 수학 부서의 능력이 높다면, 이는 다른 부서에 갔어야 할 예산이 수학 부서에 배정되었기 때문이다. 혹은 독일어 교사의 성공적인 교수 방법은 러시아어 교사의 교수 방법과 충돌될 수 있다. 혹은 음악 성취도의 개선은 학교 시간표에서 더 많은 시간을 배당받았기 때문에 일어난 것이며, 이는 지리 시간을 감소시켰을 수 있다. 따라서 더 많은 참여자와 하부 시스템이 있을수록 제로섬이 일어날 가능성이 더 높아지고, 이때 조직이 최선의 적합도를 확보하기는 어려워진다. 한편 앞서 언급된 부서 간 충돌 상황을 긍정적인 관점으로 보면, 매우 높은 봉우리들은 종종 이들을 지지해 주거나 준비시켜 주는 많은 중간 봉우리들로 둘러싸여 있다는 것을 의미한다고 볼 수도 있다. 즉, 적응적 환경에서 경쟁과 충돌이 불가피할 수 있으나, 그렇다고 해서 경쟁이나 충돌의 가능성이 조직 내에서 요구되는 강력한 협력 자체를 무효화시키지는 않는다는 것이다.

가깝게 연결된 조직은(예: 많은 산이 많은 도로에 의해 연결되어 있음) 약하게 연결된 조직보다 변화에 더 민감하고, 약하게 연결된 조직은 한 영역(지형의 한 부분, 예: 한 학교의 수학 부서)에서 더 빨리 변화가 일어나게 할 수 있다. 이는 주변 지형에 의해 방해를 덜 받기 때문이다(Weick, 1976 참조). 하부 시스템의 대규모 네트워크는 소규모 네트워크에 비해 변화에 의해 덜 영향을 받는다(한 시스템은 다른 시스템에 방해를 주지 않고 변화를 흡수할 수 있다. 이는 마치 큰 연못보다 작은 어항에 있는 물고기에게 더 요동을 줄 수 있는 것과 같다). Marion(1999: 162)에 따르면 적합한 지형은 환경 내에 있는 다양한 자원에 의해 지원을 받고 통합된다고 제안하고, 자신과 적합한 독립적인 시스템의 네트워크로 구성되어 있다. 이 안에서 각 구성 요소는 전체적인 시스템을 방해하지 않으면서 변화를 받아들일 수 있고, 시스템의 크기는 작은 것에 비하여 방해 없이 변화를 더 용이하게 받아들일 수 있게 한다.

노출된 높은 봉우리는 날씨에 의해 흔들리는 한편, 높이가 비슷한 봉우리끼리 서로 가까이 있는 경우에는 더 보호를 받는다. 학교에서 '수학 부서'는 과학부서나 IT 부서와 더 가깝고, 그것들은 서로를 보호할 수 있다. 반면에 체육 교육 부서는 가까운 관계가 별로 없고 환경의 변화에 더 취약할 수 있다. 다른 집단은 지형의 다른 부분에 더 편안하게 놓이는데 이는 조직 내에서 사람들을 역할과 업무에 맞게 연결해야 할 필요성을 암시한다. [그림 7-5]를 보면 어떤 봉우리는 너무 뾰족해서 한 발자국만으로도 산에서 떨어질 수 있다(즉, 변화 가능성이 매우 높음).

다른 봉우리들은 여러 번 밟아도 별 차이를 만들지 못할 만큼 더 둥근 모양이다(변화가 거의 없는 안전한 시스템이다). Marrion(1999: 109)이 제시한 [그림 7-6]을 보라.

[그림 7-5] 적합도 지형에서 위험하게 날카로운 봉우리

[그림 7-6] 적합도 지형에서 둥근 봉우리

만약 봉우리가 많다면 조직 내에 여러 부서 혹은 하위 시스템이 있다는 것이고, 봉우리가 적다면 이는 덜 복잡한 조직임을 나타낸다. 따라서 지형이 더 거칠수록, 조직 내 상호 의존성의 숫자는 더 커지고, 의사소통 연결망 개발의 필요성이 높아진다. Kauffman(1993)은 조직이 서로 상호작용하고 끊임없이 소통하는 조각(네트워크 내의 더 작은 단위, 혹은 '실행의 공동체')(Brown and Duguid, 1991)로 나눠지는 게 가장 좋다고 한다(Lissack, 1996: 8). Lissack(1999: 10)은 증가하는 보상은 네트워크와 공동체 관계를 필요로 한다고 주장한다. [그림 7-7]은 네트워크 내 작은 단위들이 모인 세 개의 집합을

[그림 7-7] 매우 울퉁불퉁한 적합도 지형

나타낸다.

　적합도 지형은 높은 봉우리들을 많이 갖고 있는데, 비록 중간 높이의 봉우리들이 높은 봉우리들에 올라가기 위한 발판이 될 수 있다 하더라도 너무 많은 중간 높이 봉우리들의 존재로 인해 높은 봉우리가 가려지지는 않는다(Marrion, 1999: 249). [그림 7-8]을 보라.

[그림 7-8] 매우 울퉁불퉁한 적합도 지형에서 중간 봉우리

여기에서 '적합한' 지형이나 청사진이 단 하나로 존재하지 않는다는 것을 인지하는 것이 중요하다. 때때로 조직의 업무를 강화하는 것(완만한 지형)이 중요하고, 때로는 조직을 앞으로 진전시키고 장애물을 넘는 것(험준한 지형)이 중요하다.

적합도 지형의 몇 가지 특징은 조직이 네트워크 혹은 네트워크망으로서 운영되어야 할 필요성을 강조한다(Marion, 1999: 247). Coleman(1999: 35)은 봉우리 간의 연결성이 중요한 요인임을 암시한다. 너무 적은 강한 유대관계(도로)는 효과적인 학습에 필요한 안정적인 행동을 부족하게 하고, 많고 약한 유대관계(도로)는 효과적인 학습이 일어나기 위한 행동이 과다하게 일어나게 한다. Kauffman(1995)은 분산적인 의사결정에서는, 위계적이기보다는 평평한 사회적 조직이 조직의 적합성에 더 유익하다고 주장한다. 매우 중앙집권적이고, 통제적이고 관료적이며 위계적인 학교는 발전을 억제하고 형편없는 적합도 지형을 가질 수 있다. 반면에 높은 분권화, 분산적 리더십, 네트워크 조직을 가지고 있는 학교는 적합도를 개선시키고 더 거칠어질 수 있다. Gross(1998: 68)가 말했듯이, 조직의 적합도와 발전을 풍성하게 하는 방법은 리더가 '그냥 내버려 두는 것(let go)'이다. Johnson(1999: 26)은 거친 지형이 비록 적합하더라도 기술과 자원, 유연성과 지식에 있어서 큰 투자를 요구한다고 제안한다.

적합성이 평균 수준인 경우, 멀리 떨어진 지형을 조망하면 혁신과 개선, 그리고 수익의 증가를 성취할 수 있다. 한편 적합성이 높은 경우, 가장 적합한 요소는 홈(home)에 더 가까이 있다(Kauffman, 1993; Lissack, 1999: 6; McCarthy and Tan, 2000). 같은 원리로, 적응 과정의 초기 단계에 있는 적합성은 가장 먼 거리에 있을 수 있으며, 더 적합해지는 과정을 거치면서 홈에 더 가까이 이동하게 된다(Kauffman, 1996: 5-6).

적합도 지형 도식 구성하기

Kauffman과 다른 개발자들이 인식한 바대로, 적합도 지형을 그리는 것의 어려움은 그리기가 복잡하고, 고차원의 수식과 같은 높은 수준의 정밀 작업이 필요하다는 것이다. 수학적 능력과 관계없이 교사들도 이 작업에 그렇게 많은 시간을 쏟을 여력이 없다. 게다가 이는 불필요하다. 적합도 지형은 교사가 자유롭게 손으로 그려도 되고, 어떤 정밀한 측정이라기보다는 오히려 발전을 촉진하기 위한 체험적인 도구가 될 수 있다. 즉, 적합도 지형은 앞을 내다보기 위한 도구이다. 적합도 지형의 그림은 다음과 같은 일곱 가지 단계로 구성된다(〈표 7-1〉).

적합도 지형의 인식과 실행은 학교 발전을 위한 학교의 자기평가와 유사하다(Rodger and Richardson, 1985). 상술한 순서에서 1단계는 맥락을 설정하고, 2단계부터 5단계는 지형을 기술하고 묘사하며, 6단계는 상황을 평가하고 7단계는 발전 계획을 논의한다. 이 과정은 학교 발전 계획과 비슷하고, 다음과 같은 질문들을 다룬다. "우리는 지금 어디에 있는가?" "우리는 어디에 있기를 원하는가?" "그곳에 어떻게 도달할 것인가?" "우리는 어떻게 시작할 것인가?" "어떻게 지속할 것인가?" "우리가 도착했다는 것을 어떻게 알 것인가?" (Hargreaves and Hopkins, 1991; Egan, 1993).

이 과정은 또한 문제해결 토론과 실행 연구(제4장)와도 연결된다. 실행 연구에서는 문제나 상황이 기술되고 상황의 원인이 규명되며, 상황을 해결할 제안이 고려되고 적용이 계획되며, 이어 문제나 상황을 해결한 것에 있어서 적용 효과성의 사후 평가로 이어진다.

프로젝션 기법으로 적합도 지형을 도식화하는 것은 각 참여자들에게 자신만이 갖고 있는 조직의 적합도 지형을 그리고 공유할 수 있게 한다. 즉, 유사점과 차이점, 그리고 그 이유를 찾을 수 있다. 일단 지형이 그려지면 훈련의 가장 중요한 부분이 시작되는데, 이는 학교 자체 평가에서 데이터가 실행의 도약판 역할을 하는 것과 같이 정보를 사용하는 것이다. 적합도 지형 도식화와 학교 자체 평가 사이의 연관성은 제7장의 핵심 원리인 자기조직화를 반영한다. 게다가 여기에서 중요한 점은 이 활동이 협력적이라는 것이다(Russell, 1996). 모든 학교는 역동적인 조직이기 때문에 적합도 지형 묘사를 형성하는

〈표 7-1〉 적합도 지형 구성의 단계

단계	과제
1단계	적합성이 결정되는 목적을 파악하기
2단계	상황(적합도 지형)에 관련된 주체들과 하위체계들을 파악하기. 즉, 가능한 봉우리 수를 파악하기. 시스템 내의 N, K, C, S를 파악하기
3단계	봉우리 구성하기 실제 봉우리의 수(조직 내 적합한 하위체계들) 봉우리의 높이 봉우리의 윤곽과 모양(뾰족함, 둥그스름함, 좁음, 넓음, 첨도) 주요 봉우리와 중간 단계 봉우리의 관계(어떤 하위체계들이 어느 봉우리와 더 가깝게 연결되어 있는가)
4단계	평지 그리기 평지의 영역 평지 내 하위체계들의 숫자(조직 내 부적합한 하위체계들)
5단계	봉우리 간 연결 구성하기 조직 내 소통 채널의 수 의사소통 채널이 가장 효과적으로 일어나는 곳은 어디인가(예: 경로가 넓거나 좁은 정도, 매끄럽거나 울퉁불퉁한 정도) 경로가 일방향 도로인가 쌍방향 도로인가(의사소통이 일방향인가 다방향인가) 경로가 어디를 통과하는가(구불구불한 길인가 직선 도로인가)
6단계	상황의 원인을 규명하기 위하여 적합도 지형을 검토하고 조직의 생존을 위하여 적합도를 평가하기
7단계	앞으로 나아갈 방향을 결정하기 적합도 지형을 통해 밝혀진 강점과 약점을 파악하기 발전을 위한 우선순위를 정하기 우선 과제들을 어떻게 해결할지 규명하기

것은 '한번 해 놓으면 영원히 지속하는' 것이 아니다. 학교들이 학교 개발 프로그램에서 '전후' 활동으로 이 연습을 실행한다면, 실제로 무엇이 변화했는지 도표로 보여 주는 것이 유익할 것이다.

성공하는 학교와 실패하는 학교의 적합도 지형

아래에는 적합도 지형의 두 예시와 그것에 대한 묘사가 기술된 것이다.

예시 1: 적합한 학교

학교 A는 영국에서 상당히 빈곤율과 실업률이 높은 지역에 있는 1,200명 규모의 중등학교이다. 이 학교는 IT 능력을 개발하여 이 지역에서 특성화 학교로서 '등대' 역할을 하고 싶어 한다. 이 학교에는 해당 분야에 자격이 있고, 높게 동기유발된 교원들이 있으며, 인트라넷을 개발하기 위한 상당한 외부 재정을 확보하는 데에 성공해 왔다. 거의 모든 직원들이 이 IT 개발에 헌신하고 있고 이미 IT와 관련된 여러 프로젝트와 개발을 완료한 상태이다. 프로젝트는 선임 관리자들과 본부 그리고 학부모(이 작업이 아이들에게 기회가 될 수 있다고 간주하는 학부모들)들에 대한 지원을 포함하고 있다. 모든 직원들은 이 전문성을 향한 움직임에 관련된 의사결정에 참여하고, 몇몇 직원들은 그들의 전문성을 개발하고 공유하기 위하여 전문성 개발 강좌를 듣기도 한다. 이와 같은 개발 과정에서 학교는 IT 분야 개발에 박차를 가함으로써 예정되었던 과학 연구소 개선 작업은 일 년 동안 유예하고, 수학과 지리 교과에 배정된 예산은 당해 연도와 동일하게 유지하기로 하였다. 직원 개발 훈련의 일환으로, 각 과목 부서와 선임 관리자들은 제안된 개발을 위하여 학교의 적합도 지형을 그려 달라는 요구를 받았다. 그 결과 중 하나가 [그림 7-9]에 제시되

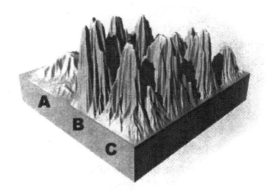

[그림 7-9] 건강한 학교의 적합도 지형

어 있다.

　수학과 지리 교과 부서는 소외될 위험에 처해 있었다(그들은 적합도 지형도
의 가장자리에 위치해 있었고 많은 타 부서로부터 고립되어 있는 것으로 보였다).
많은 봉우리들은 높고 서로 밀접하게 위치하고 있었는데 이는 혁신을 지원
하는 거친 지형을 암시하고, 이러한 지원은 높은 협곡, 중간의 봉우리 그리고
연장되고 풍부한 도로 시스템에 의해 강화된다. 봉우리의 넓은 둘레는 그들
이 측정될 수 있고 이미 상당한 힘을 가지고 있음을 암시한다. 그들은 뾰족하
게 생긴 첨탑보다 상당히 크고 튼튼한 봉우리이다. [그림 7-9]와 [그림 7-10]
에 나온 대부분의 지형은 A 영역에서 수학(M)과 지리(G)가 다른 것들과 거의
연결이 없으며, 제안된 변화에 대해 적합도가 상대적으로 낮고, 그들의 발전
상태도 '보류' 상태에 있음을 보여 준다.

　한편 [그림 7-9]와 [그림 7-10]이 묘사하는 B 영역에서는 다음과 같은 사
항들을 기준으로 조직건강도를 묘사한다. (1) 직원 전문성(SE), (2) 직원과 선
임 관리자들에 의한 발의 지원(SI), (3) 학교의 의사소통 네트워크(CN), (4) 제
안을 시행할 만한 가용 시간(TA), (5) 자원(R), 그리고 (6) 학생 학업성취도
(SA). 직원 전문성, 발의 지원 그리고 의사소통 네트워크가 가장 강력한 요인
으로 보인다.

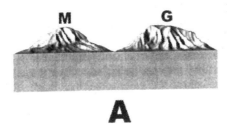

[그림 7-10] 수학과 지리과 적합도 지형

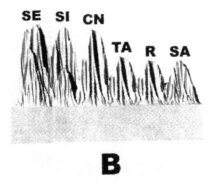

[그림 7-11] 조직건강의 구성 요소에 대한 적합도 지형

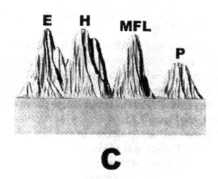

[그림 7-12] 학교 IT 활용의 적합도 지형

C 영역을 묘사하는 [그림 7-9]와 [그림 7-12]의 전반적인 틀은 영어 교과
(E), 역사 교과(H), 현대 외국어(MFL), 그리고 물리 교과(P)에서의 기존 IT 사
용을 묘사하고 있다. 영어, 역사, 현대 외국어에서는 상당한 정도로 사용되고
있었지만 물리에서는 그렇지 않았다.

여기에서 리더십을 위한 시사점은 다음과 같다.

- 수학과 지리 부서는 혁신에 더 동참되어야 하고, 다른 부서와 더 많이 소
  통해야 한다.
- 현재 학교 내에 상용화된 의사소통 네트워크는 더 활발해져야 한다.
- 프로젝트를 개발하기 위한 시간이 더 많이 필요하다.
- 전 부서에 걸쳐 일관된 IT 사용이 요구된다.
- 직원들에게 일어날 수 있는 불평이 표면화되고 해결되어야 한다.
- 너무 많은 봉우리들로 인해 혁신 업무의 과포화 상태가 될 수 있다. 따라
  서 변화의 우선순위가 설정되어야 한다.
- 변화를 가져오기 위하여 어떤 부서에서의 혁신은 덜 혁신된 다른 부서
  와의 협력을 통해 이루어질 수 있다.
- 변화를 유지하는 것에 초점을 맞추어야 한다. 학교는 변화에 개방적이
  고 익숙한 것처럼 보이므로 여기서의 쟁점은 변화를 창발하는 것뿐만
  아니라 유지하는 것이기도 하다.

상술한 것들은 일반적인 시사점이고, 현장에서는 결과와 논의가 맥락화되
기 때문에 더 구체적이 된다. 쟁점을 확인하고 소통하기 위한 도구로서 적합
도 지형을 시각적으로 그리는 것은 토의를 촉진시키는 데에 유용한 수단이
될 수 있다. 이것은 단지 여러 적합도 지형 중 하나이며, 지형도를 공유함으
로써 목적은 적절한 상황에 도달할 수 있다. 명백히, 그러한 지형도는 인식에
기반하고 부정확성, 주관성, 편견 그리고 비신뢰성에 의해 부정적인 영향을

받는다. 그럼에도 불구하고 변화를 관리하는 대부분의 업무는 관리와 인식의 리더십과 관련이 있다(Morrison, 1998: 1; Marion, 1999: 221). 따라서 구성원들이 존재하고 있는 인식을 인지할 수 있도록 이러한 문제들을 표출하는 것이 중요하다.

예시 2: '실패하는' 학교

학교 B는 영국에 있는 800명 규모의 초등학교로서 학업성취도는 낮고, 교원의 도덕성도 낮으며 이직률 또한 매우 높고 빠르며, 학생들의 비행이 심각하다고 보고된 학교이다. 가장 최근의 감사는 매우 부정적인 결과 보고서와 이 학교를 '실패하는 학교'로서 '특별 관리 대상'에 두는 위협적인 것이었다. 학생의 학업성취도를 기준으로 묘사된 이 학교의 적합도 지형은 [그림 7-13]과 같다.

영역 A는 학생의 학업성취도를 수학(MA)과 과학(SC)을 기준으로 설명했다. 낮은 언덕(낮은 적응도)의 그림은, 꽤 넓게 분리되어 있고, 그 사이에 가시적인 도로도 없다. 즉, [그림 7-14]에서 볼 수 있듯이, 이 두 영역 사이에 의사소통은 발달하지 못했고 이들은 연결되지 않은 채 고립되어 있는 것이다.

영역 B에서는 교사의 기대(TE)와 교사의 도덕성(TM)을 기준으로 지형을 그렸다. 여기에서 교사의 기대는 도덕성보다는 비교적 높음에도 불구하고 전반적으로 낮다. 교사의 도덕성은 매우 낮다. 기대와 도덕성 간의 격차는 매우 크며, 이 둘은 서로에게 정보를 알리지 않는 것처럼 보인다. [그림 7-15]를 보라.

게다가, 영역 A와 영역 B 사이의 거리는 그들의 비연결성을 보여 주고 있다. 도로의 부재는 형편없는 의사소통을 보여 준다. 따라서 그림에서 무력감이 느껴진다. 올라갈 정상도 없고, 리더의 숫자도 낮다.

대부분 교사들은 초원에 있는 것을 좋아한다. [그림 7-15]는 하위시스템이

부재한 것을 보여주며, 하위시스템이 거의 없기 때문에 자기조직화의 가능성
이 매우 낮은 실패한 학교의 모습을 보여 주는 것이다. Lewin과 Regine(2000:
5)에 따르면, 요소들의 다양성이 증가할수록, 풍부한 창발의 가능성도 높아
진다. 이 학교는 혁신에 대해 준비되지 않은 것으로 보이며, 학생의 학업성취
도를 제고하는 문제를 다루기에도 적합하지 않은 것으로 보인다.

[그림 7-13] 실패하는 학교의 적합도 지형

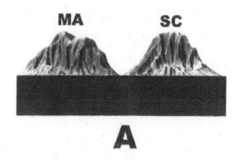

[그림 7-14] 수학과 과학에서 학생 학업성취도의 적합도 지형

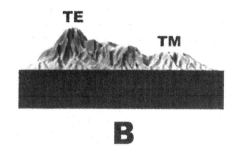

[그림 7-15] 교사 기대와 교사 사기의 적합도 지형

여기에서 리더십을 위한 시사점은 다음과 같다.

- 풍부한 창발과 적합도가 형성되기 위해서는 나이, 교육과정, 경험, 전문성, 성별, 인종 및 문화와 같은 다양성 요소들이 학교에 도입되어야 한다.
- 더 많은 프로젝트와 혁신이 변화와 문화, 창발(변화)의 삶을 위하여 소개되어야 한다.
- 낮은 학업성취도와 발전단계를 위하여 더 많은 책무성이 부과되어야 한다.
- 교사에 대한 더 높은 압력과 더 많은 지원이 실행되어야 한다.
- 학교에서 리더에 대하여 더 많은 변화와 혁신의 요구가 이루어져야 하며 더 많은 리더들이 임명되어야 한다.
- 학교 내의 의사소통은 유의미하게 확장되어야 하며 상용되어야 한다.
- 학생과 동료 교사에 대한 교사들의 기대는 더 높아져야 한다.
- 교사의 도덕성이 제고되어야 한다(발전적 활동과 더 많은 의사소통에 대한 헌신에 있어서).
- 학교에서 분산된 리더십과 리더십 개발이 더 이루어져야 한다.
- 일반적으로 학교에서 더 많은 필요, 더 많은 프로젝트, 더 많은 활동, 양적 숫자[적합도 봉우리의 숫자(n)와 매치되는 활동의 질 제고, 즉 봉우리의 높

이와 거친 정도(k)]를 증가하려는 요구 등이 일어나야 한다.

- 공유된 책임 아래에서 더 협력적이고 협동적인 활동들이 이루어져야 한다.
- 교사와 리더의 전문적인 발전이 이루어져야 한다.
- 그것들을 이루기 위한 더 명확한 목표, 방향, 그리고 압력이 필요하다.

여기에서 주목한 것들은 변화와 혁신의 리더십에 관련한 것들이다. 변화와 혁신의 리더십에 관련한 것들에는 문제의 규명, 변화에 대한 저항과 장애를 극복, 교사와 관리자들을 촉진하고 권한을 부여하는 것, 압력과 지지, 팀워크와 협동, 조직적 문화, 윤리와 건강(학교가 약한 것으로 보이는), 교사들이 변화할 수 있도록 자극을 주는 것, 더 많은 주도권과 발전을 소개함으로써 변화의 문화를 창조하는 것, 목표 설정 및 변화 성취에 대한 보상 부여, 역동성으로 무기력을 대체하는 것 등과 같은 요소들을 포함된다(Morrison, 1998).

적합도 발전

적합도를 발전시키기 위해서는 다음과 같은 변화의 리더십에 관한 이슈들이 있다.

- 비전, 목표, 미션
- 단계 계획 및 변화의 전략
- 너무 낮은 활동과 너무 많은 활동의 균형을 달성하는 풍부하고 다양한 지형 보장
- 요구된 변화와 구성원들을 연결하기
- 변화를 지원하기 위한 전문적 개발

- 지원, 업무에 대한 관심, 사람에 대한 관심의 균형 맞추기(Everard and Morris, 1990)
- 의사소통, 팀워크, 협동 개발
- 조직 문화와 학교 풍토 개발

이러한 과정에서 리더들이 더 강하고 민주적인 리더십을 통하여 학교를 무기력한 상태에서 움직이는 상태로 만든다는 점에서 리더십은 중요한 역할을 맡는다(Morrison et al., 1989). 앞서 언급한 저자들에 따르면 학교의 리더들은 단축된 시간 스케일에서 몇 가지 혁신을 주도하는 변화의 풍토를 형성하는 것이 매우 중요하다고 제안했다(Morrison et al., 1989).

복잡계 이론의 용어로 말하면, 변화의 풍토를 형성하는 것은 조직을 자기조직화 임계점으로 움직이도록(인적 자원과 창의성을 극대화하고) 재구성하는 것이다. 그렇다고 해서 조직의 변화가 무제한으로 분산되고 경계가 없어지는 것을 의미하지는 않는다. 즉, 여기에서 말하는 조직의 변화란 가장 생산적인 수준에서 사람들과 조직을 혼돈의 경계(edge of chaos)에 두는 것이다(April, 2000: 63).

그러므로 울퉁불퉁한 지형 속에서 사람들을 이끄는 상황에서는 신중하게 장기적인 계획을 수립하고 리더가 현재 일어나고 있는 경향을 인지하고 있는지가 중요한 문제가 될 수 있다. 또한 리더는 현재의 적합도 수준에 따라 학교의 목표를 설정하고 필요에 따라서는 적합도를 높이기 위해 불안정을 조성하는 식으로 학교를 방해할 수도 있어야 한다. 더 나아가, 거친 지형에서 조직을 주도할 때에는 조직이 속한 환경을 한 번에 탐색하는 것보다는 새로운 봉우리들에 이르기 위해 계속 움직이고 지형을 탐험(여러 번, 평행적으로)하는 일이 중요하게 요구된다(MaCarthy and Tan, 2000).

적합도 지형이 강한 학교는 학교의 규모에 따라 여러 특징을 지니게 된다.

이러한 지형은 다음과 같은 요소들을 포함한다.

- 비어 있기보다는 많은 단위와 요소가 존재한다.
- 거칠고 높은 봉우리들이 많고, 많은 봉우리가 서로 근접해 있으며, 측정 가능하다.
- 단 몇 개의 봉우리들만이 완전히 노출되어 있다.
- 아주 적은 봉우리들만이 뾰족한 첨탑 모양이다.
- 높은 곳으로 갈 수 있도록 지지하는 많은 작은 봉우리들은 높은 봉우리들을 가리지 않는다.
- 모든 지형을 연결하는 다양한 크기의 도로와 연결되어 있다.
- 지형에 거주하는 사람들에 관해 말하자면, 적합한 장소에 적합한 사람이 살고 있는 것이다(Lissack, 1999: 6).
- 지형 모든 곳에 리더가 있다.
- 평평하거나 낮게 깔린 영역은 거의 없다.
- 거칠고 완만하게 경사진 언덕의 조합이 있다.

상술한 것이 어떤 청사진이 되는 것은 아니며, 사실 선행된 논의는 청사진에 대항하는 주장을 제시한다. 학교의 리더들에게 이것은 직면할 수 있는 몇 가지 쟁점들을 암시한다.

- 학교의 맥락에서 N, K, C, S가 갖는 역할
- 많은 봉우리들의 발전을 어떻게 촉진하는가?(예를 들면, 많은 프로젝트와 발전 및 혁신의 많은 센터들)
- 어떻게 높은 봉우리를 올릴 수 있고 어떤 것을 견고하게 할지 결정하는가?(어떤 프로젝트, 부서, 네트워크의 단위를 강조하고 발전시켜야 하는가?)
- 봉우리 사이의 의사소통을 어떻게 증가하고 극대화할 수 있는가?(예를

들어, 어떤 소통 채널이 중요하거나 중요하지 않으며, 어떻게 의사소통이 부드럽게 일어날 수 있게 하는가?, '제6장 참조')

- 어떻게 한 개인이나 부서가 조직으로부터 소외되지 않게 할 수 있는가?
- 어떻게 하면 많은 봉우리가 서로 너무 밀집한 상태가 되는 것을 방지할 수 있는가?(어떻게 부서의 우선순위를 결정하고, 어떻게 친밀함과 자율성을 조화시킬 수 있는가?)
- 봉우리들이 측정 가능한지 어떻게 확인하는가?(전문성 개발, 리더십 개발, 자원 충족, 협동 측면에서 지지하는 봉우리들이 나타남)
- 사람들이 지형 위주를 순항하는지 어떻게 확인하는가?(어떻게 사람들이 학교의 지식, 조직과 활동에 접근하며 어떻게 그들이 조직을 둘러싸고 길을 찾는 작업에 대한 지지를 받는가?)
- 가장 적합한 사람이 특정한 업무와 역할을 맡는다는 것을 어떻게 확인하는가? [팀 내 역할에 대한 Belbin(1981)의 연구를 상기해 보라.]

여기에서 적합도 지형을 사용하는 순서는 다음과 같다.

이것은 실행 연구의 초기 단계와 유사하다. 적합도 지형의 형성과 사용은 실행 연구와 같은 협력적 조사에 근거를 두고 있다.

결론

제7장에서는 내부 및 외부 환경에 대한 종(種)의 적응성을 나타내는 기법

인 적합도 지형을 고안하고 묘사하는 기술에 대해 논하였다. 대내적 및 대외적 네트워크 맺기, 의사소통, 그리고 공진화는 적합한 학교의 특징들이다. 적합도 지형 묘사를 형성하는 것은 학교의 상황을 뚜렷하게 보여 주고, 구성원들이 자신의 관점과 가치관을 소통하고 묘사할 수 있도록 투사하는 기술의 장점들을 포함한다. 리더들과 교사들은 적합도를 그림으로써 자신의 관점들을 형성하고 서로 비교하며, 각 관점들 간의 유사성과 차이점의 이유를 발견하는 유용성을 찾을 수 있다. 이처럼, 적합도 지형을 구성하는 것은 자기 성찰의 유용한 시작점이며, 의사소통을 촉진한다.

학교의 모든 영역과 단계에 걸쳐서 리더들에게 주는 시사점은 이 책의 다른 장들의 논의를 강조하고 확장하는 것이며, 리더들에게는 다음과 같은 점들이 요구된다.

- 전 학교에 걸친 확장된 의사소통과 네트워크를 통하여 학교의 내적 연결성과 외적 연결을 촉진한다.
- 연결이 필요한 내부요인(N) 혹은 외부요인(S)을 발견할 필요가 있고, 연결의 본질과 강도를 내부적으로(K) 그리고 외부적으로(C) 발견할 필요가 있다.
- 학교 발전과 해석을 위하여 적합도 지형에서 형성, 묘사, 해석, 평가, 행동을 촉진한다(유용한 현직 교육 활동).
- 학교, 부서, 팀의 자기조직화 및 기타 전략들과 내부 및 외부 환경에 대한 적응도를 높이는 전략들을 검토한다(문제가 되는 집단의 적합도를 높이기 위하여, 자기조직화 임계점으로 움직이기 위하여, 적합도의 요소와 지표들을 검토하기 위하여).
- 학교 내의 집단들에 영향을 미치는 변화를 규명하고 이에 대한 내적 반응을 시작하고 규명하기 위하여 끊임없이 살피고 검토한다(진화하는 지형에서의 집단의 적합도를 유지하기 위하여).

- 현존하는 그리고 가까운 미래에 다가올 학교 내외의 다른 구성원의 적합도 지형을 규명하고 묘사함으로써 문제가 되는 집단의 적응 가능성과 적응도에 관한 전략이 계획되도록 한다.
- 학교에서 내적 및 외적 연결을 개발하는 일을 담당할 사람을 규명한다.
- 학교 내외 집단의 공진화를 어떻게 촉진할 것인가 고려한다.
- 많은 내적 및 외적 연결이 어떻게 만들어져야 하고 만들어질 수 있는지 고려하며, 이것들에 대하여 우선순위를 부여하고 대처할 수 있는 전략을 만든다.
- 현존하는 그리고 가까운 미래에 다가올 바람직한 적합도 지형을 고려하고 어떻게 그 선호되는 지형을 달성할 수 있을지 고려한다[즉, '적응적인 걸음'을 어떻게 만들 수 있을지. (Kauffman, 1995, McCarthy and Tan, 2000)].
- 체제 내에서 적합성 발전에 방해가 되는 요인을 찾아내고, 이를 해결할 수 있는 방법을 찾는다.

이상의 것들은 하나의 커다란 의제로서, 적합도 지형을 구성하고 묘사하는 개념과 실천의 유용성을 반영한다.

제8장 회고와 전망

 학교에서 리더십은 지금 분기점에 서있다. 기업 경영 실제에서처럼 날로 늘어나는 리더들에게 주어지는 경영 책무성에 대한 압박과 함께 명령하고 통제하는 오래된 의식을 버려야 한다는 요구가 오랫동안 있어 왔다. 전 세계 국가들이 교사와 리더(학교행정가)들을 모집, 유지, 보상하는 데 심각한 어려움을 겪고 있는 이 시대에 기존의 리더십 모형들이 잘 들어맞지 않고 질리게 만들고 있다는 것은 자명하다. 리더들은 이제 또 다른 행보를 통해 변화·발전하는 실제를 잘 이해하기 위해 복잡계 이론으로 눈을 돌리고 있다.

 이 책에서 보다 높은 수준의 새로운 형태의 학교 리더십은 팀 발전, 인센티브와 동기부여, 인간관계, 감성 지능, 서번트 리더십에 대한 요구를 고려할 필요가 있다는 것을 제안한다. 또한 이러한 리더십은 학교의 창의적이고 대인관계적인 측면을 다루면서 조직학습을 발전시켜 나갈 필요가 있다는 것을 강조한다. 이런 리더십이 실제로 발휘되게 하려면 우리는 개방체제로서 학교를 새롭게 자기조직화할 수 있도록 각별하게 주의를 기울일 필요가 있다. 또한 인간관계, 신뢰, 학교 내외의 환경, 학교 내부의 미시정치적 상황들에 대해서도 민감하게 주의·집중할 필요가 있다. 뿐만 아니라 이러한 환경 내 혹은 환경 간에 폭넓고도 주의 깊은 의사소통과 피드백을 필요로 한다. 오늘날 리더십은 수평적 조직에서 분산되어 있고, 정보가 풍부한 학교에서는 네트워크화되어 있다. 그래서 리더십은 학교의 조직풍토와 건강에 관련되어 있을 수밖에 없다. 이러한 새로운 형태의 리더십은 명백하게 목적론적이거나 결정론적이지 않다. 더구나 특정의 미래를 위한 청사진이나 웅장한 계획 같은 것도 아니다. 오히려 리더십은 예측불가하고 혼란스러운 세계에서 자기조직화의 출현을 도와주고 가능하게 하는 것들에 관한 것이다. 학교들은 점점 수동적으로 조직화되고 통제되기보다는 자기조직화되는 경향을 보여 주고 있으며, 학교의 사안들은 웅장하게 사전에 기획되기보다는 시시각각으로 그때그때 다르게 나타나고 있다.

이 책은 복잡계 이론의 주요 쟁점들을 제시하였다. 이 책에서는 복잡계 이론이 학교 리더십의 서로 다른 여러 요소들을 통합하고 있다는 것을 보여 주었다. 복잡계 이론의 특징적인 모습은 '훌륭한' 이론의 경우에서처럼 이러한 모든 요점들을 함께 그려 내고 있으며, 연결될 것 같지 않은 서로 다른 요소들에 대해 정합성을 부여하고 있다는 것이다. 이렇게 여러 개의 쟁점들이 교육리더십이라는 사안에 동시에 출현하게 된 것은 우연이 아니다. 왜냐하면 그 쟁점들은 모두 같은 이론의 다양한 측면을 구성하고 있으며, 학교에서 복잡계 이론이 적용될 수 있다는 징표이기 때문이다. 사실 복잡계 이론은 조용하게 운영되는 학교에 오랫동안 있어 왔다. 단지 근대 정신과 기존 학교 및 리더십의 존재 양태에서 복잡계가 지향하는 정신과 양태로 패러다임이 전환되는 현상이 공공연하게 나타나고 있다는 점에서 새로울 뿐이다. 이러한 점은 매우 중요하며, 다음과 같은 몇 가지 핵심 쟁점들을 제기한다.

1. 복잡계 이론은 중견 관리자가 피고용인들이 열심히 일하도록 권고하거나 혁신을 강요하는 데 활용하기 편리한 은유 혹은 비유가 아니다. 만일

그것이 전부라면 복잡계 이론은 시류에 따라 목청을 높이곤 하는 일시적인 관리의 일시적인 열풍에 불과할 것이다(Griffiths, 1997; Micklethwait and Wooldridge, 1997; Stacey et al., 2000). 그리고 전혀 주목을 받지도 못했을 것이다. 복잡계 이론은 현실이고, 지금도 일어나고 있는 일이며, 좋든 싫든 실제에서 작동하고 있다. 이 이론이 주는 메시지는 우리를 심란하게 만든다. 왜냐하면 복잡계 이론에 따르면 장기 계획은 소용이 없고, 통제는 망상에 불과하며, 상사의 권력은 제한적이라는 것을 사실적으로 정확하게 강조하고 있기 때문이다. 어떤 사람은 이런 호언장담을 받아들이지 않고 무시하려고 한다. 그러나 그것은 실제로 존재하고 있다. 복잡계 이론은 특정의 리더십을 실제에서 어떻게, 왜 행사해야 하는지를 설명해 주는 하나의 이론이다.

2. Hume에 의한 전통 철학의 입장에 따르면 우리는 범주의 오류를 저지르지 않고 '사실(is)'로부터 '당위(ought)'를 이끌어 낼 수 없다고 한다. 내가 복잡계 이론이 작동하는 것을 관찰한다고 해서 그 이론을 수용해야 한다는 것을 의미하지는 않기 때문이다. 실제에서 어떤 것을 눈으로 목격했다는 자체만으로 그것을 촉진하기 위한 도덕적 의무를 부여받는 것은 아니다. 즉, 어떤 행동을 관찰했다고 해서 내가 그 행동을 받아들여야 한다는 것을 의미하지는 않는다. 이것은 학교를 조직화하는 것이 복잡계 이론 지향의 원리에 미치는 영향을 추가적으로 경험 연구를 통해 밝혀내야 한다는 것을 뜻한다. Griffiths(1997: 376)가 제안했던 것처럼 복잡계 이론은 아마도 '이 이론의 터무니없는 주장들을 지지할 증거'를 필요로 하고 있는지 모른다. 이 책에서 인용된 증거는 모든 관계자들에게 매우 유익하다는 징후를 보여 주고 있지만, 여전히 증거를 찾아 보여 주는 것은 모험적인 일이다.

　복잡계 이론은 하나의 신생 근거이론이다. 그렇기 때문에 설명 가능한 잠재력을 가지고 있다. 아마도 이 이론은 앞으로 더 검증되고 탐색·조사될 필요가 있다. 즉, 다른 과학들과 마찬가지로 복잡계 이론은 검증되고, 세련되며, 수정되고 확장될 필요가 있다. 아마도 진정 필요한 것은 이 이론의 영역과 응용 범위에 관한 기존의 회의론을 불식시키는 것이 아닌가 싶다. 비근한 예로 총체적 질 관리(total quality management)는 처음 출현했을 때 예상되었던 기대치에 미치지 못한 바 있다(Schffer and Thompson, 1996: 141-148). 정말로 그동안 경영 분야의 많은 유행거리들이 침몰하는 것을 우리는 지켜보았다(Micklethwait and Wooldridge, 1997). 그러기에 복잡계 이론이 리더십 분야에서 설득력과 잠재력을 얻기 위해서는 보다 엄격한 검증 과정을 거칠 필요가 있다. **이런 점에서 복잡계 이론은 학교에서 검증을 기다리는 하나의 이론이며, 이론의 활용을 위한 주장들은 반드시 증거에 의해 확인되어야 한다.**

3. 복잡계 이론은 단순 인과성과 선형적 결정론을 배격한다. 이런 점에서 복잡계 이론이 유일한 최신의 리더십 정보 제공자라고 주장하는 것은 비위에 거슬리는 말일 수 있다. 학교생활이 다면적이고 여러 측면에서 설명될 수 있는 것처럼, 복잡계 이론도 학교 실제를 안내하고 알려 주는 다른 리더십 이론들과 마찬가지로 그 위상을 정립할 필요가 있다. 다른 리더십 이론들이 현재 모습을 갖추기까지 그랬던 것처럼 복잡계 이론이 학교에서 자신의 위치를 찾는 것은 경험적 연구에 대한 문제이기도 하면서 또한 도덕적 논의의 대상이기도 하다.

4. 이 책은 복잡계 이론으로부터 나온 교육 리더십을 위한 몇 가지 처방을 주장한다. 여기서 우리가 주의해야 할 점은 처방이 되려면 복잡계 이론의 개방성과 불확실성의 원리를 위반할 위험을 감수해야 한다는 것이다. 복잡계 이론은 미래가 예측가능하지 않기 때문에 새로운 형태의 리

더십을 처방하는 데 있어서 어떠한 절대적 결과도 명령−통제식 리더
십 사고라고 비판받는 목적론적 결정론(teleological determinism)을 비켜
가기 힘들다고 주장한다([그림 1−3]이 커다란 의문 부호로 끝나는 것에 주
목할 것). 이 책에서 제안하는 수평적 관리(flat mamagement), 팀 기반 접
근, 서번트 리더십, 분산적 리더십, 감성 지능(emotional intelligence), 조
직 학습, 미시 정치(micropolitics), 의사소통 등은 문명이 변형되거나 멸
망하는 것처럼 끝까지 살아남지 못할 수도 있다. 복잡계 이론의 함축성
도 이 이론이 불확실성을 신봉하고 있기 때문에 예측하기 힘들다. 더구
나 복잡계 이론은 상대주의적 성격을 내포하고 있기 때문에 이론의 미
래가 어떻게 전개될 지에 대해서는 알 수가 없는 상태이다. 이런 상황보
다는 덜 암울하지만, 복잡계 이론은 결과보다는 과정에 관한 이론이다.
그러기 때문에 이 책에서의 쟁점들은 리더들이 보여 준 행위의 결과를
처방하기보다는 어떻게 행동하느냐를 제안하는 '과정'상의 이슈들이다.
우리는 이 책에서의 처방들이 우리가 현재 머물고 있는 시공간적 맥락
에서만 관련이 있다는 것을 알아야 한다. 이러한 처방들이 언제 변하는
지, 변할 것인지 안 변할 것인지에 대한 질문은 경험적으로 입증되어야
할 의문이라고 복잡계 이론은 강조한다.

5. 이 책은 중심 논지를 지지할 증거들을 제시함에 있어서 질적, 양적, 문
화기술지, 메타분석, 내러티브, 실행 연구 등의 연구 패러다임에 의존
하였다. 방법론적 다원성(방법론의 민주성)의 주장은 복잡계를 연구하
는 데 중요하다. 수량적 접근을 통해 복잡계를 연구하는 강력한 전통
이 존재하는 것이 사실이지만(예를 들어, 이 책에서 인용된 몇몇 문헌들에
서 볼 수 있음), 내러티브나 질적 접근과 같은 대안적 방법들이 급증하고
있다는 것에 주목할 필요가 있다. 이러한 방법들을 활용한 문헌 역시 이
책에 수록되어 있다(예: Kelly and Allison, 1999; Lewin and Regine, 2000;

Stacey, 2000; 2001). 복잡계를 이해하는 것은 다관점적이다. 이 책의 많은 개념들은 학교의 인간적 측면을 강조한다. 이것은 복잡계 이론을 연구하는데 있어서 해석적, 현상학적, 상호작용적, 문화기술지적 접근이 필요함을 강하게 옹호하는 것이다.

6. 방법론적 다원성(methodological pluralism)을 강하게 주장할 때 우리는 이론적 다원성(theortical pluralism)으로 이를 보완해야 한다(Weick, 1992; Griffiths, 1977). 이론적 다원성은 복잡계 이론이 바람직한 것을 설명하는 데는 유용하지만 모든 것을 설명하는 데는 빈약하다는 것을 알려 준다. 학교, 리더십, 교육의 어떤 측면은 복잡계 이론에 의해 설명되거나 조명될 수 있을 것이다. 그러나 다른 많은 측면들은 복잡계 이론의 범위를 벗어난 것들이다. 여러 문제들을 하나의 이론으로 설명한다는 것은 아주 적절하지 않다. 제1장에 언급되었던 것처럼 복잡계 이론은 발전, 진화, 적응 그리고 생존 등의 현상을 설명하는 데 유용하다. 이 책에서는 이것들이 종합적으로 시사하는 바들을 주제로 설정하여 다루었다. 이른바 '좋은' 이론은

- 논리적으로 일관성이 있고,
- 상당한 수준의 설명력과 예측력을 가져야 하며,
- 간결해야 하고,
- 후속 연구의 창출 가능성이 높아야 하며,
- 보다 폭넓은 현상에 적용할 수 있는 내적 정합성을 갖고 있어야 하고,
- 상호 관련된 구성 요인과 명제 그리고 방법론을 갖고 있으며,
- 자체적으로 입증할 수 있는 근거와 오류 가능성을 밝혀낼 수 있는 장치가 있어야 하고,
- 일반화 가능성이 높아야 하며,

- 현상과 조화를 이룰 수 있어야 하고,
- 관찰된 비정상적 현상에 대응할 수 있어야 하며,
- 정확성과 보편성을 입증할 수 있어야 한다(Cohen et al., 2000: 1213).

복잡계 이론은 위의 조건들을 충족시킬 수 있도록 입증될 필요가 있다. 이 책은 이러한 입증 가능성이 상당하다는 것을 제시하고 있다.

7. 복잡계 이론은 도덕과 관계가 없지만 교육은 도덕적 행위이다. 복잡계 이론만으로는 교육과 교육 발전에 대한 충분한 설명을 제공할 수는 없다. 왜냐하면 교육과 교육 발전은 도덕적 선택을 필요로 하기 때문이다. 복잡계 이론으로 교육과 도덕적 기관으로서의 학교를 이끌어 갈 방향을 설정하는 데는 일정한 한계가 있다.

8. 이 책에서 제시된 여러 아이디어들은 굳이 복잡계 이론을 필요로 하지 않으면서도 양립될 수 있다고 할 수 있다. 조직학습, 감성 지능, 수평적 관리, 의사소통, 팀워크, 조직풍토, 네트워킹, 지식 경영 그리고 환경 감수성(environmental sensitivity) 등은 모두 굳이 복잡계 이론을 거론하지 않더라도 그 자체로도 번성해 왔다. 그렇다면 복잡계 이론은 군더더기인가? 그렇지 않아도 이미 무거운 짐을 지고 있는 교육 세계에 복잡계 이론은 불필요한 또 다른 생각을 불어넣고 있는 것인가? 복잡계 이론은 이론의 장점을 멋있게 설명할 시간이 충분하게 주어지는 학술 세계에만 적합한 것인가? 사람들은 효과적인 실무자가 되기 위해 이론을 배울 필요가 있는가(결국, 많은 운영 기관들은 원리보다는 실용적인 것에 의해 운영된다)? 물론 아니고, 이론은 도움이 된다.

그러나 이 책은 복잡계 이론에 대한 이해가 중요하고 리더들에게 매우 유용하다고 제안한다. 왜냐하면 이 이론은 특정의 생각들이 왜 서로 관련이 있고, 왜 중요한지를 설명하고 정당화하고 있기 때문이다. 게다가 복잡계 이론은 원리와 정당화로부터 도출된 리더십의 향후 나아갈 방향을 제시해 준다. 우리는 복잡계 이론에 대한 이해를 통해 리더십의 실제를 어떻게 개발해 나가야 하는지 현실에 맞게 풍부하게 파악할 수 있다. 또한 복잡계 이론은 변화무쌍한 세계에서 중요한 것을 따라가도록 새로운 길을 제시해 준다. 복잡계 이론에 대한 전망은 아주 낙관적이다. 여러 가지 면에서 학교 리더십을 위한 복잡계 이론은 이제 본격적으로 논의가 시작된 하나의 이론이다.

[참고문헌]

Abisamra, N. (2000). *The Relationship between Emotional Intelligence and Academic Achievement in Eleventh Graders*, Auburn University at Montgomery. http://melting-pot.fortunecity.com/zaire/131/research-intell2.html.

Abraham, R. (1999). 'Emotional intelligence in organizations: a conceptualization', *Genetic, Social and General Psychology Monograps*, 125 (2), 209-24.

Adam Smith Institute (1984) *Education Policy (The Omega Report)*, London: Adam Smith Institute.

Allix, N.M. (2000). 'Transformational leadership: democratic or despotic?', *Educational Management and Administration*, 28 (1), 7-20.

Allport, F.H. (1962). 'A theory structuronomic conception of behaviour', *Journal of Abnormal and Social Psychology*, 64, 3-30.

Am, O. (1994). Back to Basics. *Introduction to Systems Theory and Complexity*. http://www.stud.his.no/~onar/Ess/Back-to-Basics.html

Apple, M. and Beane, J. A. (eds) (1995) *Democratic Schools*, Alexandria, VA: Association for Supervision and Curriculum Development.

April, K.A. (1997). *An Investigation into the Applicability of New Science, Chaos Theory, and Complexity Theory to Leadership, and Development of Guiding Principles for the Modern Leader and Organisation.* Research Report, Cape Town: Graduate School of Business, University of Cape Town.

April, K.A. (1999). 'Leading through communication, conversation and dialogue', *Leadership and Organization Development Journal*, 20 (5), 231-41.

April, K.A. Macdonald, R. and Vriesendorp, S. (2000). *Rethinking Leadership*, Cape Town: University of Cape Town Press.

Argyris, C. and Schon, D. (1978). *Organization Learning*: Theory, Method and Practice, Reading, Mass: Addison-Wesley.

Arthur, B.W. (1990). 'Positive feedbacks in the economy', *Scientific American*, February, 92-9.

Ashby, W.R. (1981). *An Introduction to Cybernetics* (third edition), New York: Harper and Row.

Ashkanasy, N.M., Wilderom, C.P.M. and Peterson, M.F. (eds) *Handbook of Organizational Culture and Climate*, Thousand Oaks, CA: Sage Publications Inc.

Austin, J.L. (1962). *How To Do Things with Words*, Oxford: Oxford University Press.

Bailey, R. (2000). *Education in the Open Society: Karl Popper and Schooling*, Aldershot, UK: Ashgate Publishing Ltd.

Bak, P. and Chen, K. (1991). 'Self-Organized Criticality', *Scientific American*, January, 46-53.

Ball, S. (1994). *Education Reform*, Buckingham: Open University Press.

Banet, A.G.Jr. (1976). 'Yin/Yang: a perspective on theories of group development', cited in K.A. April, R. Macdonald and S. Vriesendorp (2000) *Rethinking Leadership*, Cape Town: University of Cape Town Press.

Barker, L.L. and Barker, D.A. (1993). *Communication* (sixth edition), Englewood Cliffs, NK: Prentice-Hall.

Barling, J. Slater, F. and Kelloway, E. K. (2000). 'Transformational leadership and emotional intelligence: and exploratory study', *Leadership and Organization*

Development Journal, 21(3), 157-61.

Barnes, L.B. and Kriger, M.P. (1986). 'The hidden side of organizational leadership', *Sloan Management Review*, 28(1), 15-25.

Bar-On, R. (1997). *Bar-On Emotional Quotient Inventory: Technical Manual*, New York: Multi-Health Systems. http://www.parinc.com/percouns/BarOnEQi9f.html.

Bar-Yam, T. (1997). *Dynamics of Complex Systems*, New York: Perseus Press.

Baskin, K. (1998). *Corporate DNA: Learning from Life*, New York: Butterworth-Heinemann.

Bass, B.M. (1990). 'From transactional to transformational leadership: learning to share the vision', *Organizational Dynamics*, Winter, 19-31.

Bass, B.M. (1998). *Transformational Leadership*, Hillsdale, NJ: Erlbaum.

Bass, B.M. and Avolio B.J. (1994). *Improving Organizational Effectiveness through Transformational Leadership*. Thousand Oaks, CA: Sage Publications Inc.

Beatty, B.R. (2001). *The Emotions of Educational Leadership*, The Educational Leadership Centre, New Zealand: Waikoto University.

http://www.soe.waikato.ac.nz/elc/beatty.html

Beatty, R.W., Dimitroff, N. and O'Neill, D.J. (1995). 'Development pay: aligning employee capabilities with business needs', In H. Risher and C. Fay (eds) *The Performance Imperative: Strategies for Enhancing Workforce Effectiveness*, San Francisco, CA: Jossey-Bass, 323-42.

Beck, C.E. (1999). *Managerial Communication: Bridging Theory and Practice*, Englewook Cliffs, NJ: Prentice-Hall.

Beeby, M. and Booth, C. (2000). 'Networks and inter-organizational learning: a critical review', *The Learning Organization*, 7(2), 75-88.

Beeson, I. and Davis, C. (2000). 'Emergence and accomplishment in organizational change', *Journal of Organizational Change Management*, 13(2), 178-89.

Belasco, J. (1990). *Teaching the Elephant to Dance: Empowering Change in Your Organization*, London: Hutchinson Business Books.

Belbin, R.M. (1981). *Management Teams: Why They Succeed or Fail*, Oxford: Butterworth-Heinemann.

Bell, D. and Ritchie, R. (1999). *Towards Effective Subject Leadership in the Primary School*, Buckingham: Open University Press.

Bennett, J.K. and O'Brien, M.J. (1994). 'The building blocks of the learning organization', *Training*, June, 41-9.

Bennis, W. (1993). *An Invented Life: Reflections on Leadership and Change*, *Reading, Mass*: Addison-Wesley.

Bennis, W. and Nanus, B. (1985). *Leaders: the Strategies for Taking Charge*, New York: Harper and Row.

Berne, E. (1964). *Games People Play*, London: Andre Deutsch.

Berry, A.J. and Cartwright, S. (2000). 'Leadership: a critical construction', *Leadership and Organization Development Journal*, 21(7), 342-9.

Bierly, P.M. and Spender, J.C. (1995). 'Culture and high reliability organizations: the case of the nuclear submarine', *Journal of Management*, 21(4), 639-56.

Blake, R. and McCanse, A.A. (1991). *Leadership Dilemmas*: Grid Solution, Houston, Texas: Gulf Publishing.

Blank, W. (1995). *The Nine Natural Laws of Leadership*, New York: AMACOM.

Blau, G. (1985). 'The measurement and prediction of career commitment', *Journal of Occupational Psychology*, 58, 277-88.

Blau, P.M. (1964). *Exchange and Power in Social Life*, New York: Wiley.

Blau, P.M. and Schoenherr, R.A. (1971). *The Structure of Organizations*, New York: Basic Books.

Bohm, D. (1980). *Wholeness and the Implicate Order*, London: Ark Paperbacks.

Bormann, E.G. (1983). 'Symbolic convergence: organizational communication and culture', in L. Putnam and M.E. Pacanowsky (eds) *Communication and Organizations*, Beverly Hills, CA: Sage Publications Inc, 99-122.

Bottery, M. (1992). *The Ethics of Eudcagional Management*, London: Cassell.

Bourdieu, P. (1976). 'The school as a conservative force', in R. Dale, G. Esland and M. MacDonald (eds) *Schooling and Capitalism*, London: Routledge and KeganPaul, 110-17.

Bowe, R., Ball, S. J. and Gold, A. (1992). *Reforming Education and Changing Schools*, London: Routledge.

Bradley, S.P. and Nolan, R.L. (1998). 'Capturing value in the network era', in S.P. Bradley and R.L. Nolan (eds) *Sense and Respond: Capturing Value in the Network Era*, Boston, Mass: Harvard University Business School Press. 3-29.

Braham, B.J. (1995). *Creating a Learning Organization*. CA: Crisp Publications.

Brandon, J. (1992). *Managing Change in Manufacturing Systems*, Olney: Productivity Publications.

Brewer, A. (1994). *Managing for Employee Commitment*, Sydney, Aus: Longman.

Brookshire, M.S. (2001). 'Virtue ethics and servant leadership', *Ethics News & Views*, 9(3), March/April. www.emory.edu/ETHICS/Newsletter/march2001/brookshire1.htm

Brown,J.S. and Duguid, P. (1991). 'Organizational learning and communities-of-practice: toward a unified view of working, learning, and innovation'. *Organization Science*, 2(Jan/Feb), 40-57.

Brown, J.S. and Duguid, O. (2000). *The Social Life of Information*, Boston, Mass: Harvard University Business School Press.

Brown, R. (2000). *Group Processes* (second edition), Oxford: Blackwell.

Brown, S.L. and Eisenhardt, K.M. (1997). 'The art of continuous change: linking complexity theory and time-paced evolution in relentlessly shifting organizations, *Administrative Science Quarterly*, 42(1) 1-34.

Brown, S.L. and Eisenhardt, K.M. (1998). *Competing on the Edge: Strategy as Structured Chaos*, Boston, Mass: Harvard University Business School Press.

Bryman, A. (1992). *Charisma and Leadership in Organizations*, London: Sage Publications.

Buchanan, D. and McCalman, J. (1989). *High Performance Work Design: the Digital Experience*, London: Routeledge.

Burns, J.M. (1978). *Leadership*, New York: Harper and Row.

Byers, P.Y. (1997). 'The process and perspective of organizational communication', in P.Y. Byers. (ed.) *Organizational Communication: Theory and Behavior*, Boston: Allyn and Bacon, 3-38.

Brynem D, and Rogers, T. (1996). 'Divided spaces-divided school: an exploration of the spatial relations of social division', *Sociological Research Online*, 1(2).

http://www.socresonline.org.uk/1/2/3.html

Cacioppe, R. (1999). 'Using team-individual reward and recognition strategies to drive organizational success', *Leadership and Organization Development Journal*, 20(6), 322-31.

Capra, F. (1997). *The Web of Life: a New Understanding of Living System*, New York: Doubleday.

Cardona, P. (2000). 'Transcendental leadership', *The Leadership and Organization Development Journal*, 21(4), 201-6.

Cashman, K. (1998). *Leadership from the Inside Out: Becoming a Leader for Life, Provo*, Utah: Executive Excellence Publishing.

Casti, J. (1997). *Would be World*, New York: John Wiley and Sons.

Chattel, A. (1998). *Creating Value in the Digital Era*, London:Macmillan.

Chawla, S. and Renesch, J. (eds) *Learning Organizations: Developing Culture for Tomorrow's Workplace*, New York: Productivity Press.

Cilliers, P. (1998). *Complexity and Postmodernism*, London: Routledge.

Cilliers, P. (2000). 'Knowledge, complexity and understanding', *Emergence*, 2(4), 7-13.

Clampitt, P.G. and Downs, C.W. (1993). 'Employee perceptions of the relationship between communication and productivity: a field study', *The Journal of Business Communication*, 30(1), 5-28.

Clemons, E.K. and Bradley, S.P. (1998). 'Strategic uncertainty and the future of online consumer interation', in S.P. Bradly and R.L. Nolan (eds) *Sense and Respond: Capturing Value in the Network Era*, Boston, Mass: Harvard University Business School Press, 85-105.

Coghlan, D. (1997). 'Organizational learning as a dynamic inter-level process', *Current Topics in Management*, 2 27-44.

Cohen, J. and Stewart, I. (1995). *The Collapse of Chaos*, Harmondsworth: Penguine.

Cohen, L. Manion, L. and Morrioson, K.R.B. (2000). *Research Methods in Education* (fifth edition), London: RoutledgeFalmer.

Cohen, W.M. and Levinthal, D.A. (1990). 'Absorptive capacity: a new perspective on learning and innovation', *Administrative Science Quarterly*, 35, 128-52.

Coleman, H.J. Jr (1999). 'What enables self-organizing behavior in businesses', *Emergence: a Journal of Complexity Issues in Organizations and Management*, 1(1), 33-48.

Coleman, M. (1994). 'Leadership in educational management', in T. Bush and J. West-Burnham (eds) *The Principles of Educational Management*, Harlow: Longman.

Colleir, J. and Esteban, R. (2000). 'Systemic leadership: ethical and effective', *The Leadership and Organization Development Journal*, 21(4), 207-15.

Collins, J. (1999). 'The power of catalytic mechanisms', *Harvard Business Reveiw*, July/August, 71-82.

Committee for Children (2000). *Emotional Intelligence*. http://www.cfchildren.org/Puwin96eotint.html

Community Intelligence Labs (1999). *Design Guidelines Inspired by Uri Merry*. http://www.knowledgeecology.com/kenport/guidelines.shtml

Conger, J. (1991). 'Inspiring others, the language of leadership', *Academy of Management Executives*, 5(1), 31-45.

Conley, S., Schmiddle, T. and Shedd, J. (1988). 'Teacher Participation in the management of school systems', *Teacher College Record*, 90, 259-80.

Conner, D.R. (1998). *Leading at the Edge of Chaos: How to Create the Nimble Organiztion*, New York: John Wiley and Sons Inc.

Consgrove, J. (2000). *Breakdown: the Facts about Teacher stress*, London: RoutledgeFalmer.

Coveney, P. and Highfield, R. (1995). *Frontiers of Complexity*, New York: Fawcett Columbine.

Crom, S. and Bertels, T. (1999). 'Change leadership: the virtues of deviance', *Leadership and Organization Development Journal*, 20(3), 162-7.

Daft, R.L. and Huber, G.P. (1987). 'How organizations learn: a communication framework', *Research in the Sociology of Organizations*, 5, 1-36.

Dalin, P. (1998). *School Development: Theories and Strategies*, London: Cassell.

Dalin, P. and Rolff, H.G. (1993). *Changing the school Culture*, London: Cassell.

Dansereau, F., Graen, G.G. and Haga, W. (1975). 'A vertical dyad linkage approach to leadership in formal organizations', *Organizational Behaviour and Human Performance*, 13, 46-78.

Dennison, W. and Kirk, R. (1990). *Do, Review, Learn, Apply: a Simple Guide to Experiential Learning*, Oxford: Blackwell.

Department for Education (1994). *Code of Practice on the Identification and Assessment of Special Educational Needs*, London: Department for Education.

Department of Education and Science (1988). *The Education Reform Act*, London: Her Majesty's Stationery Office.

De Smet, A.L. (1998). *Understanding Organizations*, Bethesda, MD: NIDA Resource Center for Health Services Research. http://16.112.78.61/HSR/other/DesmetUnderstanding.htm

Devlin, K. (1991). *Logic and Information*, Cambridge: Cambridge University Press.

Dodgson, M. (1993). 'Organisational learning: a review of some literatures', *Organisational Studies*, 14(3), 375-93.

Doloff, P.G. (1999). 'Beyond the org.chart', *Across the Board*, February, 43-7.

Drucker, P.F. (1999). *Management Challenges for the 21st Century*, Oxford:Butterworth-Heinemann.

Dublin, P. (1962). *Human Relations in Administration*, NJ: Prentice-Hall.

Duke, D. and Leithwood, K. (1994). *Defining Effective Leadership for Connecticut's Schools, Monograph for the Connecticut Administrator Appraisal Project*, Hartford, Connecticut: University of Connecticut.

Egan, G. (1993). *Adding Value*, San Francisco, CA: Jossey-Bass.

Eisenbach, R., Watson, K. and Pillai, R. (1999). 'Transformational leadership in the context of organizational change', *Journal of Organizational Change*, 12(2), 80-8.

Eisner, E. (1985). *The Art of Educational Evaluation*, Lewes: Falmer.

EQ University (2000). *Emotional Intelligence.* http://www.equniversity.com/about.htm

Everard, B. and Morris, G. (1990). *Effective School Management* (second edition), London: Paul Chapman Publishing Ltd.

Fariholm, M.R. and Fairholm, G. (2000). 'Leadership amid the constraints of trust', *Leadership and Development Journal*, 21(2), 102-9.

Finley, M. (1994). *'Meg Wheatley at the Masters Forum'*, The Masters Forum. http://www.masterforum.com/archives/wheatley.wheatf.htm

Fisher, K. and Fisher, M.D. (1998). *The Distributed Mind: Achieving Higher Performance through the Collective Intelligence of Knowledge Work Teams*, New York: American Management Association.

Fitz-Gibbon, C.T. (1996). *Monitoring Education: Indicators, Quality and Effectiveness*, London: Cassell.

Flannery, T., Hofrichter, D. and Platten, P. (1996). *People, Performance and Pay*, New York: The Free Press.

Ford, J.D. and Ford, L.W. (1995). The role of conversations in producing intentional change in organisations, *Academy of Management Review*, 20(3) 541-70.

Fukayama, F. (1999). *The Great Disruption: Human Nature and the Reconstitution of the Social Order*, New York: Free Press.

Fullan, M. (1991). *The New Meaning of Educational Change*, London: Cassell.

Fullan, M. (1993). *Change Forces*, London: Falmer.

Fullan, M. (1998). *Change Forces: The Sequel*, London: Paul Chapman Publishing Ltd.

Fullan, M. (2001). *Leading in a Culture of Change*, San Francisco: Jossey-Bass.

Gadamer, H.G. (1975). *Truth and Method*, New York: Polity Press.

Gaines, B.R. (1997). *Knowledge Level Modeling of Agents, Organizations and Teleologies*, http://spuds.cpsc.ucalgary.ca/AIKM9/gaines/KMKL.html

Garrahan, P. and Steward, P. (1992). *The Nissan Enigma: Flexibility at Work in a Local Economy*, London: Mansell.

Garvin, D.A. (1993). 'Building a learning organization', *Harvard Business Reveiw*, 71, July/August, 78-91.

Garvin, D.A. (2000). *Learning in Action, Boston, Mass:* Harvard University Business School Press.

Gell-Mann, M. (1994). *The Quark and the Jaguar*, New York: Freeman.

Gerard, G. and Teurfs, L (1997). 'Dialogue and transformation', *Executive Intelligence*, 14(8), 16.

Gibb, C.A. (1954). 'Leadership', in G. Lindzey (ed.) *Handbook of Social Psychology*, 4(second edition), Reading, Mass: Addison-Wesley, 205-83.

Gibbs, N. (1995). 'The EQ factor', *Time Magazine*, Oct(2), 146(14). http://www.time.com/time/magazine/archive/1995/951002/951002.cover.html

Gilmer, B. (1966). *Industrial Psychology* (second edition), New York: McGraw-Hill.

Gilsdorf, J.W. (1998). 'Organizational rules on communicating: how employees are-and are not-learning the ropes', *The Journal of Business Communication*, April, 173-201.

Gleick, J. (1987). *Chaos*, London: Abacus.

Goh, S.C. (1998). 'Toward a learning organization: the strategic building blocks', *Advanced Management Journal*, 63(2), 15-22.

Goldstein, J. (2000). '*Riding the waves of emergence: leadership innovations in complex systems*'. http://www.vha.com/edgeplace/think/main_filling2.html

Goleman, D. (1995). *Emotional Intelligence*, New York: Bantam Books.

Goleman, D. (1998b). 'What makes a leader?' *Harvard Business Review*, November/December, 93-102.

Goleman, D. (2000). 'Leadership that gets results', *Harvard Business Review*, March/April, 78-90.

Goodwin, B. (2000). 'Out of control into participation', *Emergence*, 2(4), 40-9.

Grace, G. (1995). *School Leadership: Beyond Educational Management*, London: Falmer.

Grant, R.M. (1996). 'Prospecting in dynamically-competitive environments: organizational capability as knowledge integration', *Organization Science*, 7, 375-87.

Grant, R.M. (1999). *Toward a Knowledge-Based Theory of the Firm*, Berkeley, CA: Institute of Industrial Relations, University of California at Berkeley. http://socrates.berkely.edu/~iir/cohre/grant.html

Greenburg, J. and Baron, R.A. (1997). *Behavior in Organization: Understanding and Managing the Human Side of Work*(sixth edition), Englewood Cliffs, NJ: Prentice-Hall.

Greengard, S. (1998). 'Will your culture support KM?', *Workforce*, October, 93-4.

Greenleaf, R.K. (1995). *Reflections on Leadership: How Robert L. Greenleaf's Theory of Servant Leadership influenced Today's Top Management Thinkers*, New York: John Wiley and Sons.

Greenleaf, R.K. (1996). *On Becoming a Servant Leader*, San Francisco: Jossey-Bass.

Grieves, J. (2000). 'Navigating change into the new millennium', *The Learning Organization*, 7(2), 54-74.

Griffiths, D. (1997). 'The case for theoretical pluralism', *Educational Management and Administration*, 25(4), 371-80.

Gronn, P. (1999). 'Systems of distributed leadership in organizations', paper presented at the Organisation Theory Special Interest Group of the American Educational Research Association, Montreal. Gronn, P. (2000) 'Distributed properties: a new architecture for leadership', *Educational Management and Administration*, 28(3), 317-38.

Gross, B. (1998). 'The new math of ownership', *Harvard Business Review*, November/December, 68-74.

Gross, S. (1995). *Compensation for Teams: How to Design and Implement Team-based Reward Programs*, New York: American Management Association.

Guest, D., Peccei, R. and Thomas, A. (1993). 'The impact of employee involvement on organizational commitment and 'them and us' attitudes', *Industrial Relations Journal*, 24(3), 191-201.

Gupta, N. and Shaw, J.S. (1998). 'Financial incentives are effective', *Compensation and Benefits Review*, March/April, 26-32.

Habermas, J. (1970a). 'On systematically distorted communication', *Inquiry*, 13, 205-13.

Habermas, J. (1970b). 'Towards a theory of communicative competence', *Inquiry*, 360-75.

Habermas, J. (1979). Communication and the Evolution of Society (tr.T. McCarthy), London: Heinemann.

Habermas, J. (1982). 'A reply to my critics', in J. Thompson and D. Held (eds) *Habermans: Critical Debates*, London: Macmillan, 219-83.

Habermas, J. (1984). *The Theory of Communicative Action Volume One: Reason and the Rationalization of Society* (tr. T. McCarthy), Boston: Beacon Press.

Habermas, J. (1987). *The Theory of Communicative Action Volume Two: Lifeworld and System* (tr. T. McCarthy), Boston: Beacon Press.

Hall, G.E. and Hord, S.M. (1987). *Change in Schools*, New York: State University of New York Press.

Halpin, W. (1966). *Theory and Research in Administration*, New York: Macmillan.

Hamel, G. and Prahalad, C. (1994). *Competing for the Future*, Harvard: Harvard Business School Press.

Hannan, M.T. and Freeman, J.H. (1977). 'The population ecology of organizations', *American Journal of Sociology*, 82, 929-64.

Hanson, E.M. (1991). *Educational Administration and Organizational Behavior* (third edition), Boston: Allyn and Bacon.

Hargreaves, A. (1992). 'Time and teachers' work: an analysis of the intensification thesis', *Teachers College Record* 94(91), 87-108.

Hargreaves, A. (1994). *Changing Teachers, Changing Times*, London: Cassell.

Hargreaves, D. and Hopkins, D. (1991). *The Empowered School,* London: Cassell.

Harris, A. (1998). 'Improving the effective department: strategies for growth and development', *Educational Management and Administration*, 26(3), 269-78.

Harris, A. (1999). *Effective Subject Leadership*, London: David Fulton.

Harris, A. (2000). 'Effective leadership and department improvement', *Westminster Studies in Education*, 23, 81-90.

Harris, T.A. (1973). *I'm OK-You're OK*, London:Pan.

Hartwell, A. (1995). *Scientific Ideas and Education in the 21st Century, Institute for International Research.* http://www.newhorizons.org/ofc_21cliash.html

Hatch, M.J. (1997). *Organization Theory: Modern, Symbolic and Postmodern Perspectives*, Oxford: Oxford University Press.

Hebb, D.O. (1949). *The Organization of Behaviour: A Neuropsychological Theory*, New York: John Wiley and Sons Inc.

Heifetz, R.A. and Lawrie, D.L. (1997). 'The work of leadership', *Harvard Business Review*, January/February, 53-62.

Hersey, P. and Blanchard, K.H. (1993). *Management of Organizational Behaviour: Utilizing Human Resources* (sixth edition), Englewood Cliffs, NJ: Prentice-Hall.

Herzberg, F. (1987). 'Workers' needs: the same around the world', *Industry Week,* 21 September, 30.

Hickman, G.R. (2000). *Transforming Organizations to Transform Society, Maryland: Academy of Leadership Press,* The James MacGregor Burns Academic of Leadership, University of Maryland.

http://www.academy.umd.edu/Scholarship/CASL/klspdocs/ghick_p1.htm.

Hinkin, T.R. and Tracey, J.B.(1999). 'The relevance of charisma for transformational leadership in organizations', *Journal of Organizational Change*, 12(2), 105-19.

Hodgson, G.M. (2000). 'The concept of emergence in social science: its history and importance', *Emergence,* 2(4), 65-77.

Hohmann, M. and Weikart, D.P.(1983). *Young Children in Action*, Ypsilanti, Michigan:High Scope Press.

Homans, G.C. (1951). *The Human Group*, London: Routledge and Kegan Paul.

Homans, G.C. (1971). *Insitutions and Social Exchange,* Indianapolis, Ind: Bobbs-Merrill.

Hong, J. (1999). 'Structuring for organizational learning', *The Learning Organization*, 6(4), 173-85.

Hong, J.C. and Kuo, C.L. (1999). 'Knowledge management in the learning organization', *Leadership and Organization Development Journal,* 20(4), 207-15.

Hoy, W.K., Tarter, C.J., and Kottkamp, R.B. (1991). *Open Schools, Healthy Schools,* London: Sage Publications Inc.

Hoy, W.K., Tarter, C.J. and Witkoskie, L. (1992). 'Faculty trust in colleagues: linking the principal with school effectiveness', *Journal of Research and Development in Education,* 26(1), 38-45.

Hoyle, E. (1975). 'The creativity of the school in Britain', in A.Harris, M. Lawn and W. Prescott (eds) *Curriculum Innovation*, London: Croom Helm and the Open

University Press, 329-46.

Hoyle, E. (1986). *The Politics of School Management*, Sevenoaks: Hodder and Stoughton.

Huber, G.P. (1991). 'Organizational learning: the contributing process and the literature', *Organizational Science*, 2(1), 88-155.

Hunt, G.T. (1980). *Communication Skills in the Organization* (first edition), Englewood Cliffs, NJ: Prentice-Hall.

Hunt, G.T. (1985). *Effective Communication, Englewood Cliffs*, NJ: Prentice-Hall.

Iannaccone, L. (1975). *Educational Policy Systems, Fort Lauderdale*, FI: Nova University Press.

Ibarra, H. and Andrews, S.B. (1993). 'Power, social influence, and sense making: effects of network centrality and proximity on employee perceptions', *Administrative Science Quarterly*, 38, 277-303.

Issacs, W.N. (1993). 'Taking flight: dialogue, collective thinking and organizational learning', *Organizational Dynamics*, 22(2), 24-39.

Jacobson, M.J. (2000). *Complexity and Complex Systems: A Brief Overview*. http://emergentdesigns.com/mjjacobson/research/ctcs/Resources/complexity.html

Jackson, D.S. (2000). 'The school improvement journey: perspectives on leadership', *School Leadership and Management*, 20(1), 61-78.

Jameson, F. (1991). *Postmodernism, or the Cultural Logic of Late Capitalism*, London: Verso.

Janov, J (1994). *The Inventive Organization: Hope and Daring at Work*, San Francisco: Jossey-Bass.

Jaques, E. (1990). 'In praise of hierarchy', *Harvard Business Review*, January/ February, 127-33.

Johnson K.B. (1999). T*he Development of Progressive and Sustainable Human Complex Adaptive Systems: Institutions, Organizations and Communities*. http:www.wam.umd.edu/~nafikiri/webcomplex.htm

Johnson, J.D., Donohue, W.A., Atkin, C.K. and Johnson, S. (1994). 'Difference between formal and informal communication channels', *The Journal of Business Communication*, 31(2), 111-122.

Jones A. and Hendry, C. (1992). *The Learning Organization: A Review of Literature and Practice*, London: Human Resource Development Partnership.

Kakabadse, A., Ludlow, R. and Vinnicombe, S. (1988). *Working in Organisations*, Harmondsworth: Penguine.

Kanter, R., Stein, B. and Jick, T. (1992). *The Challenge of Organizational Change*, New York: Free Press.

Karr, B. (1995). *Complexity Theory and Rhetorical Invention*.
http://english.ttu.edu/courses/5361/papers/paer1_karr_420.html

Karsten, S., Voncken, E. and Voorthius, M. (2000). 'Dutch primary schools and the concept of the learning organization', *The Learning Organization*, 7(3), 145-55.

Katz, D. and Kahn, R.L. (1966). *The Social Psychology of Organizations*, New York: John Wiley and Sons.

Katz, D. and Kahn, R.L. (1978). *The Social Psychological of Organizations* (second edition), New-York: John Wiley and Sons.

Katz, R. (1997). Higher education and the forces of self-organization: an interview with Margaret Wheatley, *Cause/Effect*, 20(1), 18-21.

Katzenbach, J.R. and Smith, D.K. (1993). T*he Wisdom of Teams: Creating the High-Performance Organization*, Boston, Mass: Harvard Business School Press.

Kauffman, S.A. (1993). *The Origins of Order*, New York. Oxford University Press.

Kauffman, S.A. (1995). *At Home in the Universe: The Search for the Laws of Self-Organization and Complexity*, Hamondsworth: Penguin.

Kauffman, S.A. (1996). 'I*nverstigations: the nature of autonomous agents and the worlds they mutually create*', *lecture 1 from the series Search for a Possible 'Fourth Law' of Thermodynamics for Non-Equilibruim Systems*. http://www.santafe/sfi/People/kauffan/lecture-1.html

Kelley, R. (1988). 'In Praise of Followers', *Harvard Business Review* 66(6), 142-148.

Kelloway, E.K., Barling, J. and Helleur, J. (2000). Enhancing transformational leadership: the roles of training and feedback, *Leadership and Organization Development Journal*, 21(3), 145-9.

Kelly, D. (2000). 'Using vision to improve organisational communication' *Leadership and Organization Development Journal*, 21(2), 92–101.

Kelly, S. and Allison, M.A. (1999). *The Complexity Advantage: How the Science of Complexity Can Help Your Business Achieve Peak Performance*, New York: McGraw-Hill.

Kiel, L.D. (1994). *Managing Chaos and Complexity in Government*, San Francisco, CA: Jossey–Bass.

Kline, P. and Saunders, B. (1993). *Ten Steps to a Learning Organization*, Arlington, VA: Great Ocean Publishers.

Kohn, A. (1998). 'Challenging behaviourist dogma: myths abouth money and motivation', *Compensation and Benefits Review*, March/April, 27–37.

Kouzes, J.M. and Posner, B.Z. (1995). *The Leadership Challenge: How to Keep Getting Extraordinary Things Done in Organizations*, San Francisco: Jossey–Bass.

Kowalski, T.J. (1998). 'The role of communication in providing leadership for school restructuring', *Mid–Western Educational Researcher*, 11(1), 32–40.

Kratina, S. (1990). 'Organizational culture and head nurse leadership: the relationship to nurses' job satisfaction and turnover in hospital settings', unpublished Ph. D. thesis, College of Education, George State University, cited in P. Lok and J. Crawford (1999).

Kvale, S. (1996). *Interviews*. London: Sage Publications Inc.

Lakomski, G. (2000). *Leadership: How To Manage Without It*, paper prepared for the Centre for Educational Leadership, University of Hong Kong, 27 September, http://www.hku.hk/educel/Handout-ProfLakomski.PDF

Larkin, T.J. and Larkin, S. (1994). *Communicating Change: Winning Employee Support for New Business Goals*, New York: McGraw–Hill.

Law, S. and Glover, D. (2000). *Educational Leadership and Learning*, Buckingham: Open University Press.

Lawler, E.E. (1991). *Pay and Organizational Development, Reading*, Mass: Addison–Wesley.

Lawler, E.E., Mohrman, S.A. and Ledford, Jr. G.E. (1995). *Creating High*

Performance Organisations: Practices and Results of Employee Involvement and Total Quality Management in Fortune 1000 Companies, San Francisco, CA: Jossey-Bass.

Leavitt, H. J. (1964). *Managerial Psychology*. Chicago: University of Chicago Press.

Leithwood, K. (1994). 'Leadership for school restructuring', *Educational Administration Quarterly*, 20, 498-518.

Leithwood, K. and Steinbach, R. (1995). *Expert Problem Solving: Evidence from Schools and District Leaders*, Albany, New York: State University of New York Press.

Leithwood, K. and Jantzi, D. (2000). 'The effects of transformational leadership on organizational conditions and student engagement with school', *Journal of Educational Administration*, 38 (2), 112-129.

Leithwood, K., Tomlinson, D. and Genge, M. (1996). 'Transformational school leadership', in K. Leithwood, J. Chapman, D. Corson, P. Hallinger and A. Hart (eds) *International Handbook of Educational Leadership and Administration*, Dordrecht, Netherlands: Kluwer, 785-840.

Lengel, R.H. and Daft, R.L. (1988). 'The selection of communication media as an executive skill', *Academy of Management Executive*, 2, 225-32.

Leonard, D.A., Brands, PA., Edmonson, A. and Fenwick, J. (1998). 'Virtual teams: using communications technology to manage geographically dispersed development groups', in S.P. Bradley and R.L. Nolan (eds) *Sense and Respond: Capturing Value in the Network Era* . Boston, Mass: Harvard University Business School Press, 285-98.

Levinthal, D. A. (1995). 'Organizational adaptation and environmental selection: interrelated processes of change', in M.D. Cohen and L.S. Sproull (eds) *Organizational Learning* , Thousand Oaks, CA: Sage Publications Inc, 195-220.

Levy, S. (1992). *Artificial Life: The Quest for New Creation*, New York: Random House.

Lewin, K. (1935). *A Dynamic Theory of Personality*, New York: McGraw-Hill.

Lewin, K. (1938). *The Conceptual Representation and Measurement of Psychological Forces*, Durham, DC: Duke University Press.

Lewin, K. (1951). *Field Theory and Social Science*, New York: Harper.

Lewin, R. (1993). *Complexity: Life on the Edge*, London: Phoenix.

Lewin, R. and Regine, B. (2000). *The Soul at Work: Listen, Respond, Let Go: Embracing Complexity Science for Business Success*, New York: Simon and Shuster.

Lieberman, A. (ed.) (1990). *Schools as Collaborative Cultures*, London: Falmer.

Lindle, J.C. (1999). 'What can the study of micropolitics contribute to the practice of leadership in reforming schools?', *School Leadership and Management*, 19(2), 171–8.

Lissack, M.R. (1996). *Chaos and Complexity–What Does That Have to Do with Knowledge Management?* http://www.lissack.com/writings/knowledge.htm

Lissack, M.R. (1999). 'Complexity–the science, its vocabulary, and its relation to organizations', Emergence: *a Journal of Complexity Issues in Organizations and Management* 1(1) 110–27. http://www.emergence.org/Complexityl.htm

Lissack, M.R. (2000). *Complexity Metaphors and the Management of a Knowledge Based Enterprise: An Exploration of Discovery*, http://lissack.com/writings/proposal.htm

Litwin, G.H. and Stringer, R.A. (1968). *Motivational and Organizational Climate*, Boston, Mass: Harvard University Graduate School of Business Administration.

Lloyd, B. and Trapp, R. (1999). 'Bosses or leaders?', *Leadership and Organization Development Journal*, 20(6), 332–6.

Loader, D. (1997). *The Inner Principal*. London: Falmer.

Lok, P. and Crawford, J. (1999). 'The relationship between commitment and organizational culture, subculture, leadership style and job satisfaction in organizational change and development', *Leadership and Organization Development Journal*, 20(7), 365–73.

Lucas, C. (2000). *Self–Organising Systems FAQ*.

http://www.magna.com.au/~prfbrown/news97_h.html

Ludlow, R. and Panton, F. (1992). *The Essence of Effective Communication*, Harlow: Prentice–Hall.

Luke, J.S. (1998). *Catalytic Leadership: Strategies for an Interconnected World*, San

Francisco, CA: Jossey-Bass.

Lund, B. and McGechan, S. (1981). *CE Programmer's Manual*. Victoria, Aus: Ministry of Education, Continuing Education Division.

Major, D. A. (2000). 'Effective newcomer socialization into high-performance organizational cultures', in N.M. Ashkanasy, C.P.M. Wilderom and M.F. Peterson (eds) *Handbook of Organizational Culture and Climate, Thousand Oaks*, CA: Sage Publications Inc. 355-68.

Malhotra, Y. (1999). *The Role of Information Technology in Managing Organizational Change and Organizational Interdependence*, http://www.it-consultancy.com/background/manorgchange.html

Malone, T.W. (1998). 'Inventing the organizations of the twenty-first century: control, empowerment, and information technology', in S.P. Bradley and R.L.Nolan (eds) *Sense and Respond: Capturing Value in the Network Era*, Boston, Mass: Harvard University Business School Press, 263-83.

Marion, R. (1999). *The Edge of Organization: Chaos and Complexity Theories of Formal Social Systems*, London: Sage Publications Inc.

Marks, H.M., Louis, K.S. and Printy, S.M. (1999). 'The capacity for organizational learning: implications for pedagogical quality and student achievement', cited in H. Silins, S. Zarins and B. Mulford, Organizational Learning in Australian High Schools: Nature and Practices, paper presented at the annual AARE-NZARE Conference, Melbourne, November. http://www.aare.edu.au/99pap/sil99461.htm

Marquardt, M.J. (1996). *Building the Learning Organization*, New York: McGraw-Hill.

Marsick, V (2000). 'Learning Organizations', cited in V Marsick, J. Bitterman and R. Van Der Veen, From the *Learning Organization to Learning Communities toward a Learning Society, Information series 382, ERIC Clearinghouse on Adult, Career and Vocational Education*, ED-99-CO-0013, Ohio State University, Columbus: Ohio, http://ericacve.org/docs/marsick/marsick3.pdf

Mawhinney, H. B. (1999). 'Reappraisal: the problems and prospects of studying the micropolitics of leadership in reforming schools', *School Leadership and*

Management, 19(2), 159–70.

Mayer, J.D. and Salovey, P. (1993). 'The intelligence of emotional intelligence', *Intelligence,* 17 (4), 433–42.

McCarthy, I.P. and Tan, Y.K. (2000). 'Manufacturing competitiveness and fitness landscape theory', *Journal of Materials Processing Technology,* 107, 1–3, 347–352. http://www.wmg.org.uk/ossu/fitness.html

McDaniel, R.R. (1997). 'Strategic leadership: a view from quantum and chaos theories', *Health Care Management Review,* 22(1), 321–7.

McLuskey, A. (1997). *Emotional Intelligence in Schools.*

http://www.connected.org/learn/school.html

McMaster, M.D. (1996). *The Intelligence Advantage: Organizing for Complexity,* Newton, Massachusetts: Butterworth-Heinemann.

McNamara, J. (2001). Integral Culture at Work .

http://www.hepmethod.com/INTEGRAL%20CULTURE%20AT%WORK.html

McPherson, E.D. (1995). 'Chaos in the curriculum', *Journal of Curriculum Studies,* 27 (3), 263–79.

Mendéz-Morse, S. (1999). *Leadership Characteristics that Facilitate Change,* Southwest Educational Development Laboratory,

http://www.sedl.org/change/leadership/history.html

Merry, U. (1995). *Coping with Uncertainty: Insights from the New Sciences of Chaos, Self-Organization, and Complexity,* Westport, Ct: Praeger.

Merry, U. (1998). *Organizational Lifespan L017822 .*

http://www.learning-org.com/98.04/0206.html

Michaels, M. (1995). 'The chaos network on-line', *The Chaos Network,* http://www.prairienet.org/business.ptech

Micklethwait, J. and Wooldridge, A. (1997). *The Witch Doctors,* London: Mandarin paperbacks.

Miles, M. (1975). 'Planned change and organizational health', in A. Harris, M. Lawn and W. Prescott (eds) *Curriculum Innovation,* London: Croom Helm and the Open University Press, 192–203.

Miller, D. (1996). 'A preliminary typology of organizational learning: synthesizing the literature', *Journal of Management*, 22 (3), 385-505.

Miller, D. (1997). 'The future organization: a chameleon in all its glory', in F. Hesselbeing, M. Goldsmith and R. Beckhard (eds) *The Organization of the Future* , San Francisco: Jossey-Bass, 119-25.

Millward, A. and Skidmore, D. (1998). 'LEA responses to the management of special education in the light of the code of practice', *Educational Management and Administration*, 26(1), 57-66.

Mohrman, S. and Mohrman, Jr. A. (1995). 'Organizational change and learning, in. I. Galbraith and E. Lawler (eds) *Organizing for the Future: the New Logic for Managing Complex Organizations,* New York: Jossey-Bass, 87-109.

Morgan, C.L. (1927). *Emergent Evolution* (second edition), London: Williams and Norgate.

Morrison, K.R.B. (1989). 'Curriculum metaphors and control: the old and the new', *Curriculum, 10*(2), 777-86.

Morrison, K.R.B. (1993). *Planning and Accomplishing School-Centred Evaluation,* Norfolk: Peter Francis Publications.

Morrison, K.R.B. (1994). 'Centralism and the education market: why emulate the United Kingdom?', *European Journal of Education*, 29(4), 415-424.

Morrison, K.R.B. (1995). 'Habermas and the School Curriculum', unpublished Ph.D thesis, University of Durham.

Morrison, K.R.B. (1996). 'Habermas and critical pedagogy', Critical Pedagogy Networker, 9(2), 1-7.

Morrison, K.R.B. (1997). *Establishing School-Industry Links for Low Achieving Form 4 Students*, Consultation report for the Ministry of Education, Malaysia, School of Education: University of Durham.

Morrison, K.R.B. (1998). *Management Theories for Educational Change,* London: Paul Chapman Publishing.

Morrison, K.R.B. (2001a). 'Simplicity and complexity in contemporary school leadership: a response to Grace', *British Journal of Educational Studies, 49*(4), 379-85.

Morrison, K.R.B. (2001b). 'Randomised controlled trials for evidence-based education: some problems in judging 'what works', *Evaluation and Research in Education,* 15(2), 1-15.

Morrison, K.R.B., Gott, R. and Ashman, T. (1989). 'A cascade model of curriculum innovation', *British Journal of In-Service Education*, 15(3) 159-169.

Morrison, K.R.B. and Ridley, K. (1988). *Curriculum Planning and the Primary Schools*, London: Paul Chapman Publishing.

Neil, J. (1995). 'On schools as learning organizations: a conversation with Peter Senge', *Educational Leadership*, April: 20-3.

Nickse, R.S. (1977). *Teachers as Change Agents*, Washington, DC: National Educational Association.

Nolan, R.L. and Galal, H. (1998). 'Virtual offices: redefining organizational boundaries', In. S.P. Bradley and R.L. Nolan (eds) *Sense and Respond: Capturing Value in the Network Era*. Boston, Mass: Harvard University Business School Press, 299-320.

Nonaka, I. and Takeuchi, K. (1995). *The Knowledge-Creating Company*, New York: Oxford University Press.

O'Brien, M. (1993). *The Learning Organization Profile*, Milford, Ohio: O'Brien Learning Systems.

Palmer, B., Walls, M., Burgess, Z. and Stough, C. (2000). 'Emotional intelligence and effective leadership', *Leadership and Organizational Development Journal*, 22 (1), 5-10.

Peak, D. and Frame, M. (1994). *Chaos Under Control: the Art and Science of Complexity* , New York: W.H. Freeman.

Pedler, M., Burgoyne, J. and Boydell, T. (1997). *The Learning Company: A Strategy for Sustainable Development* (second edition), Maidenhead: McGraw-Hill.

Peters, T. (1989). Thriving on Chaos, London: Pan.

Peters, T. and Waterman, R.H. (1982). *In Search of Excellence*, London: Harper and Row.

Peterson, B. (1995). 'La Escuela Fratney: a journey toward democracy', in M. Apple and J. Beane (eds) *Democratic Schools, Alexandria, VA*: Association for Supervision and Curriculum Development, 58-82.

Pettigrew, A. and Whipp, R. (1993). 'Understanding the environment', in. C. Mabey and B. Mayon–White (eds) *Managing Change* (second edition), London: Paul Chapman Publishing Ltd. in association with the Open University Press, 5–19.

Pfeffer, J. (1998). 'Six dangerous myths about pay', *Harvard Business Review*, May/June, 109–19.

Pfeffer, J. and Salancik, G. R. (1978). *The External Control of Organizations: A Resource Dependence Perspective*, New York: Harper and Row.

Pheysey, D.C. (1993). *Organizational Cultures*, London: Routledge.

Piccardo, C. (1990). 'Car makers and marathon runners: in pursuit of culture through the language of leadership', in. P. Gagliardi (ed.) *Symbols and Artifacts, Berlin: Walter de Gruyter*, cited in M.R. Lissack (1999), op. cit.

Pondy, L. (1976). 'Leadership is a language game', in M. McCall and M. Lombardo (eds) *Leadership: Where Else Can We Go?* Greensboro, NC: Center for Creative Leadership, 87–99.

Popper, M. and Lipshitz, R. (2000). 'Installing mechanisms and instilling values: the role of leaders of organizational learning', *The Learning Organization*, 1 (93), 135–44.

Porpiglia, T. (1997). '*What is transactional analysis?*', *Life Script Counseling Services*. http://www.frontiernet.net/~lscriptc/tal.htm

Prigogine, L. and Stengers, I. (1985). *Order Out of Chaos*, London: Flamingo.

Probst, G. and Biichel, B. (1997). *Organizational Learning: the Competitive Advantage of the Future*, Englewood Cliffs: NJ: Prentice-Hall.

Putnam, L. and Pacanowsky, M.E. (eds) *Communication and Organizations*, Beverly Hills: Sage Publications.

Putnam, R.T. and Borko, H. (2000). 'What do views of knowledge and thinking have to say about research on teacher learning?', *Educational Researcher*, January/February, 29 (1), 4–15.

Quigley, M.E. (1997). 'Quantum organizations', *Executive Intelligence*, 14 (5), 14–15.

Quirke, B. (1995). *Communicating Change*, Maidenhead: McGraw-Hill.

Reynolds, D. (1995). 'The effective school: an inaugural lecture', *Evaluation and*

Research in Education, 9 (2), 57-73.

Riches, C. (1993). '*Building teams for change and stability*', Unit 4 of E326, Module 1: Managing Educational Change, Milton Keynes: Open University Press.

Richmond, VP. and McCroskey, J.C. (1992). *Organizational Communication for Survival,* Englewood Cliffs, NJ: Prentice-Hall.

Ridgway, J. (1998). *The Modeling of Systems and Macro-Systemic Change: Lessons for Evaluation from Epidemiology and Ecology, Research Monographs, 8.* University of Wisconsin-Madison: National Institute for Science Education.

Riley, K. (2000). 'Leadership, learning and systemic reform', *Journal of Educational Change*, 1 (1), 29-55.

Robbins, H. and Finley, M. (1998a). *Why Change Doesn't Work*, London: Orion Business.

Robbins, H. and Finley, M. (1998b). *Why Teams Don't Work*, London: Orion Business.

Rodger, I. And Richardson, J.A.S. (1985). Self-Evaluation for Primary Schools, Sevenoaks: Hodder and Stoughton.

Rolls, J. (1995). 'The transformational leader: the wellspring of the learning organization', in S. Chawla and J. Renesh (eds) *Learning Organizations: Developing Culture for Tomorrow's Workplace,* New York: Productivity Press, 101-8.

Rosenberg, D. (2000). 'Complex information environments: issues in knowledge management and organizational learning', *Emergence,* 2 (4), 136-50.

Rossi, P.H. and Freeman, H.E. (1993). *Evaluation: a Systematic Approach*, London: Sage Publications Inc.

Rost, J.C. (1991). *Leadership for the Twenty-first Century*, New York: Praeger.

Rowden, R.W. (2000). 'The relationship between charismatic leadership behaviors and organizational commitment', *Leadership and Organization Development,* 21(1), 30-5.

Russell, S. (1996). *Collaborative School Self-Review*, London: Lemos and Crane.

Salovey, P. and Mayer. J.D. (1990). 'Emotional Intelligence', Imagination, *Cognition and Personality,* 9, 195-211.

Santa Fe Center for Emergent Strategies (1999). *Complexity and Business.* http://www.santafe-strategy.com/emergent_Strategies/complexity_andbusiness.htm

Santonus, M.(1998). *Simple, Yet Complex.*

http://www.cio.com/archive/enterprise/041598_qunda_content.html

Schaffer, R.H. and Thompson, H.A.(1996). 'Successful change programs begin with results', in J. Champy and N. Nohira(eds), *Fast Forward: the Best Ideas on Managing Business Change*, Boston, Mass: Havard University Business School Publications, 141-56.

Schein, E.H.(1992). *Organizational Culture and Leadership* (second edition), San Francisco: Jossey-Bass.

Schein, E.H.(1993). 'On dialogue, culture and organizational learning', *Organizational Dynamics,* 22(2), 40-51.

Schein, E.H.(1994). *Organizational and Managerial Culture as a Facilitatior or Inhibitor of Organizational Learning,* Massachusetts: MIT Organizational Learning Network Working Paper, 10.004, May 19.

Schon, D. (1983). *The Reflective Practitioner*, San francisco: Jossey Bass.

Schultz, M. (1994). On studying Organizational Cultures, Berlin: Walter de Gruyter.

Scott, W.R. (1992). *Organizations: Rational, Natural and Open Systems* (third edition), Englewood-Cliffs, NJ: Pretice-Hall.

Scriven, M, and Roth, J. (1978). 'Needs assessment: concept and practice', *New Directs for Program Evaluation,* 1(1), 1-11.

Searle, J. (1969). *Speech Acts,* London: Cambridge University Press.

Senge, P.M.(1990). *The Fifth Discipline: The Art and Practice of the Learning Organization*, New York: Doubleday.

Senge, P.M.(1995). 'Making a better world', *Executive Intelligence,* 18-19.

Senge, P.M.(1997). 'Communities of leaders and learners', Harvard Businees Review, 75(5), 30-2.

Senge, P.M., Kleiner, A., Roberts, C., Ross, R. and Smith, B.(eds) (1994). *The Fifth Discipline Fieldbook: Strategies for Building a Learning Organization,* New York: Doubleday.

Senge, P., Cambron-McCabe, N., Lucas, T., Smith, B., Dutton, J. and Kleiner, A.

(2000). *Schools that learn,* London: Nicholas Brealey Publishing.

Stergiovanni, T.J. (1998). 'Leadership as pedagogy, capital development and school effec-tiveness', *International Journal of Leadership in Education*, 1(1), 37–46.

Sherman, H. and Schultz, R. (1998). *Open Boundaries: Creating Business Innovation through Complexity*, New York: Perseus Books.

Silins, H, Zarins, S. and Muford, B.(1999). Organizational Learning in Australian High Schools: Nature and Practices, paper presented at the annual AARE-NZARE Conference, Melbourne, November. http://www.aare.edu.au/99pap/sil99461.htm

Sivanadan, A. (1979). 'Imperialism and disorganic development in the silicon age', *Race and Class*, 21(2), 111–26.

Slater, R.O. and Doig, J.W.(1998). 'Leadership in education: issues of enterpreneurship', *Education and Urban Society*, 20(3), 294–301.

Southwest Educational Development Laboratory (1999). *Leadership and Context*. http://www.sedl.org/change/school/leadership.html

Southworth, G. (2000). 'How primary schools learn', *Research Papers in Education*, 15(3), 275–91.

Spears, L.C.(2001). *Recent Commentary by Larry C. Spears, Indianapolis: The Greenleaf Center for Servant Leadership.* http://www.greenleaf.org/leadership/read–about–it/arti-cles/Recent-Commentary-by-Larry-C-Spears.htm

Spillance, J.P, Halverson, R. and Diamond, J.B. (2000). *Distributed Leadership: Toward a Theory of school Leadership Practice,* Evanston, Ill: School of Education and Social Policy, Northwestern University.

Stacey, R.D.(1992). *Managing the Unknowable.* San Francisco: Jossey–Bass.

Stacey, R.D.(2000). *Strategic Management and Organizational Dynamics* (third edition), Harlow, England: Pearson Education Limited.

Stacey, R.D.(2001). *Complex Responsive Processes in Organizations: Learning and Knowledge Creation*, London: Routledge.

Stacey, R.D., Griffin, D. and Shaw, P.(2000). *Complexity and Management: Fad or Radical Challenge to Systems Thinking?* London: Routlege.

Stein, S. and Book, H.(2000). The EQ Edge, Toronto: Stoddart.

Steingard, D.S. and Fitzgibbons, D.E. (1993). 'A postmodern deconstruction of total quality management', *Journal of Organizational Change Management*, 6(5) 27-37.

Stewart, I.(1990). *Does God Play Dice?* Harmondsworth: Peguin.

Stewart, I.(1995). *Nature's Numbers*, London: Phoenix.

Stewart, M.(2001). *The Co-Evolving Organization*, Rutland, UK: Decomplexity Associates Ltd, http://www.decomplexity.com/Covevoling%20 Organization%20VU.pdf

Stewart, V.(1990). *The David Solution: How to Reclaim Power and Liberate Your Organization*, London: Gower.

Stringfield, S. (1997). 'Underlying the chaos: factors explaining elementary schools and their case for high-reliability organizations', In T. Townsend(ed.) *Restructuring and Quality: Issues for Tomorrow's Schools*, London: Routledge, 151-8.

Stufflebeam, D.L., MaCormick, C.H., Brinkerhoff, R.O. and Nelson, C.O. (1985). *Conducting Educational Needs Assessment*, Boston, Mass: Kluwer Nijhoff.

Suarez, T.M. (1994). 'Needs assessment', in T.Husen and T.N. Postlethwaite (eds) *The International Encyclopedia of Education*, 7(second edition), Oxford: Pergamon,4, 56-60.

Swieringa, J.and Wiedrdsma, A.F.M.(1992). *Becoming a Learning Organization: Beyond the Learning Curve*, Workinham: Addison-Wesley.

Tagiuri, R.(1968). 'The Concept of organizational climate, in R. tagiuri and G.W. Litwin(eds) *Organizational Climate: Exploration of a Concept*, Boston: Mass: Harvard University Graduate School of Business Administration, 11-32.

Tam, W.M. and Cheng, Y.C.(1996). 'A typology of primary school environment', *Educational Management and Administration*, 24(3), 237-52

Tan, C.H. (2000). 'High-performance human resource strategies in learning schools', *The Learning Organization*, 7(1), 32-9.

Tang, F.H. and Morrison, K.R.B.(1998). 'When marketisation does not improve schooling: the case of Macau', *Compare*, 28(3), 245-62.

Teacher Training Agency(1998). *National Standards for Subject Leaders*, London: Teacher Training Agency.

Teacher Training Agency(2000). *National Standards for Subject Leaders*, London: Teacher Training Agency.

Tetenbaum, T.J. (1998). Shifting paradigms: from Newton to chaos. *Organizational Dynamics*, Spring, 21-32.

Tichy, N.M. and Devanna, M.A.(1986). 'The transformational leader', New York: Wiley. Quoted in K.A. April, R. Macdonald and S. Vriesendorp (2000) *Rethinking Leadership*, Cape Town: University of cape Town Press.

Tierney, P.(1999). 'Work relations as a precursor to a psychological climate for change', *Journal of Organizational Change Management*, 12(2), 120-33.

Tjosvold, D. and Wong, A.S.H.(2000). 'The leader relationship: building teamwork with and among employees', *Leadership and Organization Development Journal*, 21(7), 350-4.

Tolle, E. (1999). *The power of Now, Novato*, CA: New World Library.

Tran, V.(1998). 'The role of emotional climate in learning organisations', *The Learning Organization*, 5(2), 99-103.

Tschannen-Moran, M. (2000). 'Collaboration and the need for trust', *Journal of Educational Administration*, 39(4), 308-31.

Tuckman, B.W.(1965). 'Development sequence in small groups', *Psychological Bulletin*, 63, 384-99.

Tuckman, B.W. AND Jensen, M.A.C.(1997). 'Stages of small-group development revisited', *Group and Organization Studies*, 2, 419-42.

University of Miami Department of Educational Leadership (2001). *EDL Principles*. htttp://www.mouhio.edu/edl/general/principles,html

Van de Ven, A. (1992). 'Suggestions for studying the strategy process: a research note', *Strategic Management Journal*, 13, 169-88.

Von Bertalanffy, L. (1968). *General Systems Theory*, New York: George Braziller.

Vygotsky, L. (1978). *Mind in Society: the Development of Higher Psychological Processes*(ed. M. Cole), Cambridge, Mass: Havard University Press.

Waldrop, M.M.(1992). *Complexity: the Emerging Science at the Edge of Order and*

Chaos, Harmondsworth: Penguin.

Wallace, M. (1996). 'Policy interaction and policy administration', *Educational Management and Administration*, 24(3), 263-75.

Wallace, M. and Pocklington, F. (1998). *Managing Complex Change: Large Scale Reorganisation of Schools*, paper presented at the annual meeting of the American Educational Research Association, San Diego. April 13-17, ERIC no: ED423607.

Watkin, C. (2000). 'The leadership program for serving headteachers: probably the world's largest leadership development initiative', *Leadership and Organization Development Journal*, 21(1), 13-19.

Watkins, K.E. and Marsick, V.J. (1993). *Sculpting the Learning Organization: Lessons in the Artand Science of Systemic Change*. San Francisco: Jossey-Bass.

Weick, K.E. (1976). 'Educational organiztions as loosely coupled systems', *Administrative Science Quartely*, 21, 1-19.

Weick, K.E. (1992). 'Agenda setting in organizational behavior: an allegory of organiza-tional studies', *Administrative Science Quartely*. 41(2), 310-13.

Weick, K.E. and Daft, R.(1984). 'The effectiveness of interpretation systems', in K.S. Cameron and D.A. Whetten (eds) *Organizational Effectiveness: a Comparison of Multiple Models*. Orlando, Fl: Academic Press, 70-93.

West, M.(1999). 'Micropolitics, leadership and all that... The need to increase the microp-olitical awareness and skills of school leaders', *School Leadership and Management*, 19 (2) 189-95.

West-Burnham, J. and Davies, B. (eds) (1996). *Reengineering and Total Quality in Schools: How to Reform and Restructure Your School to Meet the Challenge of the Future*, London:Pearson Education.

West-Burnham, J. and O'Sullivan, F.(1998). *Leadership and Professional Development in Schools*, London: Pitman.

Wheatley, M. (1996). 'The new science of leadership: an interview with Meg Wheatley', *Insight and Outlook: an interview with Meg Wheatley*. http://www. scottlondon.com/insight.scripts/wheatley.html

Wheatley, M. (1999). *Leadership and the New Science: Discovering Order in a*

Chaotic World (second edition), San Francisco: Berrett-Koehler Publishers.

Wickens,P.(1987). The Road toNissan: Flexibility, Quality, Teamwork, Houndmills: Macmillan.

Wickens, P.(1995). *Assessing Needs in Educational and Social Programs*, San Francisco: Jossey-Bass.

Wong, K.P., Edwin, Sharpe, F.G. and McCormic, J.(1998). 'Factors affecting the per-ceived effectiveness of planning in Hong Kong self-managing schools', *Educational Management and Administration*, 26 (1), 67-81.

Yeats, W.B.(1962). 'The second coming', in A.N. Jeffares (ed.) *Yeats: Selected Poetry*, London: Macmillan

Young, C.A.(1996). *Validity Issues in Measuring Psychological Constructs: The Case of Emotional Intelligence*.

http://tropchim.human.cornell.edu/tutorial/young/eiweb2.htm

Youngblood, M.(1997). *Life at the Edhe of Chaos*, Dallas, Texas: Perceval Publishing.

Youngblood, M.(1998). 'Leadership at the edge of Chaos', *Paradigm Shift International*. http://www.parshift.com/Speakers/speak006.htm

Zogar, D.(1990). *The Quantum Self: Human Nature and Consciousnees Defined by the New Physics*, New York: William Morrow.

[찾아보기]

인 명

내 용

저자 소개

_____ Keith Morrison

이 책을 저술할 당시 저자는 Inter-University Institute of Macau의 교육학 교수로 재직하고 있었으며, 그 이전에는 영국의 University of Durham에서 교육학을 가르치는 Senior Lecturer 로 근무한 바 있다. 저자는 이 책을 저술하게 된 계기로, 최근 들어 복잡계 이론에 대한 비즈니 스계와 학계에서의 관심이 증폭되고 있는 가운데, 사회의 모든 시스템이 역동적인 환경에 놓 이면서 예측 가능하지 않은 상호작용으로 인해 복잡하게 된 조직 상황 인식을 들고 있다. 이 러한 상황은 학교에서도 예외 없이 나타나고 있다. 저자는 수년간의 초 · 중등학교 경험을 바 탕으로 학교 리더십의 문제를 복잡계 관점의 주요 개념과 분석 틀을 적용하여 풀어내고, 이에 걸맞은 개선방안을 책에서 제시하고 있다.

역자 소개
___

___ 신현석(申鉉奭) hsshin01@korea.ac.kr

고려대학교 교육학과 졸업(문학사)
고려대학교 대학원 교육학과 석사 졸업(문학석사)
위스콘신대학교 대학원 교육행정학과 박사 졸업(철학박사)
현 고려대학교 교육학과 교수

한국교육정치학회, 한국교원교육학회, 한국교육행정학회 회장 역임
고려대학교 BK21 사업단장, 기획예산처장, 사범대학장 및 교육대학원장 역임
교육부 정책자문위원, 대학발전기획단장, 서울대법인평가단장, 정책숙려제위원장 역임
현 안암교육학회 회장, 한국교육학회 부회장

___ 주영효(朱暎孝) youngmonet@gnu.ac.kr

고려대학교 교육학과 졸업(문학사)
고려대학교 대학원 교육학과 석사 졸업(문학석사)
텍사스주립대학교 대학원 교육행정학과 박사 졸업(철학박사)
현 경상대학교 교육학과 부교수

한국교육행정학회 사무국장 역임
현 안암교육학회 편집위원장

엄준용(嚴俊鎔) jyum94@joongbu.ac.kr

고려대학교 교육학과 졸업(문학사)
고려대학교 대학원 교육학과 석사 졸업(문학석사)
고려대학교 대학원 교육학과 박사 졸업(교육학박사)
현 중부대학교 초등특수교육과 및 교육대학원 부교수

한국교육개발원, 한국직업능력개발원 연구원 역임
중부대학교 기획처장, 기획조정실장 역임
한국교육행정학회, 한국교육정치학회, 안암교육학회 사무국장 역임
현 세종특별자치시교육청 미래교육자문위원, 한국교육정치학회 편집위원장

이경호(李京浩) nlboman@korea.ac.kr

서울교육대학교 교육학과 졸업(교육학사)
연세대학교 대학원 교육학과 석사 졸업(교육학석사)
고려대학교 대학원 교육학과 박사 졸업(교육학박사)
현 고려대학교 교육대학원 교수

고려대학교 고등교육정책연구소 연구원 역임
한국교원교육학회 정책연구개발위원회 부위원장 역임
현 한국교육정치학회 교육정치포럼 위원장

홍세영(洪世晽) sseyounghong@gmail.com

고려대학교 교육학과 졸업(문학사)
고려대학교 대학원 교육학과 석사 졸업(문학석사)
한양대학교 입학사정관 역임

복잡계 교육 총서 **1**

학교 리더십과 복잡계 이론
School Leadership and Complexity Theory

2020년 2월 20일 1판 1쇄 인쇄
2020년 2월 25일 1판 1쇄 발행

지은이 • Keith Morrison
옮긴이 • 신현석 · 주영효 · 엄준용 · 이경호 · 홍세영
펴낸이 • 김진환
펴낸곳 • ㈜**학지사**

04031 서울특별시 마포구 양화로 15길 20 마인드월드빌딩
대표전화 • 02-330-5114   팩스 • 02-324-2345
등록번호 • 제313-2006-000265호

홈페이지 • http://www.hakjisa.co.kr
페이스북 • https://www.facebook.com/hakjisa

ISBN 978-89-997-2052-9 93370

정가 20,000원

이 도서의 국립중앙도서관 출판시도서목록(CIP)은 서지정보유통지
원시스템 홈페이지(http://seoji.nl.go.kr)와 국가자료공동목록시스템
(http://www.nl.go.kr/kolisnet)에서 이용하실 수 있습니다.
(CIP 제어번호: CIP2020005643)

출판 · 교육 · 미디어기업 **학지사**

간호보건의학출판 **학지사메디컬** www.hakjisamd.co.kr
심리검사연구소 **인싸이트** www.inpsyt.co.kr
학술논문서비스 **뉴논문** www.newnonmun.com
원격교육연수원 **카운피아** www.counpia.com